校内外突发事件应急救护

张艳琼　马桂林　主编

熊　英　祁伟伟　陈秋竹　副主编

复旦大学出版社

主编简介

张艳琼　重庆市酉阳职业教育中心红十字会秘书长,在健康领域担任教学、科研和社会公益服务12年,在医院临床工作15年。兼任重庆市学校卫生协会急救专业委会副主任委员,主研方向为应急救护培训与催眠疗愈。先后获得重庆市红十字会优秀师资、美国心脏协会AHA培训导师、优秀教育工作者等资质和荣誉,申报并建成国家级健康相关项目3项。组织急救培训达60000余人次,个人事迹先后被"学习强国"、《人民日报》等多家媒体报道。

马桂林　内科副主任医师,长期从事临床医疗及健康宣教工作。兼任中国研究型医院学会心肺复苏学专业委员会委员,中国心肺复苏导师培训主讲专家,全民健康百名专家广播团特聘专家,中国红十字会总会训练中心讲师,北京奥运会、残奥会志愿者通用精品课程专家,医疗急救DVD主讲人。

熊　英　重庆市酉阳职业教育中心教师,红十字志愿服务队成员。拥有应急救护员、美国心脏协会AHA培训导师、红十字师资及考评员等多项资格。先后荣获校优秀教师、优秀班主任及教书育人楷模等荣誉称号。参与编写教材2部。

祁伟伟　重庆市酉阳职业教育中心教师,Hearstsaver国际急救员,具备美国心脏协会AHA培训导师资格。近年来,多次在国家级、市级刊物、媒体发表急救宣传等相关文章。

陈秋竹　重庆市酉阳职业教育中心教师,具备美国心脏协会AHA培训导师资格。主要研究方向为急救教育、应急救护培训等。主研《职业院校急救教育体系建设与实践研究》等市、县级课题6项,参与编写教材3部。

前　言

党的二十大报告提出，推进健康中国建设，人民健康是民族昌盛和国家强盛的重要标志，要把保障人民健康放在优先发展的战略位置。应急救护是推进健康中国建设的重要组成部分，对保障人民群众的生命安全有着重要的作用。要提高应急救护的普及率，不仅要依靠医护人员和医疗机构的努力，更重要的是要提高人民群众自身的应急救护意识和能力。急救教育是生命教育，学校要践行"健康第一"的教育理念，必须积极开展急救教育。

红十字会是开展应急救护培训，普及应急救护、防灾避险和卫生健康知识，组织志愿者参与现场救护的中坚力量，红十字会与红新月会国际联合会发布的《2011年国际急救与复苏指南》明确地提出了应急救护的主要方向，《2016年国际急救与复苏指南》和《2020年国际急救与复苏指南》对应急救护的方向又作了补充和修改。

我们根据《"健康中国2030"规划纲要》《学校急救教育课程教学大纲》等文件要求，学习国际先进的急救教育理论，编写了此教材。本教材共有五个项目，项目1是应急救护基本认知，帮助学习者认识应急救护的定义、目的、意义和遵循的原则；项目2是常见急症的应急救护，帮助学习者具备对鼻出血、中暑、腹痛、心脏骤停等生活中常见应急情况的规范处理能力；项目3是意外伤害的应急救护，帮助学习者能够对可能出现的烧烫伤、骨折、气道异物梗阻、溺水等意外伤害情况进行科学规范的处置；项目4是特殊事件的应急救护，帮助学习者进行科学避孕、性侵害的应急处理、危机事件的心理干预；项目5是重大突发事件的应急救护，主要介绍交通事故的应急处理、火灾的应急处理、地震的应急处理等。

本教材具有以下特色：

一是采用"项目引领，任务驱动"的编写理念。本教材以必需、实用、易学为原则，深入分析应急救护的典型工作任务，以学生为中心，每个任务针对学生的学习特征，采用学习情境导入、任务驱动、课前探究、学习资讯、课后练习、任务实施、考核评价等方法，符合学生的认知规律。

二是注重"理实"一体，突出急救能力培养。对接红十字会救护员证职业标准，以学生的实际生活为逻辑，创设"理实"一体学习环境，通过情景模拟实训，将知识与技能的学习和实践应用紧密地联系起来，突出了对学生现场初级急救能力，以及团队合作、沟通表达等综合能力与素养的培养。

三是培养学生尊重生命，树立红十字精神，注重人文关怀。在介绍急救基础知识与技能的同时，还注重培养学生树立健康第一的理念和博爱、人道、奉献的红十字精神，树立"第一现场救护人"的使命担当意识，同时，还关注学生的情绪、心理、性生理等方面的应急处理，严格操作规范和流程，充分体现了人文关怀。

四是学习资源丰富，支持自主学习。本教材由全国急救教育平台、重庆市红十字会、海南医学院、西南大学共同编写，教材为各个学习任务提供了配套的微课视频、在线测试题库、多媒体课件等学习资源，支持学生自主学习，也为教师教学提供了便利。

希望本教材能在推动学校以及群众性的应急救护学习培训中发挥积极作用，帮助大家学习和掌握急救知识和技能，在灾难和伤害发生时，真正地成为生命和健康的守护人。

张艳琼　马桂林

2025年1月

本书课程思政元素设计

二十大报告提出,推进健康中国建设,把保障人民健康放在优先发展的战略位置,完善人民健康促进政策。为了践行习近平总书记关于职业教育的重要指示,落实全国职业教育大会的精神,参照《"健康中国2030"规划纲要》和《国务院关于实施健康中国行动的意见》,落实立德树人的根本任务,本书结合院前应急救护相关岗位的职业素养要求,从安全救护、依法守法、珍爱生命、博爱奉献、团结协作、人文关怀等维度着眼,确定思政目标、设计思政内容。紧密围绕"知识、技能、素养"三位一体的教学目标,在书中通过案例导入、流程图提示、法规标准、顺口溜总结等方式润物细无声地将课程思政内容有效地传递给读者;通过操作步骤分解、任务单引导、考核评价督促的方式帮助学习者践行思政素养。

页码	内容引导	课程思政目标	融入方式	课程思政元素
1—9	应急救护基本认知	具备自我防护的安全意识	强调安全防护的重要性	安全救护
10—20	认识应急救护的流程	践行有法可依	注意事项提醒:在从事应急救护活动时,存在一定的法律风险	依法守法
21—105	常见急症的应急救护	培养珍爱生命的意识	引入流程图,用任务单步骤导入珍惜时间和规范实操的重要性	珍爱生命 人文关怀
106—204	意外伤害的应急救护	帮助树立团结协作的意识	植入他人有需要帮助的案例场景,激发爱心和同情心	团结协作 珍爱生命

续表

页码	内容引导	课程思政目标	融入方式	课程思政元素
205—232	特殊事件的应急救护	牢记人文关怀在应急救护中的积极作用	明确在面对特殊事件时，人文关怀也是一种救护形式	人文关怀
233—283	重大突发事件的应急救护	树立人道、博爱、奉献的红十字精神	通过任务单实施，树立红十字精神	人道、博爱、奉献的红十字精神

目　录

项目 1　应急救护基本认知 ·· 001
　　任务 1.1　认识应急救护 ·· 001
　　任务 1.2　认识应急救护的流程 ·· 010

项目 2　常见急症的应急救护 ·· 021
　　任务 2.1　鼻出血的应急处理 ·· 021
　　任务 2.2　过敏反应的应急处理 ·· 029
　　任务 2.3　中暑的应急处理 ··· 040
　　任务 2.4　失温的应急处理 ··· 048
　　任务 2.5　腹痛的应急处理 ··· 058
　　任务 2.6　昏厥的应急处理 ··· 068
　　任务 2.7　癫痫的应急处理 ··· 074
　　任务 2.8　心脏骤停的应急处理 ·· 080
　　任务 2.9　脑卒中的应急处理 ··· 094
　　任务 2.10　急性冠脉综合征（冠脉急症）的应急处理 ······································· 101

项目 3　意外伤害的应急救护 ·· 106
　　任务 3.1　烧烫伤的应急处理 ·· 106
　　任务 3.2　动物伤害的应急处理 ·· 119

任务 3.3　创伤出血的应急处理 ·· 131
任务 3.4　骨折的应急处理 ·· 149
任务 3.5　关节扭伤与脱臼的应急处理 ······································ 161
任务 3.6　气道异物梗阻的应急处理 ·· 170
任务 3.7　溺水的应急处理 ·· 184
任务 3.8　急性中毒的应急处理 ··· 193

项目 4　特殊事件的应急救护 ·· 205

任务 4.1　科学避孕 ·· 205
任务 4.2　性侵害的应急处理 ·· 214
任务 4.3　危机事件的心理干预 ·· 224

项目 5　重大突发事件的应急救护 ··· 233

任务 5.1　交通事故的应急处理 ·· 233
任务 5.2　踩踏事故的应急处理 ·· 239
任务 5.3　火灾的应急处理 ·· 247
任务 5.4　洪涝灾害的应急处理 ·· 255
任务 5.5　地震的应急处理 ·· 260
任务 5.6　爆炸事故的应急处理 ·· 268
任务 5.7　核生化的应急处理 ·· 276

后　记 ··· 284

项目 1 应急救护基本认知

任务 1.1 认识应急救护

▶ 情境导入

2023 年 7 月 13 日下午,江苏省红十字(东台)救援队一行四人出差途中偶遇了一场车祸,发现一辆电动自行车摔在路边,两名群众受伤躺在地上,现场还有三辆受损小汽车。

见情况危急,他们立即下车展开救护。季春义拨打 110 和 120 急救电话。由于该路段过往车辆较多,为保证道路通畅且避免发生二次事故,于彭飞当起了"临时交警",对过路车辆进行疏导,以保证救护环境的安全。

崔凯、杨磊一边向伤病员询问伤情并安抚情绪,一边利用随车携带的急救包对伤员进行创伤清理,红十字救援队员一直在现场耐心地陪伴伤员,待救护车赶到后,救护队员们协助医护人员将伤员抬上担架,送上救护车,并向医护人员告知伤者的基本情况。整个救护过程中,大家沉着冷静,团结协作,准确判断伤情,对伤员进行了止血包扎,保护伤者安全,避免二次损伤,及时拨打急救电话,为伤员进一步治疗赢得了时间。

思考一下,如果车祸受伤的人没有遇到这四位专业的救护员,会是什么结果?如果你在现场,你又会怎么做?

学习目标

知识目标	能力目标	素养目标
1. 知道应急救护的目的与意义; 2. 能够说出应急救护的原则。	1. 能够在现场救护过程中运用防止感染的措施; 2. 能够运用心理支持技巧,给予伤病员心理支持。	1. 具备尊重生命的意识,发扬乐于助人的精神; 2. 拓展应急救护法律知识,具备懂法、知法、守法的职业素养。

 课前预习

1. 扫描下面的二维码,学习微课(认识应急救护)。

学习通扫码直接学习

2. 校园采访

(1) 采访内容:当周围人出现意外事故或突发急症时,你是怎么帮助他们的? 在帮助他人的过程中,你觉得应该注意些什么?

(2) 采访要求:小组分工合作。三人一组,分别担任主持人、录制人和视频剪辑员,小组在校园中随机采访5—10人(学生或教职工)。

(3) 上交作业:整理采访内容,将采访内容剪辑成5分钟左右的视频,与同学们分享交流。

3. 校园调研

(1) 调研内容:通过调研身边的同学和老师,列举在平时我们可能遇到的突发紧急情况有哪些? 通用型的应对措施有哪些?

(2) 上交作业:整理调研内容,与同学们交流分享。

任务资讯

资讯一 认识应急救护

(一) 应急救护的定义

生命健康是一切的基础和前提,但各种意外伤害和突发急症却时刻威胁着我们的生命健康,因此,每一个人都要具备保障生命健康安全的基本技能——应急救护。

应急救护是院前急救的重要阶段之一,它是在意外事故或者突发伤病的现场,在专业施救队伍赶来之前,对伤病员进行第一时间、初步的、有效的救治。所提供的救护措施不仅包括对伤病员身体上的初步救治,还包括给予伤病员心理上的支持,缓解他们紧张的情绪(如图 1.1.1)。

▲ 图 1.1.1 认识应急救护

(二) 应急救护的目的

意外事故或者突发伤病的现场情况往往复杂多变,现场缺乏专业人员和相关医疗急救器械,若救治不及时,数分钟内就会威胁到伤病员的生命。现场应急救护措施是否得当,很大程度上影响着伤病员的后续恢复乃至生命安全。因此,任何应急救护措施都要以挽救生命、防止恶化、促进恢复为目的而实施。

1. 挽救生命

在现场采取任何应急救护措施的首要目的是挽救伤病员的生命。第一时间给现场伤病员提供紧急救护,优先救助生命垂危的伤病员或最危及生命的伤病;尽最大可能地救治和维护伤病员的生命安全;还包括为目睹创伤事件而罹患精神痛苦的人提供社会心理支持。达到保存生命,减轻痛苦,防止病情或伤势恶化,促进复原,最大限度地降低死亡率和伤残率的目的。

2. 防止恶化

在现场救护的原则是救命,但不造成二次伤害。救助中要尽可能地减少伤病员的痛苦和不适,并防止伤病继续发展和产生继发损伤,以减轻伤病和残疾。例如,对受伤出血的伤员,立即采取措施止血,以防失血过多导致休克;如伤员骨折或脱臼,应采取制动措施,固定受伤部位(如图1.1.2),防止进一步的损伤。

▲ 图1.1.2 固定伤肢

3. 促进恢复

在救护过程中,救护措施要有利于伤病的后期治疗及伤病员身体的康复。同时,施救者还应具备人文关怀,对伤病员进行安抚和引导,以缓解伤病员高度应激的心理状态,有利于伤病员的心理康复。例如,认真倾听伤病员的诉说,守护和安慰伤病员。

(三)应急救护的意义

调查研究显示,我国公民的应急救护技能水平相对薄弱,能熟练掌握和运用应急救护技能的人很少,如果身边有人需要急救,大多数人是把希望寄托于医院和医务人员的身上。正是这种观念,往往使处在生死之际的伤病员丧失了几分钟、十几分钟最宝贵的"救命黄金时刻"。在此时间内,如果抢救及时、正确,生命就有可能被挽救;反之,生命就有可能丧失或病情加重。时间就是生命,如果第一目击者能把握急救的时效性,在现场第一时间对伤病员出手相助,这就为伤病员的生还争取到了宝贵的时间。

急救中的第一目击者是指在现场为突发伤害者、危重疾病伤病员提供紧急救护的人。据了解,我国87%的猝死病例发生在医院以外,其中有约25%的伤病员因为现场人员不懂得急救知识而导致伤残或死亡。

据报道,我国许多区域目前救护车还做不到在4—5分钟内赶到伤病员的身边。这时,第一目击者的作用就非常关键。所以,现代救援模式发生了巨大的变化,我们不能再单纯地等候专业急救人员到来,而是需要更多的人加入现场急救的行列中来。运用应急救护技能,在现场进行救治,争取让伤病员保持生命体征被送到医院进行进一步的救治。

资讯二　应急救护遵循的原则

如果掌握了基本的急救知识和技能,无论是对自己还是身边的人,都能大幅度地提高生命安全保障。应急救护关乎一个人的生命,更关乎一个家庭的幸福,所以,对于应急救护技能的学习者也有一定的要求。当我们实施救护的时候,要遵循以下原则:

1. 保证安全

在提供急救时,必须始终考虑施救者的安全,施救者必须在确保安全的前提下才能够靠近事故现场,需注意在提供救护服务时,不应让自己身陷险境,以免自己受到伤害。这就要求我们在实施救护前必须冷静地观察周围环境,判断环境是否存在危险;只有确保环境安全,才可以实施救护。如果环境不安全,或者刚开始进入时环境安全但预料情况可能随时转坏,就要先抢后救。例如,在有火险、毒气等情况下,应先让伤病员脱离险情,再实施急救。但在一般情况下,不要轻易搬动伤病员,以防在搬运过程中加重伤病员的伤病情(如图1.1.3)。

▲图1.1.3　不轻易搬动伤病员

2. 防止感染

除了确保环境整体安全外,施救者还要避免在急救时受感染。我们要做好自己及伤病员的防护,以免感染呼吸道传染病和血液传染病。可以采取以下措施防止感染:

(1)戴护目镜或者防护罩,避免血液或体液溅入眼中。

(2)救护前洗手、戴手套,或就地取材用塑料袋罩住双手。

(3)不要直接用手触摸伤口或被血液污染的物品。

(4)如果伤口或黏膜被伤病员血液或体液污染,先用肥皂水或流动水冲洗,尽快就医,在医生指导下采取必要的免疫措施。

(5)处理伤口后,所有污染物和废弃物单独放置、统一销毁,以免污染扩散。

3. 及时、合理救护

根据先救命后治伤的原则,因地制宜,利用现场一切可利用的物品就地取材,尽最大努力并尽快地解除威胁伤病员生命的危险因素。如果现场存在危险因素,应先将伤病员转运至安全地点;如果现场无危险因素,在专业人员到达现场前,不轻易挪动危重伤员。在救护过程中,应先救可能救活的伤员,不要将救援资源浪费在毫无希望救活的伤员身上。在专业人员到达现场前,不做过多治疗,尽快处理危及生命的外伤,如止住大出血、保持呼吸道畅通等。

4. 心理支持

灾害事故或突发急症后,伤病员此时容易出现情绪紊乱,如激动、烦躁不安、绝望、麻木、焦虑等。我们要理解伤病员此时的情感状态,在对伤病员进行应急处理的同时,给予足够的心理支持。

(1) 认真倾听:认真倾听伤病员的诉说,不随意打断,可以用点头或简单的应答表示在听。

(2) 言语稳重:用稳重的语气与伤病员说话,让伤病员能听得到。

(3) 征得允许:伤病员拒绝他人靠近,先与其保持一定的距离,征得伤病员同意后再靠近。

(4) 陪护伤病员:呼叫救护车后,守护和安慰伤病员,直到救护车到来。

(5) 耐心解释:救护时,告诉伤病员采取的措施,让伤病员放心。

(6) 联系亲友:如果情况允许,帮助伤病员联系亲友,请他们来协助救护。

(7) 看好财物:看管好伤病员的财物,确定其衣服和随身物品都在身边。

5. 现场救护协作

在事故现场,具备急救技能的第一目击者在保证安全和实施救护的同时,还可以争取周围人员的协助。但由于现场大部分人员可能未接受过应急救护训练,会产生害怕等情绪或者不知道能做什么。因此,在请求协助时,要语气稳重,指令简短而明确,使他们能够镇定并准确地执行指令。

我们可以争取周围人员做以下协助:

(1) 拨打救援电话120。

(2) 取来急救设备(如AED自动体外除颤器,如图1.1.4和图1.1.5)。

(3) 维护现场安全(如放置安全指示牌、疏散旁观者等)。

(4) 帮助控制出血,如压迫止血、固定伤肢。

(5) 看管伤病员的财物。

(6) 必要时,协助转运伤病员至安全地点。

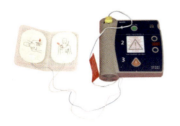 

▲ 图 1.1.4　AED 设备　　　　　　▲ 图 1.1.5　急救包

顺口溜

应急救护要知晓，生命安全最重要。
突发事件心莫慌，环境评估第一条。
黄金时间记心上，规范操作防再伤。
团结协作力量大，急救中心作保障。

据调查，当前我国经过专业应急救护培训的人员仅在1%左右，与发达国家相比还有着非常大的差距。应急救护是挽救生命的重要防线，越多的人学会急救技能，我们的生命就越有保障。

 知识拓展

紧急救助他人将免责

2021年3月17日，D6563次列车紧急广播称，有旅客突发疾病，寻找医生。正在列车上的华医生伸出援手积极救治，但最终因抢救无效导致该旅客死亡。

《中华人民共和国民法典》第一百八十四条规定："因自愿实施紧急救助行为造成受助人损害的，救助人不承担民事责任"。因此，救助行为人无需为造成的损害承担民事赔偿责任。上述案例中，医生在列车上救助病人，即便造成了损害，也无需承担赔偿责任。紧急情况下的施救，本来就属于应受鼓励的善行，即便造成损害，也将免除法律责任。这一常识理当加以普及，让更多人敢于在他人处于危难之时伸出援助之手。

尽管有《中华人民共和国民法典》第一百八十四条规定，但在现场应急救

护中,救命不增加伤害是要用科学手段来完成的。《2016年国际急救与复苏指南》中特别强调:

(1)急救员准备施救时,应确保不把自己置身危险,以免产生额外伤亡。

(2)急救员可能需要先把伤病员转移到安全处(如果受过这种训练),然后再实施急救。

(3)个人安全的第二个方面是防止疾病传播。

(4)虽然急救最容易获得,可以给伤病员提供最快的救助,但它只是整体救护工作的一部分。

国际红十字委员会也告诫救助者:

(1)救援的最终目标是以安全、有效且有尊严的方式保护并挽救生命。

(2)一定要首先保护自己,保持自控,在采取行动前观察形势,只有在形势看来真正安全且有保障的情况下方可开展行动。了解你自身的局限性。

(3)知道什么时候不该采取行动或者什么时候该停止行动,是一项重要的个人能力。

任务实施

通过本任务的学习,学习者应知道应急救护的目的和意义,能够说出应急救护的原则,并能利用应急救护的原则对生活中的案例进行分析,为后面学习应急救护技能树立信心。请你认真阅读以下案例,并对材料进行分析。

表1.1.1 案例分析

案例	3月30日下午3:25左右,陈凯航等三人在回学校的时候,发现环路上聚集了不少人,陈凯航发现一人躺在地上不能动弹,于是一场争分夺秒的急救开始了。周围人也有些怀疑,说他们已经打过120了,让他们不要动伤者,他们三人回答道:"我们学过专业的急救"。于是,大家也放心了。陈敏华带着急救箱赶到了伤者身边,戴好手套后和潘叶芳配合着检查伤者的情况,听见伤员一直说自己脖子疼,于是怀疑伤者可能会有脊柱伤,发现伤员的脖子塌在地面上,正常生理弯曲消失。三人立即对伤员的头部进行了简单的固定,并嘱咐围观群众不要移动伤员,伤员不要做转头、低头和歪头的动作,防止脊柱损伤引起瘫痪。陈敏华帮助患者解开衣领,确保患者呼吸通畅,当天气温较低,陈敏华和朋友脱下自己的衣服为伤员保暖,并安慰伤员。10多分钟后,救护医生到达现场,用铲式担架固定伤员后,三个现场救护的人员又帮助医护人员一起把伤员抬上救护车。

续 表

案例中应急救护的步骤	
案例中应急救护原则的体现	
补充建议	

课后练习

判断题

（1）现场的救护原则是"先救命，后治伤"。（   ）

（2）急救是当有人出现不适或受伤，在专业医护人员抵达现场之前，为伤病员提供实时的急救措施。（   ）

（3）急救不只是提供身体受伤或不适的初步救护，也包括为因经历或目睹灾难而情绪困扰的人提供心理支持。（   ）

（4）《中华人民共和国民法典》第一百八十四条规定，现场救护无论因救助者的手段出现什么伤害都一定不免责。（   ）

（5）因恐惧不敢上手救助，打急救电话也算参与了应急救护。（   ）

（6）在灾难来临时，受伤人员明显多于救援人员的时候，能救活的先救。（   ）

任务 1.2 认识应急救护的流程

▶ 情境导入

"叮铃铃!"下课铃一响,教师一走出教室,班上的同学们霎时从座位上冲出来,上厕所、收作业、接水……忙作一团。"媛媛晕倒了!"一声惊呼似一道惊雷在班里炸开,大家循声望去,只见媛媛摔倒在地上,头向后仰,四肢不断抽搐,浑身颤抖,嘴里吐出白沫,两眼上翻,面色青紫。"是'羊癫疯'!""快快!抬她去医务室!""我们可以搬动她吗?""打120!""马上找班主任!""好可怕!怎么办呀!"……七嘴八舌的声音闹作一片,大家不知道如何是好。面对以上情境,我们应该按怎样的流程和顺序去做,才能快速地帮助媛媛脱离危险呢?

学习目标

知识目标	能力目标	素养目标
知道应急救护的救护程序。	1. 能够准确地评估救护现场; 2. 能够正确地拨打救援电话。	1. 树立应急处理过程中的人文关怀意识; 2. 能够在保护自己安全的情况下,尽量帮助伤病员,培养乐于助人的品质。

课前预习

1. 扫描下面的二维码,学习微课(如何拨打救援电话)。

学习通扫码直接学习

2. 仔细观看视频后，试着写出拨打救援电话的要点。

任务资讯

资讯一　应急救护的救护程序

应急救护的救护程序是指在应急救护的过程中，按照一定的程序和方法有条不紊地进行处理，保证伤病员的生命安全。在校园中，当发生疾病或意外伤害时，现场基本救护可以按照以下程序实施操作（如图 1.2.1）。

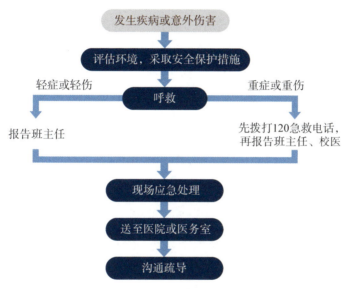

▲ 图 1.2.1　校园现场救护的基本程序

1. 评估环境

在见义勇为时，要保证伤病员和自己所处的环境是安全的，千万不能将伤病员和自己置于危险之中，因此，评估环境尤为重要。评估环境分为两步：首先，评估现场环境是否安全；其次，确认环境安全后，再初步检查和评估伤病员的伤病情。

2. 呼救

在确保周围环境安全后、初步检查和评估伤病员的伤病情，如果判断伤病员此时属于轻症或轻伤（如轻度过敏、轻微的外伤等），学校医务室可以完全处

理时，就要马上把具体情况报告给班主任；如果判断伤病员此时属于重症或重伤（如心脏骤停、严重外伤等），就要先拨打救援电话120寻求帮助，再马上报告班主任；如果周围有其他同学在现场，也可以请周围同学快速前往医务室，请医生前来帮助处理。

3. 现场应急处理

当完成以上程序后，根据伤病员的具体伤病情采取正确的急救措施。要注意的是，在实施救护的过程中要采取防止感染的措施，做好自己及伤病员的防护，以免感染呼吸道传染病和血液传染病。

4. 送至医院或医务室

采取相应的急救措施后，把轻症或轻伤的伤病员护送至学校医务室进行下一步处理；重症或重伤的伤病员，则转送至医院接受进一步的治疗。

5. 沟通疏导

当人们突发急症或遭遇意外事故时，往往陷入恐慌、焦虑、绝望等负面情绪，因此，我们在实施救护的过程中，要具备人文关怀意识，利用良好的心理支持技巧，帮助伤病员疏导负面情绪，缓解他们的紧张与不安。

资讯二　评估救护现场

评估救护现场是应急救护程序中重要的一环，分为评估环境和初步检查与评估伤病情两个步骤，以准确地识别所有的急救需求。要进行有效的评估，重点在于遵循一套标准程序，这套程序给出识别和治疗的优先次序，简明易记，可以采用"DR-ABCDE"进行有效速记。

（一）评估环境(Danger)

在任何事故现场，都要保持冷静、观察四周环境，判断环境是否存在危险，必要时，采取安全保护措施或者呼叫救援。只有在确保环境安全的情况下，才可以进行救护。如果环境不安全，或者刚开始进入时环境安全但预料情况可能随时转坏，就要先抢后救。例如，在有火险、毒气等情况下，应先让伤病员脱离险情，再采取正确的急救措施。但在一般情况下，不要轻易搬动伤病员，以防在搬运过程中加重伤病员的伤病情（如图1.2.2）。

（二）初步检查与评估伤病情

在确认环境安全或采取了必要的安全保护措施后，应立即检查伤病员的伤

▲ 图 1.2.2　评估环境的基本流程

(病)情,并采取相应的救护措施。检查与评估伤(病)情分为以下六步:

1. 检查反应(Response)

当观察到伤病员可能意识不清时,用双手轻拍伤病员的双肩,并在两侧耳旁大声呼唤,如"同学,你怎么了?"观察伤病员是否有反应。如果是婴儿,则用手指轻弹或轻拍婴儿的足底,观察婴儿是否有反应(如图 1.2.3)。

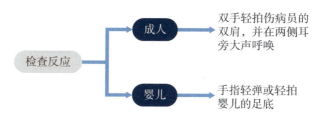

▲ 图 1.2.3　检查反应的基本流程

2. 检查气道(Airway)

对没有反应(意识不清)的伤病员,要保持其气道通畅,伤病员可能因为舌头后坠而堵塞气道,可用仰头举颏法(如图 1.2.4)打开气道,同时检查其口中是不是有堵塞物,如呕吐物、脏物等,如果口中有堵塞物,就要先清理堵塞物。打开气道的具体方法为施救者一手(头侧手)压住伤病员的额头,另一手食指中指并拢,提起其下颌,双手共同用力,将气道打开。

3. 检查呼吸(Breathing)

在判断伤病员无意识的情况下,保持其呼吸道通畅,接着采用5—10秒钟(一般习惯判断时间为7秒)扫视胸腹有无起伏的方法(如图 1.2.5)判断伤病员是否有呼吸。如果7秒后,伤病员还未喘上第二口气,就视为无呼吸或喘息样呼吸。此时,即可假定伤病员出现心脏骤停,应立即实施心肺复苏。

▲ 图1.2.4 仰头举颏法

扫视胸腹部5-10秒,观察胸部有无起伏
▲ 图1.2.5 检查呼吸

4. 检查循环(Circulation)

检查循环包括两部分:一是检查颈动脉搏动情况;二是检查有无严重的大出血情况,如果有大出血情况,就要采取相应的救护措施。非专业人员可以不判断循环。

5. 检查清醒程度(Disability)

在救护过程中,要随时检查伤病员的清醒程度(神经系统有无功能障碍),判断病情是否发生变化。

判断清醒程度可采用格拉斯哥昏迷评分法(GCS, Glasgow Coma Scale)(见表1.2.1),其评估内容有睁眼反应、语言反应和动作反应三个方面,三个方面的分数加总即为昏迷指数。得分值越高,则意识状态越好。

表1.2.1 格拉斯哥昏迷指数表

睁眼反应 (E, Eye opening)		言语反应 (V, Verbal response)		动作反应 (M, Motor response)	
A-自动张合	4分	有条理	5分	服从指示	6分
V-需声音刺激	3分	混乱、错乱	4分	认知刺激及抗拒	5分
P-需要痛觉刺激	2分	只能用单字回答	3分	对刺激退缩	4分
		无意义声音	2分	对刺激屈曲	3分
U-对刺激无反应	1分	对刺激无反应	1分	对刺激强直	2分
				对刺激无反应	1分

注:15分及其以上,判断为正常人;8分及其以下,判断为神志严重受影响的伤病者。

6. 充分暴露检查伤情（Exposure）

在伤病员情况较平稳、现场环境许可的情况下，应充分暴露受伤部位，以便进一步检查和处理。检查包括头部（眼、耳、鼻、口腔）、颈部、胸部、腹部、上肢、下肢、骨盆、脊柱等，同时询问伤病员发生伤病的经历和病史。检查时，应注意伤病员是否随身带有药物或医疗卡。在检查完成后，要整理伤病员的衣裤，避免暴露伤病员的隐私。

⚠️ 注意

1. 在任何情况下，都应首先处理在检查中发现的严重伤病，可采取呼救、心肺复苏、止血、保持气道通畅等措施。

2. 在专业医护人员到达前，要在不同的时段对伤病员反复检查和记录，并比较前后检查的结果，判断伤病情是否发生变化。

（三）批量伤员救护的快速检伤

当事故或灾害现场有大批伤员时，往往导致医疗急救资源（包括人力资源和物资资源）紧张，在这种特殊情况下，如果缺乏某些必要的准备，急救人员将陷入极大的困惑中。例如，急救人员可能因为自己对某些伤病员的"见死不救"而背上沉重的心理包袱；也可能因"避重救轻"，使最需要抢救的伤病员失去了生命而受到终身的"良心谴责"。因此，需要在救护现场将伤员快速检伤分类，确定伤员的救护及后送次序。

一般使用简单分类快速救治 RPM 法进行初步检伤，救护人员在 1 分钟内判断伤员的伤情程度，给伤员手腕上贴上不同颜色的标签来识别。红色标签表示第一优先，伤员为危重伤；黄色标签标表示第二优先，伤员为重伤；绿色标签表示第三优先，伤员为轻伤；黑色标签表示死亡，伤员为致命伤。

简单分类快速救治 RPM 法需要通过观察伤员的呼吸（respiration）、循环（perfusion）、意识状态（mental status）来判断，操作步骤可分为以下四步：

（1）检查伤员的行动能力，如果可以行走，则判断为轻伤，贴绿色标签。

（2）伤员无法行走，就要继续检查其呼吸状况，观察伤员的呼吸频率。如果伤员无呼吸或喘息样呼吸，则马上使用仰头举颏法开放伤员气道。此时，若伤员依旧无呼吸,则判断伤员为致命伤,贴黑色标签。

(3) 如果伤员符合以下特征,则判断为危重伤,贴红色标签:

① 呼吸:伤员的呼吸频率大于30次/分或小于6次/分。

② 循环:按压伤员的甲床,观察其毛细血管再充盈的时间超过2秒。

③ 意识状态:伤员不能遵循基本的行动指令。

(4) 不属于上述三种情况的伤员,则判断为重伤,贴黄色标签。

资讯三　拨打急救电话

拨打急救电话也是应急救护程序中重要的一环。当伤病员的情况严重时,应尽快呼叫救护车将伤者送到医院诊治,也可请周围人帮忙拨打。在呼叫救护车的时候,要注意以下几个要点:事件发生的时间、地点、人物,以及言简意赅地回答接线员的问题。

顺口溜

应急救护有流程,科学规范要记清。

检伤分类须仔细,轻重缓急要区分。

评估环境是第一,自我保护莫忘记。

意识呼吸若消失,赶快呼救莫迟疑。

记录存档善总结,提高应急处置力。

具体拨打救援电话的步骤为:

(1) 确认对方是否为120。

(2) 报告伤病员所处的准确位置,如××区××路××小区××号××室,如果实在不知自己身处何方,可以将目之所及的路牌、公交车站、大型建筑物等作为参照物,尽可能详尽地描述自身的方位,以便救护车寻找。

(3) 说明伤病员的年龄、性别、人数。

(4) 说明伤病员的基本病情。说清伤病员发生伤病的时间、主要表现、可能发生意外的原因,可按照"何时+何因+何部位+何情况"的顺序描述病情,如"10分钟前车祸,后脑部流了大量的血,现在人意识不清醒"。

(5) 说明对伤病员采取的措施。如果不会急救知识,可在接线员的指导下做初步处理。

(6) 留下现场联系人的姓名和电话号码。

(7) 问清楚救护车到达的大致时间,做好接车准备。一定要让调度员先挂断电话,同时保持电话通畅。只有这样,才能保证急救人员及时、准确地赶到现场施救(如图 1.2.6)。

▲ 图 1.2.6　拨打急救电话

> **注意**
>
> (1) 不要随意用其他车辆送病人到医院,防止加重病情或出现意外。
>
> (2) 尊重被救者的意愿,当其首肯可以施救时,方可施救,并请围观群众作证。
>
> (3) 密切关注病情。如果伤病员周围有人学过急救知识,可先行自救互救。对于心脏骤停的病人,可以在调度员的电话指导下立即进行心肺复苏。
>
> (4) 做好接车准备,尽可能派人到约定地点或路口候车,见到救护车后挥手致意,带领医护人员前往现场。遇到需要搬运伤病员的情况,应尽量清理楼道、走廊,移除影响搬运伤病员的杂物,方便担架快速通行。
>
> (5) 准备携带物品,在条件允许的情况下,准备好看病所需的材料,如身份证、市民卡、就诊卡、既往病历、既往常用药、衣物等。如果是服过量药物或误服有毒有害的物品,需把可疑的药品或有毒有害的物品及患者的排泄物(呕吐物或大便、尿液等)带上。如果是断肢的伤员,现场进行简单处理后,要带上离断的肢体就医。

知识拓展

我国常用的应急电话有:报警110、火警119、医疗急救120、交通事故报警122、森林防火报警12119、水上遇险求救12395。不少城市已将这些报警电话联网,拨打任何一个报警电话都会被指挥台转接到对应的报警台。如尚未联网,则需要根据发生的事件性质拨打相应的电话。例如,火灾时应拨打119,同时拨打120,并且一定要拨通,不要因为占线误认为有人在报同一个警情。

任务实施

任务目的:让学习者熟练掌握拨打救援电话的要点。

任务准备:模拟人、手机模型。

任务情景:下课期间媛媛摔倒在地上,头向后仰,四肢不断抽搐,浑身颤抖,嘴里有白沫吐出,两眼上翻,面色青紫。

任务处理:见此突发状况,班长李芳了解媛媛并没有癫痫病发作史,于是马上指挥3名同学展开施救。在环境安全的前提下,李芳提醒大家做好个人防护。先在媛媛的头下小心地放置衣服保护其头部不受伤害,接着让同学们移开周围桌椅,腾出空间,避免媛媛抽搐时伤及自己。现场环境安全,随后指定赵驰一边拨打班主任电话,一边前往办公室通知班主任,吩咐刘奔前往医务室通知校医。指派张丽马上拨打120急救电话。安排好这些后,李芳又到媛媛座位上找到她的学生证和身份证,做好前往医院就医的准备。不一会儿,医务室校医前来为媛媛做了应急处理,4分钟后救护车到达了现场。

任务要求:5—6人一组,自选角色,按照上面任务处理中的安排,模拟操作拨打救援电话,剩余人按照《拨打急救电话任务实施评价表》进行评分(见表1.2.2)。完成后,小组讨论应急处理中的得失。

表1.2.2 拨打急救电话任务实施评价表

评分项目	评分标准或要求	分值	评价方式			得分
			自评	互评	师评	
1. 观察环境	环顾四周观察环境并确保环境安全	5				
2. 正确拨打120急救电话	拨打号码准确	5				
	报告伤病员所处的准确位置	5				
	事件叙述准确、完整、简单明了	10				
	报告伤病员的年龄、性别、人数	5				
	报告伤病员的基本病情	10				
	对伤病员采取正确的救助措施或在接线员的指导下做初步处理	10				

续表

评分项目	评分标准或要求	分值	评价方式 自评	评价方式 互评	评价方式 师评	得分
	留下现场联系人的姓名和电话号码	10				
	问清楚救护车到达的大致时间,做好接车准备	10				
	挂电话前得到接线员的同意	5				
3. 团队合作	小组分工明确,应对过程配合密切	5				
4. 有效沟通	关心爱护伤病员,语言简洁流畅	5				
5. 人文关怀	态度和蔼,动作轻柔,关爱伤病员	5				
6. 应对效率	熟悉拨打急救电话的流程,速度快,效率高,在90秒内完成	10				
	总分	100				

点评及建议:

1. 选择题

(1) 伤情分类时,对于危重伤员应用(　　)标示。

　　A. 黄色　　　B. 红色　　　C. 绿色　　　D. 黑色

(2) 对受伤人员进行急救的第一步应该是(　　)。

　　A. 观察伤者有无意识　　　B. 对出血部位进行包扎

　　C. 进行心肺复苏　　　　　D. 进行人工呼吸

(3) 在下列确认伤者有无意识的方法中,不宜采用的是(　　)。

　　A. 在伤者耳边呼唤　　　　B. 轻轻拍打伤者的肩部

　　C. 用力敲打伤者的头部　　D. 轻轻拍打伤者的脸部

(4) (　　)应判断为伤者无呼吸。

A. 扫视胸腹部 10 秒患者胸腹没有起伏

B. 感到伤者者呼吸急促

C. 感受伤者口鼻处空气进出较弱

D. 胸部有起伏

(5) 在马路上,看到一个行人被机动车撞倒,你需要做的第一步是( )。

A. 拨打 120 急救电话

B. 冲上前去施救

C. 冲到前面去呼喊他,识别他是否有呼吸

D. 确保环境安全,设置警示标识

(6) 拨打急救电话应该讲清( )。

A. 事发时间

B. 事发地点及接车地点

C. 事发的伤病员情况:性别、年龄、伤病情

D. 以上都对

2. 填空题

(1) 应急救护现场快速检伤"ABCD"分别指的是_____、_____、_____、_____。

(2) 在检查伤病情中,清醒程度分为_____、_____、_____。

(3) 对意识不清的伤病员,要保持其气道通畅,伤病员可能因为舌头后坠而堵塞气道,可采取_____打开气道。

(4) 在判断伤病员无意识的情况下,保持其呼吸道通畅,采用_____的方法判断伤病员是否有呼吸或呼吸异常。

项目 2 常见急症的应急救护

任务 2.1 鼻出血的应急处理

📺 情境导入

11月的冬天,阳光明媚。下午的体育课上,同学们正在愉快地打篮球,突然,顾阳捂住自己的鼻子,表情痛苦。其他同学看到说:"你流鼻血了,怎么办?"有的同学说:"快,拿纸巾堵上。"有的说:"快仰头。"还有的说:"快去用水冲洗一下。"每个同学都在关心着他,希望能够尽快止住鼻血。

谁的方法是科学的?面对鼻出血,我们应该怎么进行应急处理呢?

学习目标

知识目标	能力目标	素养目标
1. 知道鼻出血的症状和原因; 2. 知道鼻出血的预防措施和救护措施。	1. 能够正确地评估鼻出血的症状; 2. 能够规范地完成鼻出血的应急处理。	1. 能与其他人员进行有效的沟通交流; 2. 关心他人,能对他人伸出援助之手,具备人文关怀等素养。

💡 课前预习

1. 扫描下面的二维码,学习微课(鼻出血的应急处理)。

学习通扫码直接学习

2. 调研身边鼻出血的案例,思考:鼻出血有哪些症状?是什么原因导致鼻出血?他们是怎么处理的?

3. 活动要求

(1) 小组分工:三人一组,分别担任主持人、录制人和视频剪辑员,小组在校园中随机采访5—10人(学生或教职工)。

(2) 上交作业:整理采访内容,将采访内容剪辑成5分钟左右的视频,与同学们分享交流。

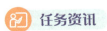

资讯一　认识鼻出血

(一) 鼻出血的定义

鼻出血是指鼻腔内周围组织的血管破裂,血液向前经鼻孔流出或向后流入口咽部,是常见的一种急症,可由鼻子本身疾病引起,还可由鼻子外伤引起,也可由全身疾病引起。鼻出血的部位多在双侧鼻中隔前部的毛细血管网区,也叫黎氏动脉区或克氏静脉丛。此类急症常见于儿童。

(二) 鼻出血的症状

鼻出血多为单侧,也可为双侧;可间歇性出血,也可为持续性出血。发生鼻出血时,轻微症状表现为单侧或双侧鼻子少量出血(如图 2.1.1 和图 2.1.2),

▲ 图 2.1.1　单侧鼻出血

▲ 图 2.1.2　双侧鼻出血

鼻腔、鼻涕和痰中带血;较严重的则鼻腔双侧流血或口鼻同时流血,鼻出血严重时还可能伴有头晕、耳鸣等症状。

资讯二　鼻出血的原因

(一) 鼻出血的原因

鼻出血可由多种因素引起。一般由全身疾病引起的较少,大部分是由于鼻腔疾病或外伤等引起。

(1) 饮食上挑食、偏食、不吃青菜等不良习惯,也可能造成维生素的缺乏而致鼻出血。

(2) 气候条件差,如空气干燥、炎热、气压低、寒冷等都可能引起鼻出血。

(3) 挖鼻屎、揉鼻子、擤鼻涕过于用力,或鼻子经外界磕碰,损伤鼻黏膜引起鼻出血。

(4) 鼻子有炎症,比如急性鼻炎、鼻窦炎或鼻咽炎,或鼻部有肿瘤且肿瘤破裂,都有可能导致鼻出血。

(5) 颅脑外伤造成颅底骨破损,颅内的血液流到鼻腔内引起鼻出血。

(6) 肝肾功能障碍,影响凝血功能,造成鼻出血。

(7) 某些全身性疾病,如发热、高血压、动脉硬化、白血病、血小板减少性紫癜、再生障碍性贫血等,也可能引起鼻出血。

资讯三　鼻出血的应急处理

(一) 鼻出血的应急处理

在发现别人或自己出现鼻出血时,应及时采取正确的应急处理措施,具体步骤如下:

第一步:观察现场环境,做好自我防护。

快速观察现场环境,确保环境安全,并迅速检查可能引起鼻出血的原因。

第二步:评估伤情。

尽快进行生命体征评估,了解患者出血的速度和出血量。

第三步:应急处理。

安抚患者的情绪,使其不要紧张恐慌,然后立即为其做应急处理。

如果患者是轻度症状，可以这样做：

1. 低头

让患者坐下低头、身体前倾15度、张嘴呼吸。

2. 压迫止血

用食指和中指捏住两侧鼻翼（如图2.1.3），向后上方按压，禁止仰头压迫（如图2.1.4），以免鼻血流入呼吸道造成窒息，按压10—15分钟。鼻血止住后，不要急于清理鼻孔内的血凝块，并尽量避免打喷嚏或用力揉鼻子、擤鼻子。止血后，提醒患者不要剧烈运动，保持30分钟以上的安静活动。

▲ 图2.1.3 低头、捏鼻

▲ 图2.1.4 仰头

经上述手段压迫止血10—15分钟后，如果没有停止出血，则继续压迫止血，并安排其入医院治疗。

3. 提醒

（1）不可将棉球或纱布塞进鼻腔，防止创面扩大，影响伤口修复。

（2）如因头部外伤引起的鼻出血、耳道出血，禁止压迫及填塞止血，禁止冲洗，避免逆行感染，应及时就医。

顺口溜

跑步走路保护鼻，避免鼻部被冲击。

一旦出血别慌乱，头前倾、捏鼻翼。

老旧手段须摒弃，仰头拍水易窒息。

出血量大无法止，快去医院来就医。

（3）如患者频繁出现鼻出血，并且原因不明，或鼻出血时还伴有头晕、耳鸣等症状，一定要及时到医院就诊。如鼻出血严重，且无法控制，应立即送医院。

资讯四 鼻出血的预防

（一）鼻出血的预防

鼻出血在儿童身上发生居多，成人较少，且发生时间具有随机性，某些原因导致的鼻出血是无法预防的，但是可以采取一定的措施减少鼻出血的发生。

（1）养成良好的生活习惯，多吃蔬菜、水果，保证充足的维生素摄入。

（2）避免用力擤鼻、用锐物挖鼻，不要用手抠鼻子，以免对鼻腔黏膜造成损伤，导致鼻出血。

（3）锻炼身体，增强体质，提高机体免疫力，有利于呼吸道对环境的适应，可减少或避免呼吸道感染造成的鼻出血。

任务实施

通过本任务的学习，学习者知道了鼻出血的症状及原因，能正确地评估鼻出血的伤情，并能正确地按照鼻出血的应急救护流程进行应急处理。

任务形式：以小组的形式（4—5人一组），针对下述情境案例或教师提供的情境，收集情境中鼻出血的相关信息，讨论鼻出血应急处理的具体办法，并完成《鼻出血的应急处理任务实施评价表》（见表2.1.1）。

表2.1.1 鼻出血的应急处理任务实施评价表

评分项目	评分标准或要求	分值	评价方式			得分
			自评	互评	师评	
1. 观察环境，并做好自我防护	环顾四周，观察环境并报告环境安全	5				
	口述已做好自我防护	5				
2. 评估伤情	进行生命体征评估	5				
	观察患者出血的速度和出血量	5				
	判断患者鼻出血的症状	5				
3. 应急处理	安抚，消除患者的紧张与恐慌情绪，报告老师	5				

续 表

评分项目	评分标准或要求	分值	评价方式 自评	互评	师评	得分
	引导患者低头、身体前倾、张嘴呼吸，并引导其坐下休息或保持半坐位	10				
	引导其用食指和中指捏住两侧鼻翼，向后上方按压，禁止仰头压迫，以免鼻血流入呼吸道造成窒息，按压10—15分钟	15				
	口述：压迫止血 10—15 分钟后，轻轻松开手指，观察鼻血有没有停止，如果没有停止，则继续压迫止血，并安排送其入院	15				
	提醒：鼻血止住后，不要急于清理鼻孔内的血凝块，并尽量避免打喷嚏或用力揉鼻子、擤鼻子	5				
	口述：止血后，提醒他不要剧烈运动，保持30分钟以上的安静活动	5				
5. 团队合作	小组分工明确，应对过程配合密切	5				
6. 有效沟通	关心爱护患者，语言简洁流畅	5				
7. 人文关怀	态度和蔼，动作轻柔，关爱患者	5				
8. 应对效率	熟悉救护流程，速度快，效率高	5				
	总分	100				

点评及建议：

任务要求：(1)建议小组分工协作，明确每个人的任务；(2)建议学有余力的同学可以先操作，并且作为示范。(3)注意仔细阅读情境背景，分析鼻出血的原因，运用合适的方法进行应急处理。

情境范例1——笑笑,4岁,平时不爱吃蔬菜和水果。午餐时间,幼儿园的老师正在给小朋友介绍今天的菜品,有西红柿炒鸡蛋、肉末茄子、南瓜汤。在给小朋友分餐的时候还鼓励笑笑,要多吃蔬菜,蔬菜里富含丰富的维生素。笑笑笑着回答:"好的,今天我要多吃西红柿。"吃着吃着,突然坐在对面的小朋友发现笑笑一个鼻孔有鲜血流出,小朋友马上向老师报告:"老师,笑笑流鼻血了。"这时,笑笑十分害怕。

情境范例2——本周学校举办了篮球比赛,每个班级都成立了篮球队,每天中午学校的篮球场都异常热闹。篮球队员们都努力地在球场上奔跑着,争夺着每一个球权,球场上的观众也在为自己的队伍加油助威。随着比赛进入淘汰阶段,场上的气氛更加紧张,球员们的动作也更加激烈。你一个投篮,他一个旋转,还有不停地碰撞,场上满是硝烟。突然,1班的林潇用手捂住自己的鼻子,脸上满是痛苦,血液也滴在了地板上,班主任马上叫停了比赛,满是关怀地走上前去询问道,"你怎么啦?是鼻子出血了吗?"

 知识拓展

鼻出血千万别仰头

为什么鼻出血时不能仰头?仰头有什么危害呢?流鼻血的时候很多人都习惯性地后仰,认为可以达到止血的效果,其实这样操作只能达到表面上止血,流血的现象依然在继续,只是鼻血是往内流而不是往外流。接下来我们一起看一看仰头的危害:

(1)鼻血不能从鼻腔往外流,造成血液反流至咽喉、气管、食管,以及胃部等组织器官,可能引起恶心、呕吐等症状,增加窒息的风险。

(2)对于出血速度快或量大的情况,仰头来不及将血液吐出,血液很可能被误吸入肺部,导致吸入性肺炎,严重的可能导致窒息,增加死亡风险。

(3)气管呛咳。鼻出血出血量较大的时候,如果仰头或仰卧,极易造成气管呛咳,堵塞呼吸道,危及生命安全。

所以,鼻出血是仰头还是低头呢?你明白了吗?

 课后练习

1. 填空题

(1) 鼻中隔前下部的黏膜内有丰富的血管汇聚吻合丛,被称为_____。

(2) 鼻出血可由多种因素引起。一般由全身疾病引起的较少,大部分是由于_____或_____等引起的。预防鼻出血应_____;_____;_____;_____。

(3) 鼻出血患者姿势应保持_____。

(4) 鼻出血的止血方法是_____。

(5) 鼻出血压迫止血的时间是_____。

2. 选择题

(1) 引起鼻出血的原因有( )。

  A. 鼻外伤   B. 气候干燥

  C. 维生素缺乏   D. 以上都是

(2) 鼻出血患者应避免( )。

  A. 用力擤鼻   B. 用力咳嗽   C. 用力抠鼻   D. 以上都是

(3) 鼻出血患者的饮食不应( )。

  A. 清淡饮食   B. 易消化

  C. 烟酒、辛辣刺激性食物 D. 多吃蔬菜水果

(4) 鼻出血的正确处理办法是( )。

  A. 躺下,捏住鼻翼   B. 身体和头向后仰,捏住鼻翼

  C. 身体向前倾,头略低,捏住鼻翼 D. 侧卧

(5) ( )会引起鼻出血。

  A. 白血病   B. 高血压   C. 贫血   D. 以上都是

任务 2.2　过敏反应的应急处理

情境导入

春天,百花齐放,小婷和同学们总是喜欢课间到校园里赏花。可是没过多久,小婷却突然不停地打喷嚏、鼻塞、鼻子痒、流鼻涕,严重时头还疼了起来,并伴随着胸闷、呼吸困难等症状。同学们都以为小婷是感冒了,准备去医务室拿感冒药给小婷吃,大家认为小婷的症状是感冒吗?

学习目标

知识目标	能力目标	素养目标
1. 知晓过敏反应的常见体征、危害、原因; 2. 知道过敏反应的预防措施和救护措施。	1. 能根据症状和体征,初步识别出现的过敏反应; 2. 能根据对病情的初步评估,模拟为过敏反应的患者规范地实施应急处理。	1. 能在过敏反应的应急处理中与相关人员进行有效的沟通; 2. 训练学生能有效沟通的能力,培养学生能临危不乱地处理问题的心理素质。

课前预习

1. 扫描下面的二维码,学习微课(过敏的应急处理)。

学习通扫码直接学习

2. 仔细观看视频后,试着写出过敏反应的表现特征。

 任务资讯

资讯一　认识过敏反应

（一）过敏反应的定义

过敏反应是人体免疫系统对外来物质的异常反应,是常见的急症。那些被机体免疫系统识别为有害而引发过敏反应的物质被称为过敏原。当人体在吸收、吸入或接触过敏原时,人体内在的防御机制就会被强烈地启动,从而引发皮肤出疹、发痒、黏膜肿胀、腹泻或其他症状。常见的过敏原有霉菌、尘螨、动物皮屑或毛发、花粉、食物、药物、清洁剂、化妆品、粉尘及其他化学物质。

正常情况下,当外来物质进入人体后,如果被机体识别为无害,这些物质将被机体吸收、利用或被自然排泄出去;当外来物质被机体识别为有害时,机体的免疫系统将会立即作出反应,产生抗体及其他化学物质,将其驱除或消灭。这就是人体的免疫应答发挥的保护作用,它在人体感染疾病时是很有必要的。但是,如果免疫系统的反应超过了正常范围或者反应过度时,即免疫系统对无害物质进行攻击时,过度的抗体分泌会与其他反应过程相互作用而产生过敏症状。其过程机理如图 2.2.1 所示。

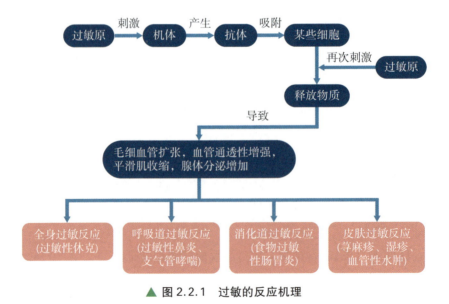

▲ 图 2.2.1　过敏的反应机理

（二）过敏反应的症状

过敏反应可以发生在人体的不同脏器、不同部位，产生不同的症状，其中，单一性的皮疹瘙痒是过敏反应最为常见的症状类型。通常，患者过敏反应常在接触过敏原数分钟至数小时后出现，可以参考身体不同部位的症状与体征来初步地识别是否发生了过敏。

- 眼睛：流眼泪、发痒、眼睛周围的皮肤肿胀。
- 皮肤：有刺痛感、发红、水肿、瘙痒、红斑、皮疹、风团块。
- 呼吸系统：频繁打喷嚏或流鼻涕、咳嗽、胸闷、喘息、呼吸困难或声音嘶哑。
- 消化系统：呕吐、恶心、腹痛、腹泻、便秘、大便带黏液及血液。
- 循环系统：严重的过敏反应常会引起心动过速、脉搏细速、低血压、休克等循环功能异常，部分患者会出现脑部供血不足，引起意识障碍。
- 整个机体：眩晕、唇周青紫，小儿还可表现夜间哭闹不安等。

由于过敏原接触程度和个人身体的敏感度不同，患者过敏反应的表现形式差异很大。通常，过敏症状表现越明显，影响范围越大，表明过敏越严重。根据2006年世界变态反应组织提出的定义，如果患者暴露于已知的或可能的过敏原数分钟或数小时内急性起病，并有以下一种或多种表现，则可高度怀疑为严重的急性过敏反应。

- 呼吸困难，呼吸伴有喘鸣声。
- 唇或舌头肿胀、咽喉水肿、支气管痉挛。
- 脸色苍白、心跳加速、脉搏微弱。
- 皮肤出现大面积皮疹、风团、瘙痒。
- 意识模糊、视力模糊。

需要特别留意有过敏史的患者，如果发现患者出现以上体征，应及时送医处理。此外，皮肤过敏症状容易和一些皮疹类疾病症状相混淆，应留意患者出现此症状之前是否有接触过某些致敏食物或药物等过敏原，以便及时进行有效辨别。

（三）过敏反应的原因

患者过敏的原因较为复杂，既与其独特的生理特点有关，也与外在的各种因素有关。例如,研究表明,患者过敏的发生与遗传、母亲孕期药物和污染物接触、母亲分娩方式以及出生后的喂养方式等因素均有一定的相关性。

1. 遗传因素

遗传因素是导致患者过敏的基础因素。如果患者的父母或兄弟姐妹中有过敏史,患者本人发生过敏的风险就会相对增加。研究表明,如果父母一方有过敏史,患者发生过敏的风险约为20%—40%;如果父母双方均有过敏史,患者发生过敏的风险最高可达80%。此外,有过敏史的母亲致患者过敏的概率要远大于父亲。

2. 环境因素

环境因素对患者过敏的发生有着重要影响,且这种影响从胎儿期到出生后一直都存在。在胎儿期,孕妇暴露于吸烟、有机污染物等环境,会增加胎儿出现过敏性疾病的概率。在出生后阶段,由于现代家庭人口小型化,交叉感染的概率减少,且室内活动较多,室内清洁程度也有明显改善,因此使得患者在早期缺乏对微生物的接触,这样反而可能会抑制患者免疫系统的正常发育,使其对无害的刺激也会产生剧烈的反应,从而引发过敏。此外,由于患者所生活的环境日益受到各种化学物质的污染,他们接触各种致敏物质的机会大大增加,这也提高了患者发生过敏的概率。

3. 其他因素

关于过敏的原因还可能存在其他因素,目前并没有被完全掌握。有研究表明,即使家族无过敏史,如果患者是剖宫产儿,其过敏风险也可能增加约23%;对有家族过敏史的剖宫产儿来说,其过敏风险可能更高。此外,各种抗生素的滥用、新产品在日常生活中的广泛使用等,都可能引起过敏反应。

(四) 过敏反应的危害

在我国,过敏性疾病的患病率据推测达30%左右,也就是说,平均每10人中可能就有3人受其困扰。过敏性疾病包括过敏性鼻炎、哮喘、特应性皮炎等。其中,过敏性鼻炎和哮喘可以同时或先后发生,为"同一气道、同一疾病",不仅会严重影响患者的生活质量,严重时甚至会危及生命。

世界卫生组织已将过敏性疾病列为21世纪最严重的公共卫生问题之一。

过敏对患者的健康有很多危害,严重地影响着患者的正常生活。大多数情况下，普通的过敏反应多影响患者的呼吸道、消化道、皮肤等局部部位，并不会立即危及生命，但患者的情绪、饮食、睡眠、活动等都会受到不同程度的影响，其生活质量和生长发育过程将受到干扰，严重的可引起营养不良。

然而，在极端情况下，过敏反应几乎会涉及患者的所有器官，并发展成为过敏性休克。过敏性休克是通过免疫机制在短时间内触发的一种以急性循环衰竭为主要表现的严重全身性过敏反应，多突然发生且程度严重，患者可出现血压下降、极度呼吸困难、全身皮疹、意识模糊，甚至心跳停搏等严重反应。如果没有得到及时抢救，患者可能在几分钟内死亡。通常，既往有严重过敏反应发作病史以及食物过敏、药物过敏、严重哮喘等病史的患者，是出现过敏性休克的高风险人群。

由此，患者应详细掌握自己的过敏病史并及时就医，明确自己的过敏原和主要过敏反应症状，以便做好相关预防工作。此外，如果患者出现过敏反应，无论过敏反应的症状是否严重，都应给予足够的重视。如果经过初步评估后发现患者可能发生了严重的过敏反应，应立即拨打 120 急救电话或者即刻将患者送往医院治疗。

（五）过敏反应的预防

有的过敏反应可能会随着患者免疫系统的逐渐成熟有所改善，也可能随着时间的推移不断减轻甚至消失，但这并非是一定的。有些患者的过敏可能越发展越难治疗。因而，应及时了解患者过敏的发展转变史，了解过敏的严重性，树立"预防为先"的理念，做到早预防和早治疗。

根据患者过敏的常见类型，在实际日常生活中可参考以下预防措施。

1. 食物过敏的预防

对于那些双亲或单亲是食物过敏患者的高危患者，严格避免接触过敏食物是最好的预防措施。预防患者食物过敏应做好以下 5 点。

（1）不吃含致敏物质的食物。

根据我国现行国家标准的要求，预包装食品标签对 8 种致敏物质进行标注，包括含有麸质的谷物及其制品、甲壳纲类动物及其制品、鱼类及其制品、蛋类及其制品、花生及其制品、大豆及其制品、乳及乳制品、坚果及其果仁类制品。加工过程中间接带入或可能带入的致敏物质，应在配料表附近或其他位置加以提示。含有这 8 种致敏物质的食物是导致中国人食物过敏的主要原因。预防食物过敏的有效方法,就是不吃引发过敏的食物。一般来说,家庭加工食品比较容易做到,但如果食用预包装食品,就要格外关注食品标签,养成食用之前仔细查看致敏物质标识的习惯。

(2) 合理选择替代食物。

调查表明,婴幼儿食物过敏是婴幼儿继发性营养不良的原因之一。以乳汁为主要食物的婴幼儿,如果对乳汁过敏,必须要选用适宜的替代食物,否则,会对婴幼儿的健康成长造成极大的影响。为解决婴幼儿过敏者的饮食安全和营养健康问题,我国批准有特殊医学用途配方食品(标签上写有批准文号为国食注字 TY+8 位数字)。家长选择特殊医学用途配方食品时,要选择国家批准的正规产品,并在临床医师或临床营养师的建议和指导下使用。

对于儿童和成人来说,不吃含致敏物质的食物,不能做到食物多样化,可能导致膳食平衡被打乱,所以,也要采用替代食物。

(3) 注意隐蔽致敏物质。

一般来说,食物过敏的人很在意自己的饮食,正常情况下出现的致敏物质都会被小心避免。而有些致敏物质的存在往往不易被发现,比如那些正常情况下不存在、在交叉污染情况下引入的致敏物质,或者食物中的隐蔽致敏物质,引发过敏就会防不胜防,可能对少数非常敏感的人构成危险。研究表明,几毫克花生蛋白就能引发过敏,而一颗花生含有的蛋白在 300 毫克左右,也就是说,一颗花生就足够引发过敏反应。对花生过敏的部分人群,要格外注意避免吃任何可能含有花生蛋白成分的食物,如冷榨或者提取工艺制取的花生油,以及装过花生制品容器所盛装的其他食物。

(4) 不要盲目忌口。

有的人没有到医院就诊,就自行判断对某些特定食物过敏,此后严格忌口,由此形成心理暗示,使得身体对这些食物产生抗拒。长此以往,将影响膳食平衡。建议在忌口之前先经临床医生诊断,查明致敏物质,以确定对哪些食物忌口。

(5) 尝试其他有益的饮食。

研究结果显示,维生素 D 可能有助于防止食物过敏,肠道益生菌可缓解食物过敏。这些研究结论目前来说虽有争议,但多到户外活动,每天晒太阳半小时以上,促进机体合成维生素 D,多食用含有益生菌的酸奶和饮品,改善胃肠道微环境,都可以提高免疫力,改善体质,对预防过敏有一定的好处。

2. 尘螨过敏

为预防尘螨过敏,患者应定期将床单、被套等用品进行清洗、消毒、暴晒,同时应注意多开窗通风,保持室内清洁。此外,如果家里有尘螨过敏的患者,室内不要使用地毯、毛绒玩具或纺织品做装饰,室内的图书、空调滤网也要定期进行除尘清洁。

3. 花粉过敏

如果班级内有对花粉过敏的患者,除了做好室内清洁外,还应避免将鲜花放在室内作装饰,同时告诫患者避免靠近校园内有鲜花盛开的区域。在空气中花粉密度较高的季节,患者还应在起风时注意适当关闭门窗。此外,患者在参加野外活动时,还应避免接触花粉,并准备口罩、护目镜等物品,以防止上呼吸道和眼睛受到花粉刺激。

4. 昆虫叮咬过敏

对于昆虫叮咬引发的过敏反应,其预防措施主要是避免患者接触昆虫,减少被叮咬的机会。例如,在夏秋季节,患者应做好室内外定期除虫、除蚊工作,并减少室内地面的水渍残留,去除昆虫滋生环境。此外,患者在进行户外活动前,应换穿长袖衣、长裤出行,也应避免穿颜色鲜艳或有鲜花图案的衣服,同时要远离蜜蜂、蚂蚁等昆虫的巢穴。

资讯二　过敏反应的应急处理步骤

当怀疑患者可能出现过敏反应时,旁边人员不要慌张,应该立即检查患者已出现的过敏症状,并根据具体情况给予相应的紧急处理。具体可参考以下处理步骤:

第一步:观察现场。

快速观察现场,检查可能引起过敏的原因(如食物、药物或其他接触物等),并让患者尽快脱离可疑的过敏原。

第二步:评估伤情。

尽快进行生命体征评估和二次评估,了解患者出现过敏反应的部位和特征。

第三步：救护处理。

安排其他老师、同学维护现场秩序，并安抚患者情绪，告诉患者你可以帮助他（她），然后根据初步的评估结果进行相应的处理。

评估结果一：患者生命体征正常，仅出现局部的轻度过敏反应（如单一性皮疹）。

应对措施一：这说明患者暂时没有大碍，应隔离患者可能接触的过敏原，并将其送往保健室休息和观察；同时，尽快通知家长将患者送医处理。

评估结果二：患者出现全身性皮疹、呼吸困难、舌头或脸部肿大、意识模糊甚至丧失等严重过敏反应。

应对措施二：情况十分危急，应立即拨打120和患者家长电话。

1. 如果患者意识尚清醒，但出现呼吸困难体征，安慰患者，并帮助患者以最舒适的姿势坐下，然后帮助患者服用自己带的药物或哮喘吸入气雾剂。建议有过敏史的人员，随身携带医生指导的抗过敏药物。对于既往有哮喘急性发作的人群，应携带吸入型抗胆碱能药物。

顺口溜

过敏来势很凶猛，情况严重会夺命。
迅速脱离过敏源，现场急救莫慌乱。
安慰患者快坐下，服药无效送医院。

2. 如果哮喘发作加剧，患者意识开始模糊或已无意识，应立即拨打120，送院治疗。

3. 如果患者无自主呼吸，应立即为其实施心肺复苏术。

任务实施

任务目的：让学习者熟练掌握过敏反应处理的整个流程。

任务准备：模拟人、手套、口罩、护目镜等。

任务情景：小婷闻完花后突然不停地打喷嚏、鼻塞、鼻子痒、流鼻涕，严重时头还疼了起来，并伴随着胸闷、呼吸困难……

任务要求：以小组为单位，从轻度过敏反应和严重过敏反应中任选一种情况，然后自拟情境和角色，结合患者过敏反应的典型体征、紧急处理流程及操作要求，模拟患者过敏反应时的应急处理全过程。小组模拟结束后，请按照《过敏反应应急处理评分表》（见表2.2.1）进行评分。完成后，小组讨论应急处理中的得失。

表 2.2.1　过敏反应应急处理评分表

评分项目	评分标准或要求	分值	评价方式 自评	评价方式 互评	评价方式 师评	得分
1. 流程完成度	模拟救助流程完整,包含以下三个步骤:观察—评估伤情—救护处理	10				
2. 救助措施	① 救助措施基于评估结果; ② 救助步骤完整、正确; ③ 救助操作规范	30				
3. 团队合作	① 主动寻求团队成员的帮助; ② 小组分工明确; ③ 应对过程配合密切	20				
4. 有效沟通	① 给予患者(包括伤病及其他患者)关心和安慰; ② 及时、准确地上报相关人员(教师、校医); ③ 及时、恰当地联系伤病者的家长; ④ 表达简洁流畅,用语文明礼貌	20				
5. 应对效率	① 熟悉救助流程; ② 救助过程效率高,不拖拉	10				
6. 人文关怀	① 通过语气、表情、肢体动作等给予伤病者关注与呵护; ② 尊重伤病者家长的感受和诉求	10				
	总分	100				

点评及建议:

知识拓展

请调查你身边的同学或朋友有没有过敏反应,如果有的话,请了解引发他们过敏反应的过敏原是什么?他们出现了哪些症状?请记录下来,并与大家分享。

选择题

(1) 在购买食物之前,应检查食物的成分标识信息。如果曾有对牛奶过敏的经历,不能购买含有(　　)成分的饼干。

  A. 蜂蜜   B. 酪蛋白

  C. 玉米糖浆   D. 面粉

(2) 小李在旅游时不小心被一只蜜蜂叮咬,除了叮咬处红肿痒痛之外,很快全身起了荨麻疹,这表明小李可能发生了(　　)。

  A. 惊厥   B. 哮喘

  C. 过敏反应   D. 呼吸困难

(3) (接第2题)这时候,小李应该(　　)。

  A. 立即为小李实施心肺复苏并拨打120急救电话

  B. 让小李休息,关注小李的意识和呼吸状况,同时联系120急救中心和家长

  C. 外用或服用抗过敏药物

  D. 立即给小李喂水,密切关注患者生命体征的变化

(4) 下列关于患者发生过敏反应后的应急处理措施中,正确的是(　　)。

  A. 无论患者症状轻重,都应立即通知其家长将其接回

  B. 应先将患者脱离过敏原或存在过敏原的环境,然后再做处理

  C. 立即给患者服用抗过敏药物

  D. 先对患者进行观察,情况严重时再通知家长接回

(5) 关于过敏反应,下列说法中正确的是(　　)。

  ① 过敏反应是一种异常反应,是一种免疫功能失调症;

  ② 过敏反应的特点是发作迅速、反应强烈,因此往往会破坏组织细胞,引起组织损伤;

  ③ 过敏反应具有个体差异,而且有明显的遗传倾向;

  ④ 找出过敏原,尽量避免再次接触该过敏原是预防过敏反应的主要措施。

  A. ①②③   B. ①②

  C. ①④   D. ②③

(6) 严重过敏反应最重要的一线用药是( )。

  A. 地塞米松   B. 扑尔敏

  C. 肾上腺素   D. 葡萄糖酸钙注射液

(7) 发生严重过敏反应时优先需要评估( )。

  A. 大脑、心脏

  B. 气道、呼吸、循环

  C. 肾脏、肺炎

  D. 瞳孔、心率、脉搏

(8) 对过敏反应的解释,最准确的一项是( )。

  A. 过敏反应是指输血反应、新生儿溶血病、类风湿性关节炎等临床最常见的疾病

  B. 过敏反应是由个体差异和遗传带来的一种临床最常见的超敏反应,如哮喘病

  C. 过敏反应是临床最常见的机体受同一抗原物质再次刺激后所产生的一种异常免疫反应

  D. 过敏反应是由异种动物血清、各种微生物、寄生虫、青霉素等过敏原诱发的超敏反应

(9) 以下说法错误的是( )。

  A. 严重过敏反应患者并不一定出现过敏性休克

  B. 严重过敏反应患者均有皮肤黏膜改变

  C. 过敏反应发生发展越快,提示严重程度越高,可能危及生命

  D. 大多数情况下,过敏反应可能找不到原因

(10) 严重过敏反应的急救措施包括( )。(此题为多选题)

  A. 立即脱离所有可能的过敏原

  B. 头高足低的仰卧位

  C. 头低足高的仰卧位

  D. 保持呼吸道通畅,高流量输氧/正压通气

  E. 建立静脉通道

  F. 肌注肾上腺素

任务 2.3 中暑的应急处理

情境导入

在一个炎热的夏日,李凯和他的朋友们兴高采烈地参加了一场户外足球比赛。比赛进行得如火如荼,天气越来越热,但大家都为了胜利全力拼搏,没有在意炙热的阳光。

时间一分一秒地过去,李凯开始感觉身体有些不对劲。他的额头冒出汗珠,心跳加快,头脑有些晕眩,但他并未在意。终场哨声响起,李凯的队伍赢得了比赛,大家欢呼着庆祝胜利。

然而,当李凯的朋友们发现他时,李凯已经越来越虚弱,开始出现乏力、头痛的情况。李凯中暑了,此时场下的一位急救队员急忙赶了过来……

学习目标

知识目标	能力目标	素养目标
1. 知道中暑的表现及原因; 2. 知晓中暑的预防措施; 3. 熟记中暑的应急处理流程及注意事项。	能根据患者的症状评估,结合紧急救助流程,对中暑患者实施应急处理。	1. 在操作过程中能敢于施救、冷静处理; 2. 具有关爱同伴、乐于助人的意识。

课前预习

1. 扫描下面的二维码,学习微课(中暑的应急处理)。

学习通扫码直接学习

2. 仔细观看视频后,试着写出中暑的表现特征。

任务资讯

资讯一 认识中暑

人的体温需恒定在37℃左右才能保证生理机能正常运行,因此,必须保持产热和散热相对平衡和稳定。

人体长时间暴露在高温高湿环境下,一旦不能正常地调节体温,容易发生一系列机体代谢紊乱,这就是中暑(如图2.3.1)。

▲ 图2.3.1 中暑的表现

(一)中暑的原因

正常情况下,人体下丘脑体温调节中枢控制产热和散热,维持体温的相对恒定。产热主要靠能量代谢和肌肉收缩,散热主要靠辐射、蒸发、对流和传导。当周围环境温度超过皮肤温度时,人体的散热方式是加快心搏和呼吸频率,扩张皮肤血管、出汗等。深部组织的热量经血液循环至皮下,靠出汗以及皮肤蒸发和呼出的气体蒸发散热。当产热和散热失衡时,便会发生中暑。

1. 主观原因

(1)产热增加:强体力劳动、运动和军训等。

(2)获取热量多:环境温度高;通风不良;年老或体弱多病;体温调节功能障碍及随意调节能力减退。

(3)散热障碍:出汗减少;中枢神经系统反应性降低;心血管储备功能降低;使用影响出汗的药物;过度肥胖;衣服透气不良;高温及高湿环境等。

2. 客观原因

(1)高温环境作业,温度>35℃;湿度>60%。

(2)通风不良的环境。

(3)长时间或强体力劳动。

以上情况足以让健康人中暑。

（二）中暑的特征

根据我国《职业性中暑诊断标准》，中暑可根据严重程度分成中暑先兆、轻症中暑和重症中暑三种类型。

1. 中暑先兆

中暑先兆指在高温作业场所劳动一定时间后，出现头昏、头痛、口渴、多汗、全身疲乏、心悸、注意力不集中、动作不协调等症状，体温正常或略有升高。

2. 轻症中暑

除中暑先兆的症状加重外，出现面色潮红、大量出汗、脉搏快，体温升高至38.5℃以上，即可认定为轻症中暑。

3. 重症中暑

重症中暑是最严重的一种中暑类型。卫生部颁布的职业性中暑诊断标准如表2.3.1所示：

表2.3.1　中暑诊断标准

重症中暑	原因及临床症状
热痉挛	大量失水、失盐引起的肌肉疼痛性痉挛
热衰竭	严重脱水和水电解质紊乱引起的周围循环容量不足而发生的虚脱，血压过低
热射病	暴晒后，人体高热（42℃以上）、意识障碍、无汗、心、脑、肺、肾出血。死亡率高达5%—30%

▲ 图2.3.2　重症中暑的表现

热射病（包括日射病），是最严重、处理最复杂、死亡率最高的中暑。有时，重症中暑的三种类型可能在同一个人身上发生。

暴晒后，人体体温超过42℃，蛋白质即变性；体温超过50℃，数分钟脑细胞即死亡。此种情况常在高温环境活动时出现。当人体高热42℃以上、无汗（皮肤灼热有紫色花纹）、出现意识障碍时，首先应想到发生了重症中暑（如图2.3.2）。

资讯二　中暑的应急处理原则

脱离高热环境,迅速降低体温。降温的速度决定患者的预后,应在1小时内使体温降至(肛温)37.8—38.9℃,对症处理。

1. 先兆中暑的应急处理

脱离高温现场,宽衣解带,扇风降温并予以密切观察。

2. 轻症中暑的应急处理

除上述先兆中暑应急处理外,还应给予含盐清凉饮料及对症处理。用拧成半干的温毛巾放在额头、颈部和大腿根部大血管处进行降温。经上处理后不见好转,要呼叫120,及时转送医院。

3. 重症中暑的应急处理

原则:先降温后转运,边降温边转运。

(1) 一旦出现重症中暑,在就地抢救的同时,要毫不犹豫、争分夺秒地拨打120,等待专业救护团队的到来!

(2) 现场可用湿毛巾在重要的血管(如颈动脉、肱动脉以及腋下、腹股沟处的股动脉,腘窝)处散热。通过电风扇吹风,降低室内温度。电风扇不可直接吹向中暑者。

(3) 如果中暑者出现心脏骤停,在转运的同时应立即进行心肺复苏术。

资讯三　特殊类型的中暑

1. 劳力型热射病

劳力型热射病是中暑最严重的一种类型,伴有意识障碍,横纹肌溶解,急性肝损害、急性肾损害等多器官多系统损伤(如图2.3.3)。

2. 室内中暑

(1) 原因:多因空气不流通,体内产热大于散热。可能导致颅神经损害,甚至死亡。

(2) 对策:时常开窗通风,进行气体交换。

(3) 处理:若发现自己的身体发热、皮肤发干、发红、体温升高、心跳加快、呼吸加快,在降温处理的同时应立

▲ 图2.3.3　劳力型热射病的表现

即拨打 120。

3. 情绪中暑

（1）原因：气温＞35℃，日照＞12 小时，空气湿度＞80%，长时间劳作时易发生。

（2）症状：情绪难以控制，也叫夏季情感综合征。

（3）处理方法：平复心情，喝一些清凉饮料，心静自然凉。

资讯四 中暑的预防

1. 避免突然从空调房间内出来

如果室内外温度相差超过 5℃ 以上，将影响体温调节中枢，容易中暑。

2. 长时间高强度的户外活动，要注意补充水分

别等口渴了才喝水。美国运动医学学院推荐，出发前 2 小时最好补充 500 ml 液体。有条件的最好是 200—400 ml 含电解质的液体。最好每隔 15—20 分钟，追加补充 150—250 ml 电解质运动饮料（淡盐水也可）。多次少量饮水，一次不可超过 300 ml，以免增加心脏的负担，造成血液稀释。

3. 对症使用药物

如果感觉身体发热发烫，可口服藿香正气水、十滴水等药物，或用风油精等药物擦拭，利于蒸发散热。

4. 避免快速大量喝冷饮

快速大量喝冷饮不仅减轻不了中暑，还易导致脑血管或心血管突然收缩，诱发脑卒中或急性冠脉综合征。

5. 需要特别关注老年人、儿童和患有慢性疾病患者

患有心血管疾病、高血压、内分泌疾病、出汗功能障碍等慢性疾病者，均不宜从事高温作业。中暑恢复数周内，应避免室外暴晒及参加剧烈活动。

顺口溜

夏日外出暑难当，做好准备第一桩。

主观条件不能忘，客观因素须预防。

出门要穿遮阳装，怀疑中暑找阴凉。

宽衣解带快饮水,降温药物来帮忙。
现场处理需冷静,医院后勤做保障。
自知之明不逞强,量力而行保健康!

任务实施

任务目的:让学习者熟练掌握中暑应急处理的整个流程。

任务准备:模拟人、毛巾、水、风扇、担架等。

任务情景:军训时谢江敏同学由于长时间受到暴晒,额头冒出汗珠,心跳加快,头脑有些晕眩,出现乏力、头痛的情况。

任务处理:班长马上判断谢江敏同学出现了中暑的情况,立即安排4个同学有序施救。首先,让两位同学将谢江敏扶到阴凉处,脱离高温现场,宽衣解带,扇风降温并予以密切观察。其次,安排一位同学找来清凉的含盐饮料或者电解质运动饮料给她喝下。发现仍不见好转,则用担架将其抬至医务室,用拧成半干的温毛巾放在其额头、颈部和大腿根部进行降温。情况严重者,第一时间呼叫120,及时转送医院。

任务要求:3—4人一组,自选角色,按照上面任务处理中的安排模拟操作中暑的应急处理,剩余人按照《中暑应急处理评分表》(见表2.3.2)进行评分。完成后小组讨论应急处理中的得失。

表 2.3.2 中暑应急处理评分表

评分项目	评分标准或要求	分值	评价方式			得分
			自评	互评	师评	
1. 观察环境,做好自我防护	环顾四周,观察环境并报告环境安全	2				
	做好自我防暑防护	3				
2. 评估伤情	判断患者有无意识	5				
	评估患者的呼吸和循环情况	5				
3. 呼救	呼叫周围人帮助,呼救120	2				
4. 应急处理	将患者迅速转移至阴凉地方,通风降温	3				

续 表

评分项目	评分标准或要求	分值	评价方式			得分
			自评	互评	师评	
	安慰中暑者消除恐惧,坐下休息,背后有支撑	5				
	及时让患者补充清凉的含盐饮料或者电解质运动饮料。可给患者服用十滴水、藿香正气水,给患者的额头涂抹清凉油,协助降温	10				
	解开衣服,用温湿毛巾放在颈部、腋下、腘窝、大腿根等体表血管明显处,帮助降低体温	15				
	1. 密切观察患者状态:意识状态,呼吸的变化 2. 一旦发现患者心脏骤停,立即行心肺复苏(CPR)术	30				
5. 团队合作	小组分工明确,应对过程配合密切	5				
6. 有效沟通	关心爱护患者,语言简洁流畅	5				
7. 人文关怀	关爱患者,珍爱生命	5				
8. 应对效率	熟悉救护流程,速度快,效率高	5				
	总分	100				

点评及建议:

 课后练习

判断题

(1) 中暑是由于身体在低温环境中暴露过久而引起的。(　　)

(2) 中暑可能导致身体失去过多的水分和电解质,体温调节失常。(　　)

(3) 在高温环境下,穿着透气轻便的衣物有助于减少中暑的风险。(　　)

(4) 儿童和老年人比其他年龄段人群更易中暑。(　　)

(5) 重症中暑患者可能会出现恶心、呕吐和肌肉抽筋等症状。(　　)

(6) 饮用含咖啡因和含糖饮料有助于防止中暑。(　　)

(7) 在高温天气下,最好在中午和下午进行剧烈运动。(　　)

(8) 中暑只会在夏季发生,其他季节不会出现。(　　)

(9) 使用冷水和湿毛巾擦拭皮肤,可以帮助降低中暑患者的体温。(　　)

(10) 中暑只会影响体温,对心血管系统没有任何影响。(　　)

任务 2.4 失温的应急处理

情境导入

2021年5月22日,堪称人类马拉松史上最惨烈的一天。在甘肃省白银市举办的第四届黄河石林百公里越野赛中,共有172人参赛,其中,8人受伤,21人身亡,遇难者中许多是国内赫赫有名的顶尖跑者!一场看来非常普通的越野赛,何以成了夺命马拉松?

5月下旬,白银已经入夏,往年比赛时,无风无雨,天气炎热。比起失温,大家更在意会不会中暑。但据当地村民描述,冻雨、冰雹属于夏季常态,"夏天上山也是需要穿棉衣的"。造成此次事件的原因在于失温。那什么是失温呢?什么状况下会导致失温?我们该如何预防?

学习目标

知识目标	能力目标	素养目标
1. 知道失温的症状、原因; 2. 知道失温的预防措施和救护措施; 3. 学习辨别失温的三个阶段。	1. 能够根据失温的症状,初步识别和评估伤情; 2. 能够对失温进行应急处理。	1. 具有生命至上、敬畏自然的意识; 2. 提高在危难中自救互救的意识,弘扬红十字的人道、博爱、奉献精神。

课前预习

1. 扫描下面的二维码,学习微课(失温的应急处理)。

学习通扫码直接学习

2. 失温有哪些特征？请你列举出来，与同学们分享。

任务资讯

资讯一　认知失温

（一）失温的定义

失温又称低体温、低温，是指人体核心区的温度低于正常代谢和活动的必需要求（即 35℃）时的现象。此时，人体的体温调节失衡，产热低于散热，导致人体热量逐渐丧失，从而造成人体核心区温度降低，无法维持正常体温，并产生一系列寒颤、迷茫、心肺功能衰竭等症状，甚至最终造成死亡的病症（如图 2.4.1）。这里所谓的人体核心区主要是指大脑和躯干内的心、肺等维持生命的主要器官，这一概念是相对于人体四肢和表层皮肤而言的。

▲ 图 2.4.1　失温

（二）失温的症状

失温的症状包括身体寒冷、颤抖、呼吸急促、心率加快、头痛、恶心、呕吐、腹泻等。严重低温可能导致昏迷、休克等严重后果。

1. 体温下降

人的正常的体温为 36—37℃，当身处低温环境时，体表散热增加，体温逐渐下降。

2. 寒战

寒战是人体自我保护机制的一种反应，在低温环境下会发生，目的是通过肌肉震颤产生的热量来维持体温。

3. 血管收缩

低温环境下，人体会通过血管收缩来减少皮肤散热，从而保持身体的热量不流失。

4. 血液变稠

低温环境下，血液中的水分会因为蒸发或者肌肉震颤而流失，导致血液变得更加浓稠。

5. 皮肤变白

由于血管收缩,皮肤会因为血液供应不足而变白。

6. 神经系统受损

如果人在低温环境持续较长时间停留,神经系统可能会受到损伤,引起手脚麻木、冻伤等症状。

这些反应都是人体为了适应低温环境而作出的自我保护机制,但在极端情况下,如长时间暴露在极寒的气候中,这些反应可能无法有效地保护人体。

失温根据严重程度可以分为三个阶段,不同的阶段表现的症状会有所不同(见表2.4.1)。

表 2.4.1 人体失温的三个阶段

人体失温阶段	体温	典型症状	救援难易度
一级轻度失温	33—35℃	颤抖、心律升高、肌肉不协调、尿频	可自救
二级中度失温	29—32℃	恍惚、颤抖(无法控制)、思维麻木、心律不齐、口齿不清、记忆障碍、视觉障碍、瞳孔放大	可自救
三级重度失温	22—27℃	昏迷、神经反射消失(对疼痛没有反应)、低血压等,若得不到及时的医疗救助,最终将导致死亡	无法自救

资讯二 失温的原因

(一)失温的原因

失温是指人体体温低于正常的范围,可能是由多种原因引起的,包括环境因素、疾病因素、个体因素。

1. 环境因素

(1)温度。

活动区域整体气温偏低,体感温度降低是导致失温的最直接因素。但并不是只有气温低才会导致失温,某些地区在夏季可能会遇到异常低温的极端天气,如强烈的寒流或降温。在这些情况下,人们如果没有做好防寒准备就可能面临失温的风险。

(2) 湿度和降雨。

我们都知道身上淋水后会明显感觉凉，是因为水带走了人体的温度。虽然夏季是炎热的季节，但高湿度和持续的降雨会导致人体难以散热，潮湿的衣物可能会导致体温下降，引发失温。夏季人们通常会进行各种水上活动，如游泳、潜水和冲浪。如果在夏季环境中长时间暴露在冷水中，可能会导致体温下降，引发失温。

(3) 风。

当我们穿着潮湿的衣物时，风（哪怕是暖风）也会加快我们身体温度的下降。

2. 疾病因素

常见于内分泌代谢类的疾病。如甲状腺功能减退、贫血等疾病可能导致体温下降。

3. 个体因素

年老和年幼者、行动不便者，以及极度疲乏、营养不良者，身体无法产生足够的热量，容易引起体温下降。

资讯三 失温的应急处理

(一) 失温的应急处理

1. 观察环境安全，做好自我防护

快速观察现场环境，判断环境是否存在危险，确保现场环境安全后再进行救护。若现场环境存在安全隐患，需要将患者转移到安全的地方再进行施救。

2. 评估伤情

迅速评估患者的生命体征，判断患者是否有意识、有自主呼吸和循环，若患者无意识、无呼吸或喘息样呼吸，要立即进行心肺复苏。

3. （必要时）呼救

根据伤情评估情况判断是否需要呼救，如果情况严重，需要呼叫周围的人帮助并且拨打120。

4. 失温的应急处理流程

（1）安全转移。

应迅速地使患者脱离寒冷的环境，进行安全转移，如前往岩石等遮挡物后面躲避，避免继续暴露在风口，加剧失温程度。搬运重度失温者时需注意，要小心轻放，避免碰撞引起的心室纤颤、组织损伤及骨折。

（2）冷面隔离。

转移到相对安全的地方后，切勿让失温者直接躺在地上，应该用衣物或隔垫让身体与地面隔离，因为地面依然会吸收身体的热量。如果身边有保温毯，可立即用保温毯包裹身体。

（3）干燥处理。

帮助患者更换衣物，或用毛毯、保温毯、被褥包裹患者身体，尽量保持身体干燥，避免因衣物潮湿致热量持续流失，为患者采取温和的被动复温。

（4）核心区域复温。

对于失温者，要先迅速脱掉冻伤者寒冷潮湿的衣服和鞋袜，立即用40—42℃的温水快速复温。失温严重时，可以用热水袋、发热贴对核心区域进行加温，比如颈部、腋窝和腹股沟等位置。不要对四肢加温，比如搓手心、脚心，四肢温度的升高会导致冷血回流，冲击心脏。

（5）能量注入。

当患者意识状态清醒时，可以为患者喂食一些常温的流质状高热量食物，如浓糖水、热巧克力等，让失温患者获得产热需要的能量。

遭遇失温时千万不可以这样做：

（1）不可饮用任何含有酒精的饮品。因为酒精会使血管扩张，增加血液流向体表的速度，加剧冻伤的程度。

（2）在为四肢复温时，不可采用局部搓雪、火烤、按摩等手段。搓雪会导致局部温度过低，进一步损伤细胞和血管，阻碍血液循环的恢复；火烤会导致局部烫伤；按摩会导致局部直接损伤。

（3）因严重失温者被冻伤甚至冻僵，现场处理时要注意动作轻柔，避免造成二次伤害。

无论在何种情况下，保持意识清醒都是最重要的，这个时候意志就是生命力，可参照低温急症的应急处理流程稳妥应对（如图2.4.2）。

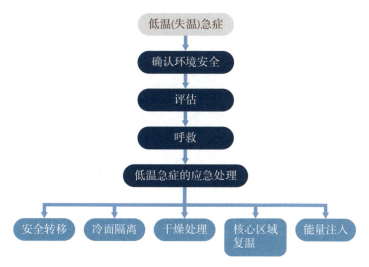

▲ 图 2.4.2　低温急症的应急处理流程图

顺口溜

体温过低损健康,意识丧失血压降。
脱离低温险环境,保暖救助第一桩。
加强锻炼身体壮,免疫力、可增强。
穿暖吃好有营养,体温正常有保障。

资讯四　失温的预防

(一) 失温的预防

为了避免户外出行时出现低温,我们可以这样做:

1. 控制时间

尽量避免长时间在寒冷的环境中停留。

2. 保暖措施

在寒冷的环境中应注意保暖,可以穿保暖衣物、戴帽子和手套等,不把皮肤暴露在寒风中。

3. 注意内衣的选择

户外出行时要选择速干排汗的内衣,切忌穿棉质内衣。棉质内衣容易吸汗,棉质纤维上的汗液不易被导出,会使衣物长期处于湿冷状态,更容易带走热量,引起人体失温。

4. 增减衣物

控制好体力,注意增减衣物,切记不要穿得过厚,以免过度出汗导致失温。在寒冷的环境中进行户外活动,应准备充足的御寒装备。

5. 及时补充体能

应时刻关注自己身体状态的变化,防止体能透支、脱水,避免过度出汗和疲劳,并准备好充足的补给和热饮,随时补充能量。如有身体不适,应及时就医检查。

任务实施

通过本任务的学习,学习者能评估失温的伤情,判断失温的原因,并能正确地按照失温的应急救护流程进行应急处理。

任务形式:

以小组的形式(4—5人一组),针对下述情境案例或教师提供的情境,收集情境中低温急症的相关信息,讨论失温的应急处理具体办法,并完成《失温的应急处理任务实施评价表》(见表2.4.2)。

表2.4.2 失温的应急处理任务实施评价表

评分项目	评分标准或要求	分值	评价方式			得分
			自评	互评	师评	
1. 观察环境,并做好自我防护	环顾四周,观察环境并报告环境安全	2				
	戴手套和呼吸膜或口述已做好自我防护	3				
2. 评估伤情	观察患者状态	5				
	口述患者的意识情况及症状	5				
3. 呼救	指定人拨打120,呼叫周围人帮助	5				
4. 应急处理	安全转移:迅速地使患者脱离湿冷环境,避免暴露在风口	5				

续表

评分项目	评分标准或要求	分值	评价方式 自评	评价方式 互评	评价方式 师评	得分
	冷面隔离:用衣物或隔垫让患者的身体与地面隔离,防止地面吸收身体的热量	10				
	干燥处理:帮助患者更换衣物,或用毛毯、被褥包裹患者的身体,尽量保持身体的干燥,避免衣物潮湿带来持续的热量流失	10				
	核心区域复温:用热水袋、发热贴对核心区域进行加温,如颈部、腋窝和腹股沟等位置	10				
	口述:不要对四肢进行火烤、搓雪、局部按摩,避免二次伤害	5				
	能量补给:当患者的意识状态清醒时,可以为患者喂食一些流质状常温的高热量食物,如浓糖水、热巧克力等	10				
	在抢救过程中,要提醒患者保持意识清醒	5				
	如果患者意识丧失,无呼吸,无搏动,应立即进行心肺复苏急救	5				
5. 团队合作	小组分工明确,应对过程配合密切	5				
6. 有效沟通	关心爱护患者,语言简洁流畅	5				
7. 人文关怀	态度和蔼,动作轻柔,关爱患者	5				
8. 应对效率	熟悉救护流程,速度快,效率高	5				
	总分	100				

点评及建议:

任务要求：

(1) 建议小组分工协作，明确每个人的任务。

(2) 建议学有余力的同学，可以先操作，并作示范。

(3) 注意仔细阅读情境背景，分析低温（失温）急症的原因，运用合适的方法进行应急处理。

情境范例 1——2022 年 12 月 31 日，驴友张某因在网上看到寒林雪景图并被深深吸引，便决定邀约同学一起去赏雪。于是，张某和同学乘坐公交车，带着两岁的儿子来到了临安天目山，准备登山赏雪。不料意外突然发生，张某与同学走散后，在山里迷了路，没多久全身湿透、体力透支，幸好张某的电话还有信号，便马上报警救助。找到张某时，他已经出现失温状态，救援人员立即施救，张某才慢慢恢复意识。

情境范例 2——11 月 7 日晚，广东省发布了寒潮预警，气温开始骤降，前一天气温还是 30℃，最低气温为 22℃，没多久直接降了十几度，最低温度甚至达到了 11℃，这一轮冷空气来得很突然，很多人都没准备好。小熊就是其中之一，当天下午放学回家看到天色没什么异常，于是就骑着自行车回家了。谁知气温骤降，还下起了大雨。此时的他还穿着短袖上衣，于是他赶紧披上雨衣，但是大雨中还伴着七级大风，冰冷的雨水让他的手脚开始麻木，逐渐失去知觉，他嘴唇青紫，手脚哆嗦，口齿不清，身体出现失温迹象。

知识拓展

失温者死亡时为何会面带微笑？

在《卖火柴的小女孩》故事结尾，女孩在寒冷的大年夜里冻死在街头，嘴角却露出了微笑。好多人都觉得是小女孩在梦里看到了幸福，其实这是有科学依据的。

人类是通过大脑来调节自身体温的。当外界温度降低时，我们的皮肤首先会感知到这一点，然后向大脑报告温度降低的信息。大脑得到这一信息后，马上就会向身体下达指令，通过一些动作来增加热量，维持体温。比如，有些人感到寒冷时会抖动一下身体，或者起鸡皮疙瘩，这样的动作其实是在消耗体内的能量以维持体温。

如果长时间处于低温状态，人体中枢神经系统就无法正常运行，还会导致血管扩张。血管扩张会使得心脏及其附近较为温暖的血液流向冰冷的四肢。这时，人类就会感觉体内热乎乎的，这其实是一种错觉。但是，身体仍然会将这种错觉传递给大脑。大脑在得到"身体发热"的信息后，就有可能会发出"脱掉衣服"的指令。所以，有些人在被冻死之前，才会做出脱光自己身上的衣服等反常举动。而一旦到了这一步，这个人就离死亡不远了。

在被冻死之前，由于感觉身体很温暖，所以有些人会不自觉地露出一个满足的微笑，然后闭上眼睛，永远地离开了。当然，也不是所有被冻死的人都会出现脱衣服、面带微笑等行为，出现这种情况的概率大约为25%。

课后练习

1. 填空题

（1）失温又称为_____或_____。

（2）失温有三个阶段，分别是_____、_____、_____。

（3）当失温患者意识丧失时，我们应该立即进行_____抢救。

2. 不定项选择题

（1）关于失温，下列表述不正确的是（　　）。

　　A. 让失温者饮酒是常见的错误做法

　　B. 温度、湿度和风力影响是导致失温的最常见因素

　　C. 当患者失温严重时，应及时揉搓其手脚，对四肢进行加温

　　D. 一般来说，如果人体的核心温度低于35度时，就是医学上的失温

（2）一般人体的核心温度降到（　　）时，就会进入失温状态。

　　A. 33℃　　　　B. 34℃　　　　C. 35℃　　　　D. 32℃

（3）患者失温处于（　　）阶段时会出现意识丧失。

　　A. 轻度失温　　B. 中度失温　　C. 重度失温　　D. 致命阶段

（4）在户外遭遇失温时，我们可以自救，以下说法正确的是（　　）。

　　A. 找到避风场所，或扎营保持体力　　B. 可以喝一点酒，让身体变暖

　　C. 加热四肢，搓一下手和脚　　　　　D. 多加外衣或者躺入睡袋

（5）引起失温症的外部环境因素是（　　）。

　　A. 寒冷　　　　B. 风冷效应　　C. 潮湿　　　　D. 饮酒

任务 2.5 腹痛的应急处理

情境导入

周末,小芳回到家,妈妈做了好多她喜欢吃的菜,有油焖大虾、红烧排骨、辣子鸡丁等,让她饱餐了一顿。可她觉得好不容易等到了周末,家里的美食已经满足不了她的口欲,于是在返校的星期天下午,她又约几位同学吃了顿"串串",美滋滋地回到了学校。可没多久,小芳就不舒服了,肚子疼、腹胀,还感觉有一点恶心,想要呕吐,她心里想,难道是她吃的"串串"和大虾在作祟?

大家觉得,她为什么会腹痛呢?

学习目标

知识目标	能力目标	素养目标
1. 知道腹痛的症状、原因; 2. 知道腹痛的预防措施和救护措施。	1. 能够对腹痛的症状进行正确的评估; 2. 能对腹痛的患者进行应急处理。	1. 知道爱惜自己的身体,树立健康第一的思想; 2. 能切身地感受他人之痛,常怀关爱他人之心,具备一定的人文关怀意识; 3. 培养助人为乐的优良品质。

课前预习

1. 扫描下面的二维码,学习微课(腹痛的应急处理)。

学习通扫码直接学习

2. 校园采访

（1）采访内容：你或者身边的人有过腹痛的情况吗？你是怎么应对的？造成腹痛的原因是什么？

（2）采访要求：小组分工，三人一组，分别担任主持人、录制人和视频剪辑员，小组在校园中随机采访5—10人（学生或教职工）。

（3）上交作业：整理采访内容，将采访内容剪辑成5分钟左右的视频，与同学们分享交流。

任务资讯

资讯一　认识腹痛

（一）腹痛的定义

腹部是指从肋骨以下到腹股沟以上的范围（如图2.5.1）。腹痛俗称肚子疼，是生活中常见的症状。突然发生的肚子疼，称急腹症，多由腹腔内组织或器官受到某种强烈刺激或损伤所致，也可由胸部疾病及全身性疾病所致。腹痛的病因极为复杂，与炎症、脏器痉挛或梗阻、脏器破裂、腹腔粘连、化学性刺激、肿瘤压迫等因素有关。大多数病因是消化系统疾病和妇产科疾病。

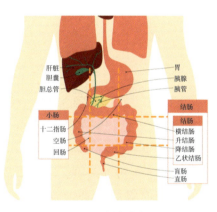

▲ 图2.5.1　人体腹部结构图

（二）腹痛的原因及分类

腹痛分为急性腹痛和慢性腹痛。急性腹痛也称为急腹症，通常是比较严重的疾病或损伤，如果不及时处理，会导致比较严重的后果。此处重点介绍急性腹痛（急腹症）的现场急救原则和方法。

腹痛的原因涉及人体多个系统，如消化系统、泌尿系统、生殖系统和神经系统等。消化系统常因暴饮暴食、油腻饮食和剧烈运动、过量饮酒导致急性腹痛的发生。症状包括腹部饱胀、腹部痉挛、腹部胀气、腹泻、便秘、恶心、呕吐等。

急性腹痛起病急骤,是指腹腔内、盆腔内的脏器因急性炎症、创伤、穿孔、破裂、梗阻、绞窄或血管栓塞等引起的以急性腹痛为症状的一组疾病。

慢性腹痛是指起病缓慢、病程较长,或急性发病后时发时愈的腹痛,为最常见消化系统疾病症状之一。其病因复杂,诊断较困难,有时可转化为急性腹痛,长期得不到解决者,多属疑难病例或临床顽症。

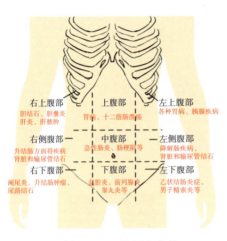

▲ 图2.5.2 腹部九宫格

腹部可分为九个象限(如图 2.5.2),不同部位的疼痛代表不同的疾病,所采取的措施也有所不同,通过脏器在体表的投影,初步判断可能发生的急症原因。

(1)右上腹部疼痛。胆囊、肝脏等器官位于右上腹部,如果长期进食不当、生活不规律等,可引起急性胆囊炎、胆囊结石、胆囊穿孔、肝硬化等肝胆疾病,这些疾病可刺激或牵拉脏器周围神经,从而引起右上腹部疼痛。

(2)中上腹部疼痛。胰腺、胃等器官位于中上腹部,如果长期饮食过饱、饮食油腻、吃辛辣刺激性食物等,可导致消化道炎症、溃疡等疾病,暴饮暴食可患胰腺炎。炎症可刺激局部神经,从而引起中上腹部疼痛。

(3)左上腹部疼痛。饮水少、饮食不当、压力过大、外伤等因素,可能导致胰腺体尾部病变、左侧输尿管结石、脾破裂等疾病,刺激或压迫左上腹部神经,从而引起左上腹部疼痛。

(4)右腹部疼痛。应考虑为升结肠方面的疾病、肾结石或输尿管结石。

(5)中腹部疼痛。应考虑为急性肠炎、肠梗阻、外伤等疾病。此部位如果出现肚子疼,应立即就医治疗。排除内脏出血、穿孔、炎症等。

(6)左腹部疼痛。常为胃病、胰腺疾病、肾结石或输尿管结石。

(7)右下腹部疼痛。常为阑尾炎、升结肠肿瘤、尿路结石、妇科急症。

(8)中下腹部疼痛。常为盆腔炎、前列腺炎、睾丸炎、痛经。痛经分为原发性痛经和继发性痛经。原发性痛经多见于青春期的女性,常因后位子宫经血排出不畅引起。继发性痛经指的是生殖器官中或者盆腔中有器质性的病变,如子宫内膜异位症、盆腔炎等,多发于育龄期的女性。女性中下部腹痛,要特别警惕宫外孕破裂或卵巢囊肿蒂扭转。宫外孕破裂的典型症状为停经(6—8周)后腹痛、阴道流血,突然出现一侧下腹部剧烈疼痛。无论宫外孕出血还是卵巢囊肿蒂扭转,都可因出血而导致失血性休克,危及生命安全。

(9)左下腹部疼痛。与右下腹部疼痛的原因相同。由细菌感染、局部软组织异常增生等因素,容易引起妇科疾病、泌尿系统疾病、结肠及直肠疾病、男性精索炎等疾病。

资讯二 腹痛的预防

预防腹痛的方法包括:保持饮食健康,避免暴饮暴食、过度饮酒和吃太多的辛辣食物;避免过度劳累和压力过大;保持肠道健康,定期排便,避免便秘;及时治疗消化系统、泌尿系统和生殖系统等相关疾病,避免病情加重。如果出现腹痛症状,应及时就医,遵医嘱进行治疗,避免病情恶化。

腹痛的预防措施包括:

(1)饮食健康。避免食用过多的油腻、辛辣、刺激性食物,多摄取蔬菜、水果、全谷类等高纤维食物,保持饮食均衡。

(2)生活方式健康。保持规律的作息时间,保证充足的睡眠,避免过度疲劳和压力。

(3)饮食习惯。避免暴饮暴食、过度饮酒、吸烟等不良习惯。

(4)预防感染。保持良好的个人卫生习惯,勤洗手,避免接触传染病源。

资讯三 腹痛的处理措施

1. 观察环境安全,做好自我防护

快速观察现场环境,判断环境是否存在危险,确保现场环境安全后再进行救护。若现场环境存在安全隐患,需要转移到安全的地方再进行施救。

2. 评估伤情

迅速地评估患者的生命体征,判断患者是否有意识、有无呼吸和自主循环,心脏骤停时,需立即进行心肺复苏。

3.(必要时)呼救

根据伤情评估情况判断是否需要呼救,如果情况严重,需要呼叫周围的人

帮助并拨打120。

4. 进行应急处理

（1）无外伤的急性腹痛的应急处理流程（如图2.5.3）。

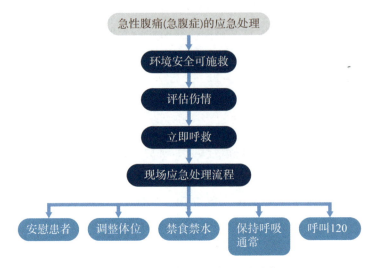

▲ 图2.5.3 急性腹痛（急腹症）的应急处理

① 安慰患者。帮助其缓解紧张情绪。

② 调整体位。将患者置于舒适的体位，双膝弯曲，可以让腹部得到放松，缓解疼痛。

③ 禁止饮食，勿服止痛药。不要让患者再进食，一定不要在腹痛未查明原因时服用任何药物，尤其是止痛药，强行止痛会延误病情的治疗。

④ 热敷。如果患者是由于痛经导致的下腹部疼痛，可以把毛巾用热水打湿拧干至不滴水敷在患者的疼痛处，以减轻患者的疼痛。其他不明情况的腹痛，不建议热敷，可能会加重病情。

⑤ 保持呼吸道通畅。观察患者的呼吸情况，如患者的意识模糊，并有呕吐等症状，应让患者侧头，以防误吸呕吐物。

⑥ 及时就医。腹痛病因非常多，如果疼痛激烈，且伴有发热、呕吐等其他症状，请立即送患者到医院就诊。

特别提醒

● 如果上腹部疼痛高度怀疑与心脏疾病有关，可按心脏病急救处理。

● 在腹痛未查明原因时,禁止服用止痛药。强行止痛,会掩盖病情,导致严重后果,延误治疗。

(2) 有外伤的腹痛应急处理流程

救护原则:应禁食禁水,尽快处理并呼叫120。

① 针对肠管脱出者,应让伤者仰卧位双膝屈曲,减轻疼痛。

不可还纳脱出的肠管。肠管脱出于腹壁,伤口因肠管压迫出血少,若将脱出的肠管塞回腹腔,腹壁伤口处的压力减少,会加剧出血。另外,肠管水肿、伤口紧缩,硬将肠管塞入会导致肠管破损或肠系带损伤。

急救原则:保持肠管表面的浆膜湿润、不被挤压、防止牵拉。用保鲜膜罩住脱出的肠管,外扣相应大的容器(如图 2.5.4)。软担架搬运,防止颠簸造成肠管被牵拉(如图 2.5.5)。

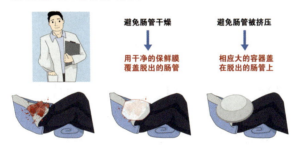

▲ 图 2.5.4 肠管脱出的应急救护

▲ 图 2.5.5 肠管脱出的搬运

② 腹部被撞击或坠落伤、击打伤、腹部锐器伤或钝挫伤伤者的现场急救。

检查发现局部剧痛、腹部僵硬、皮肤出现淤血或出血、血性呕吐物、便血、尿血,应想到有内脏破裂或出血。

怀疑内出血的伤员现场处理措施是抬高下肢,注意保持呼吸道通畅(如图

▲ 图 2.5.6 抬高

2.5.6)。

内出血或内脏破裂是非常严重的急症,应立即呼叫 120。

特别提醒

● 怀疑脑出血的患者,应保持坐位,禁止头低脚高。

顺口溜

腹痛发生别小看,病情轻重难判断。

诊断不明禁用药,不误病情上医院。

任务实施

通过本任务的学习,学习者能够评估腹痛的伤情,判断腹痛的原因,并能正确地按照腹痛的应急救护流程进行应急处理。

任务形式:

以小组的形式(4—5 人一组),针对下述情境案例或教师提供的情境,收集情境中腹痛的相关信息,讨论腹痛的应急处理具体办法,并完成《腹痛的应急处理任务实施评价表》(见表 2.5.1)。

表 2.5.1 腹痛的应急处理任务实施评价表

评分项目	评分标准或要求	分值	评价方式			得分
			自评	互评	师评	
1. 观察环境,并做好自我防护	环顾四周,观察环境并报告环境安全	2				
	戴手套和呼吸膜或口述已做好自我防护	3				
2. 评估伤情	观察患者的状态	5				
	口述患者的意识情况及症状	5				
3. 呼救	指定人拨打 120,呼叫周围人帮助	5				
4. 应急处理	安慰患者:安慰患者,帮助其缓解紧张情绪	10				

续 表

评分项目	评分标准或要求	分值	评价方式 自评	评价方式 互评	评价方式 师评	得分
	调整体位:将患者置于舒适的体位,双膝弯曲,可以让腹部得到放松,缓解疼痛	10				
	禁止饮食,勿服止痛药:不要让患者再进食,一定不要在腹痛未查明原因时服用任何药物,尤其是止痛药,以防掩盖病情,延误治疗	10				
	热敷,如果患者属于痛经,可用热水袋热敷局部,或用温水浸过并拧干的毛巾局部热敷,以减轻患者的疼痛	10				
	观察呼吸:观察患者的呼吸情况,如患者意识模糊,并有呕吐等症状,应将患者摆成稳定侧卧位,防呕吐误吸	10				
	及时就医:腹痛的病因非常多,如果疼痛持续时间较长,且伴有发热、呕吐等其他症状,请立即送患者到医院就诊	5				
	如果上腹部疼痛高度怀疑与心脏疾病有关,可按心脏病急救处理	5				
5. 团队合作	小组分工明确,应对过程配合密切	5				
6. 有效沟通	关心爱护患者,语言简洁流畅	5				
7. 人文关怀	态度和蔼,动作轻柔,关爱患者	5				
8. 应对效率	熟悉救护流程,速度快,效率高	5				
	总分	100				

点评及建议:

任务要求：

（1）建议小组分工协助，明确每个人的任务。

（2）建议学有余力的同学，可以先操作，并作示范。

（3）仔细阅读情境背景，分析腹痛的原因，运用合适的方法进行应急处理。

情境范例1——小田，女，年龄16岁，平时喜欢喝冷饮，吃麻辣食品。今天来月经了，身体感觉比较虚弱，肚子一直隐隐作痛。下午上体育课，天气比较炎热，小田稍微活动了一下，突然感觉小腹疼痛难忍，以至于没法继续运动了。

情境范例2——大概是深夜12点，已在睡梦中的林某被一阵疼痛惊醒，疼痛从右下腹部传来。这种痛不是一阵阵的，而是连续不断地钻心的痛，像是有人捏住了肠子使劲拧！林某整个人蜷缩成一团，床单被汗水浸湿，没过一会儿就晕过去了。

小小阑尾炎

阑尾炎往往被误称为盲肠炎，是指阑尾由于各种原因造成的管腔堵塞或细菌感染而造成的炎症，可发生在任何年龄，分为急性阑尾炎和慢性阑尾炎。急性阑尾炎初期有中上腹或脐周疼痛，数小时后腹痛转移并固定于右下腹，右下腹固定性压痛、反跳痛（按压局部立即松开造成的剧痛即为反跳痛）是阑尾炎最重要的体征，阑尾炎还会伴随其他全身症状，如恶心、呕吐等。慢性阑尾炎患者的右下腹疼痛可反复发作，部分患者可能仅有隐痛或不适，慢性腹痛也可能会转为急性腹痛。无论是急性阑尾炎还是慢性阑尾炎一经确诊，应尽早到医院治疗。防止延误治疗导致阑尾穿孔，威胁患者的生命。

选择题

（1）对于未明确诊断的急性腹痛症状的病人，下列处置错误的是（　　）。

　　A. 密切观察　　　　　　　　B. 用吗啡、哌替啶等止痛剂

　　C. 禁食　　　　　　　　　　D. 禁用泻药

(2) 盆腔炎疼痛的部位常见于（　　）。

　　A. 右上腹部　　B. 左上腹部　　C. 下腹部　　D. 右下腹部

(3) 急性阑尾炎的腹痛特点有（　　）。

　　A. 开始在脐周/中上腹，后转移至右下腹

　　B. 阵发性绞痛

　　C. 右上腹疼痛

　　D. 左下腹疼痛

(4) 腹痛部位的范围在（　　）。

　　A. 剑突以下，肚脐以上　　　　B. 肋骨以下，腹股沟以上

　　C. 胃脘以下，歧骨以上　　　　D. 肚脐以下，耻骨以上

(5) 腹痛的预防措施有（　　）。

　　A. 清淡饮食　　　　　　　　　B. 养成良好的卫生习惯

　　C. 充足的睡眠　　　　　　　　D. 以上都是

任务 2.6　昏厥的应急处理

情境导入

上午的学校操场的大课间,学生们正在认真聆听教务主任的训话。突然一阵骚乱,原来是汽修 2 班的王同学突然晕倒了,同学们都围了上去。这时,班里应急救护队的小张同学大声说,"同学们,快散开,保持空气流通……"

与此同时,班主任老师也赶到了,一场关于昏厥的应急处理就此展开……

学习目标

知识目标	能力目标	素养目标
1. 理解昏厥的定义及原因; 2. 知晓昏厥的预防措施; 3. 熟记昏厥的应急处理流程及注意事项。	能根据症状评估,结合紧急救助流程,对昏厥患者实施应急处理。	1. 在操作过程中敢于施救、冷静处理; 2. 具有关爱同伴、乐于助人的意识。

课前预习

1. 扫描下面的二维码,学习微课(昏厥的应急处理)。

学习通扫码直接学习

小明这为了考试能取得好成绩,几天没睡好觉,也不思饮食。这天在上课期间突然感觉心慌,头晕目眩,眼前一黑便虚弱无力地倒在地上。同学们赶紧上前观看,发现他已失去知觉。随后,同学们赶紧把小明的双脚抬高,解开领口的扣子,保持其呼吸道通畅,开窗通风。随即拨打120并联系学校医务室。

1分钟后,校医赶到现场,发现小明已经恢复了意识,呼吸和心跳均正常,但面色苍白,四肢发凉。校医问明情况后,马上给小明测了血糖和血压,发现血糖和血压都稍偏低,给他补充了一些热含盐葡萄糖水和几块甜味饼干,小明终于恢复了正常状况。

最后,医务人员还嘱咐小明多休息,保持良好的作息和饮食习惯,以预防再次发生晕厥。

2. 任务:请查阅相关资料,分析以上抢救措施是否正确。

 任务资讯

资讯一 昏厥的定义、特征和原因

(一) 昏厥的定义

昏厥是指各种原因引起的突发的一过性大脑供血或供氧不足所致的综合征。

(二) 昏厥的原因

① 心源性昏厥。

如心动过速、心动过缓、心律失常等心脏疾病。

② 代谢性疾病引起的昏厥。

如低血糖、过度换气、低钠性昏厥等。

③ 血管性的昏厥。

主要指高血压、主动脉夹层、血管运动性昏厥等。脑血管病引起的昏厥常见于短暂性脑缺血发作,俗称TIA等。

④ 反射性昏厥。

发作时患者常有明显的诱因,比如剧烈的咳嗽或快速排尿等,多是迷走神经张力增高所引起。

⑤ 运动性昏厥。

主要指在运动当中或在运动以后,由于脑部供血不足而导致意识短暂性的丧失,出现肌张力的消失,同时会伴有跌倒的现象。其原因可能是由于过度剧烈运动、过度换气、低血糖导致脑部缺血缺氧而引起的,也有可能是患者本人患有心脑血管疾病或者是由于运动以后身体过热中暑而导致的。

(三)昏厥者的特征

昏厥发生快,消失快,数秒后或调整姿势后可自行恢复。

昏厥发作前,伤病员一般无特殊症状,或自觉头晕、恶心,很快即感眼前发黑,全身虚弱无力倒下。此时,伤病员面色苍白、四肢发凉,脉细而弱,血压下降。持续时间很短,几秒钟或经调整姿势后即可恢复。

资讯二 昏厥的处理措施

(一)一般性昏厥的应急处理措施

(1)将昏厥者仰卧于通风处,抬高下肢,使血液迅速流向大脑,解除脑组织的缺氧状态。

(2)清醒后,可给他/她喝热糖水或淡盐水,也可吃香蕉补充钾离子。

(3)经以上处理不见好转,立即呼叫急救中心。

(4)出现心脏骤停时,立即实施心肺复苏(如图2.6.1)。

▲ 图2.6.1 对昏厥者的应急救护

(二)特殊性昏厥的应急处理措施

1. 运动性昏厥应对方法

运动性昏厥常发生于长时间缺乏锻炼的或有病态窦房结综合征、梗阻性肥厚型心肌病等人群。这类人群运动时由于心肺功能较差,容易导致运动过程中泵血能力下降,大脑得不到足够的血和氧的供应,出现昏厥。

应对方法:

(1)对有心脏病等严重疾患的同学,应由医生开具免剧烈体育运动的证明,避免晕厥发生。

(2) 饥饿、饱餐后不参加体育锻炼。

(3) 体育锻炼前必须做好准备和整理活动,防止发生意外。

(4) 运动中,量力而行。不舒服时立即报告老师停止运动,休息,恢复体力。

(5) 长跑后,不能立即坐下休息。因为剧烈的运动有可能会造成心脏负荷运转,加快心率,如果突然停下来,下肢血液就会像失了重力的约束一样,大量回流,涌入心脏,造成心脏超负荷的运转,增加心脏的负担。

2. 现场处理原则

(1) 有前驱症状时,应立即停止运动坐下休息,避免发生昏倒。

(2) 让已昏厥者仰卧,足部抬高,头部放低。于通风处,松解衣领,冬天注意保暖。

(3) 意识尚未恢复以前,不能给昏厥者任何饮料或服药。

(4) 如有呕吐,应将病人整体翻成稳定侧卧位,防止窒息。

(5) 如心脏骤停,应立即进行 CPR。

资讯三 昏厥的预防

第一,保持作息规律,避免熬夜,避免过度劳累。

第二,保持平和的心态,避免情绪波动较大。

第三,积极治疗相关基础疾病,如心律失常、脑动脉粥样硬化、严重贫血等。

第四,从蹲位到站立位时,避免迅速改变体位。疾跑后不要骤停不动,要继续慢跑并作深呼吸片刻。

第五,有静脉窦异常且有昏厥史的患者,避免突然转头或穿衣领过紧的衣服。

第六,避免长期待在密闭、闷热的环境中,必要时,需通风透气。

第七,排尿性昏厥重在预防,不要憋尿时间过长,有反复发作史者最好采取坐姿排尿,排尿后最好休息片刻后再站立,有利于避免发生昏厥。

第八,运动前避免空腹状态。

> **顺口溜**
>
> 有人昏厥莫慌张,宽衣解带快开窗。
> 头低足高脑供氧,确保呼吸道通畅。
> 简单处理很快好,橘汁香蕉要跟上。
> 警惕心源性晕厥,速施心肺复苏强。
> 冷静处理快求医,送医急救不能忘。

任务实施

操作要求:

1. 结合昏厥的定义和特点,识别和评估昏厥的情况,判断是否有异常情况出现。

2. 结合昏厥评估情况,按照昏厥应急处理的流程进行模拟实操。

3. 分小组轮流操作,并结合评价表对操作成员进行评价(见表2.6.1)。

操作建议:建议小组分工协作,明确每个人的任务。

表 2.6.1 昏厥应急处理任务实施评价表

评分项目	评分标准或要求	分值	评价方式 自评	评价方式 互评	评价方式 师评	得分
1. 观察环境,并做好自我防护	环顾四周,观察环境并报告环境安全	2				
	做好自我防护	3				
2. 评估伤情	判断患者有无意识	5				
	评估患者的呼吸和循环情况	5				
3. 呼救	呼叫周围人帮助,呼叫120	5				
4. 应急处理	置患者平卧于硬板或者平地上	10				
	宽衣解带,双手放于躯干两侧	5				
	开窗通风	5				
	抬高双下肢	5				
	密切观察患者的面部变化	5				
	清醒后给患者喝含盐糖水或橘子汁	10				
	如果经上述处理不见好转,出现心脏骤停,立即施行心肺复苏	20				
5. 团队合作	小组分工明确,应对过程配合密切	5				
6. 有效沟通	关心爱护患者,语言简洁流畅	5				
7. 人文关怀	关爱患者,珍爱生命	5				
8. 应对效率	熟悉救护流程,速度快,效率高	5				

续 表

评分项目	评分标准或要求	分值	评价方式			得分
			自评	互评	师评	
	总分	100				

点评及建议：

 课后练习

填空题

（1）昏厥最常见的原因之一是_____不足。

（2）在遇到昏厥患者时，首先应该确保_____。

（3）当患者昏厥时，应该检查他们的_____和_____。

（4）如果患者没有呼吸或无效呼吸时，应该立即进行_____。

（5）在急救通气过程中，要确保患者的_____通畅。

（6）昏厥患者清醒后，可给他/她喝_____或_____。

（7）昏厥患者经过现场抢救无效时，应该立即拨打_____。

（8）在呼叫急救时，应该提供准确的_____和_____。

任务 2.7　癫痫的应急处理

情境导入

2023年5月28日,高二(3)班的向小丽在上语文课后,突然尖叫一声倒地,全身抽搐,眼睛斜视,口吐白沫,两眼上翻……"不好了,小丽的癫痫又发作了",小敏边说边跑了过来。

如果你也在现场,你打算怎么去帮助小丽呢?

学习目标

知识目标	能力目标	素养目标
1. 知道癫痫的定义、特点; 2. 知道癫痫的注意事项和救护措施。	1. 能够根据癫痫的症状和特点,初步识别和评估癫痫; 2. 能够对癫痫情况实施应急处理。	在癫痫的应急处理过程中,培养尊重生命、关爱同学等职业能力。

课前预习

1. 扫描下面的二维码,学习微课(癫痫的应急处理)。

学习通扫码直接学习

2. 调研发生在身边癫痫的案例,结合微课列出癫痫的症状。

资讯一　认识癫痫

(一) 癫痫的定义

癫痫俗称"羊癫疯",是一组由于脑部神经元异常放电所引起的以突然、短暂、反复发作的中枢神经系统功能失常为特征的临床综合征。当大脑的正常功能由于外伤、疾病、发热、中毒或感染受到损害时,大脑的电活动变得不规则,因而导致身体控制丧失、肌肉震颤、意识丧失和眼睛呆滞,即惊厥。癫痫是慢性反复发作性短暂脑功能失调综合征,表现为感觉、运动、意识、精神、行为、自主神经功能障碍。

(二) 癫痫的症状

癫痫发作有大发作、持续发作、小发作和仅仅呆滞之分。癫痫发作一般会有先兆,患者可能出现异常感觉或感受,如幻听或者幻视。癫痫大发作时,患者常有尖叫,继之意识丧失倒地;双眼上翻,瞳孔散大,口吐白沫;呼吸不规则,或(暂时)没有呼吸;肢体僵硬,节律性肌肉收缩(抽搐);反应降低;大小便失禁。持续数十秒或数分钟后,痉挛发作自然停止,进入昏睡状态。若发作持续不断,一直处于昏迷状态者称大发作持续状态,有可能危及生命。

资讯二　癫痫的应急处理

(一) 处理步骤

第一步:安慰发病者,告诉其你要帮助他/她。

第二步:在癫痫发作的过程中,移开附近可能会造成伤害的东西;把毛巾或衣服叠好放在发病者的头下,保护头部,不要叠得太高,避免影响气道通畅。

第三步:癫痫发作结束后,将其摆成稳定侧卧位,保持呼吸道开放,并检查呼吸和有无受伤。

第四步:安慰和陪伴发病者,根据天气情况保暖或遮阳,直到其完全清醒。

第五步:对患者癫痫史不详,或者对有癫痫病史的患者,此次发作伤害了自己或者癫痫发作持续超过 5 分钟,请拨打120(如图 2.7.1)。

(二) 处理原则

不要抱住或束缚发病者。

▲ 图 2.7.1　癫痫的应急处理流程图

不要往发病者牙齿中间或在其口中放置物体,此类病患者不会吞咽自己的舌头。

不要采取掐人中等方法救治从而去刺激病人。

资讯三　注意事项

（1）如果由于突发体温升高引起癫痫发作,应松开伤病员的衣服并通风。不要用冷水浸泡或使用酒精擦浴降温。

（2）如果有以下情况,立即呼叫急救医疗服务 120：

① 癫痫发作时间超过 5 分钟,或反复发作；

② 儿童体温快速升高导致癫痫发作；

③ 伤病员没有恢复知觉；

④ 伤病员有糖尿病或受过伤；

⑤ 伤病员在此之前从未发作过癫痫；

⑥ 发现任何危及生命的情况,应立即呼叫医生。

顺口溜

神经异常放了电,随时倒地犯癫痫。

全身抽搐吐白沫,不要刺激别围观。

掐人中、更放电，不在嘴里塞物件。

静候抽搐一结束，遮阳安慰或保暖。

持续发作要警惕，呼救医生来支援。

任务实施

任务目的：让学习者熟练掌握癫痫的整个处理流程。

任务准备：毛巾、纱布、弯盘等。

任务情景：语文课刚下课，同学们都欢呼雀跃起来，这时候突然听到"砰"的一声巨响，原来是小丽同学倒在桌子旁边，僵硬的肢体不停地抖动……"不好了，小丽癫痫又发作了"，她的同桌小敏说道。

任务处理：小敏不光是小丽的同桌，还是她的好朋友，所以，每次小丽癫痫发作的时候，基本上都有小敏帮她，这次也不例外。小敏快速站起身，向走道这边挪了两步，靠近小丽，低头看了看腕表，然后娴熟地搬开旁边的桌子，接着"嘘"的一声，示意在场的同学都保持安静。再接着，叫小军赶快去拿讲台上的毛巾，叠好垫在小丽的头下。这期间，小敏的两只眼睛目不转睛地盯着小丽，"不好了，小丽还没有醒过来，都快 7 分钟了……小悦，快拨打 120，谁去把班主任喊来？"小敏焦急地说道。

任务要求：3—4 人一组，自选角色，按照上面的任务处理中的安排，模拟操作癫痫的应急处理，剩余人按照《癫痫应急处理任务实施评价表》进行评分（见表 2.7.1）。完成后，小组讨论应急处理中的得失。

表 2.7.1 癫痫应急处理任务实施评价表

评分项目	评分标准或要求	分值	评价方式			得分
			自评	互评	师评	
1. 观察环境，并做好自我防护	环顾四周，观察环境并报告环境安全	2				
	做好自我防护	3				
2. 评估伤情	观察患者的面色、眼睛和四肢情况	5				
	搬走周围的桌椅等障碍物	5				

续 表

评分项目	评分标准或要求	分值	评价方式			得分
			自评	互评	师评	
3. 呼救	呼叫校医和班主任,如持续抽搐,指定人拨打120	2				
4. 应急处理	不要掐人中,不要搬动病人	3				
	保持安静,搬走周围的桌椅等障碍物	10				
	不要给患者的牙齿之间塞东西	10				
	如果患者的口腔有分泌物,让患者头偏向一侧,垫一个软枕,保持呼吸道通畅。不断擦拭患者口腔的分泌物	10				
	记录患者抽搐的发病时间及抽搐的持续时间,存档保存	10				
	患者停止抽搐后,陪伴并安慰患者	10				
	要注意保暖和防晒	10				
5. 团队合作	小组分工明确,应对过程配合密切	5				
6. 有效沟通	关心爱护患者,语言简洁流畅	5				
7. 人文关怀	态度和蔼,关爱患者	5				
8. 应对效率	熟悉救护流程,速度快,效率高	5				
	总分	100				

点评及建议:

知识拓展

癫痫分为部分性发作和全面性发作。

部分性发作可根据是否伴随意识障碍分为简单部分性发作和复杂部分性发作。

全面性发作又分为以下几种情况：

（1）强直-阵挛性发作。以意识丧失、双侧肢体强直后紧接着有阵挛的序列活动为主要临床特征。

（2）强直性发作。全身骨骼肌强直性收缩，常伴有明显的自主神经症状，如面色苍白等。

（3）阵挛性发作。仅有全身反复抽搐而无强直。

（4）失神发作。以突然发生和突然终止的意识丧失为特征。

（5）肌阵挛性发作。

（6）失张力发作。突然意识障碍和肌张力减低、跌倒。肌张力突然丧失，可致患者跌倒。限性肌张力丧失，可能仅引起患者头或肢体下垂。

课后练习

判断题

(1) 癫痫发作持续5分钟以上，需要立即拨打120。（　　）

(2) 癫痫发作时会口吐白沫。（　　）

(3) 癫痫频繁发作是有生命危险的。（　　）

(4) 癫痫发作时需要按压肢体。（　　）

(5) 癫痫发作时不要放毛巾于患者牙齿之间。（　　）

(6) 癫痫患者一旦发生抽搐，需要把周围的桌凳搬开。（　　）

(7) 癫痫患者不能参加学习。（　　）

(8) 癫痫患者抽搐的时间过长，需要呼叫医生。（　　）

(9) 某个同学癫痫发作，周围的同学很担心，大家都围观上去安慰。（　　）

(10) 小明癫痫发作，持续抽搐，他的好朋友马上上去掐其人中。（　　）

任务 2.8　心脏骤停的应急处理

情境导入

"今天上午的体育课去操场上",学生看见体育老师发在班级群的消息后,欢快地冲向操场。近两个月的秋雨,让这些孩子已经很久没去过操场上课了。按照惯例,首先就是绕跑道两圈的热身运动。体育委员那"一、二、一"的口令声喊得铿锵有力,阳光下那整齐的脚步声伴随着口号声简直就是一首动听的交响曲。刚进入第二圈的时候,队列中突然"砰"的一声,原来是刘源同学昏倒在地,不省人事了……

如果你就在现场,该如何去帮助刘源同学呢?

学习目标

知识目标	能力目标	思政目标和素养目标
1. 知道心脏骤停的定义、症状和原因; 2. 能准确地描述心脏骤停的救护措施; 3. 明白心肺复苏的操作步骤和要点。	1. 能够准确地识别和评估心脏骤停; 2. 能够对心脏骤停突发情况进行规范的处理; 3. 能够规范地执行心肺复苏术。	1. 树立应急处理过程中的人文关怀意识; 2. 能在保护自身安全的情况下,尽量帮助患者,培养乐于助人的品质; 3. 在心脏骤停应急处理的过程中,体现出敬畏生命、珍惜时间的健康素养。

课前预习

1. 扫描下面的二维码,学习微课(心脏骤停的应急处理)。

学习通扫码直接学习

2. 仔细观看视频后，试着写出心脏骤停的表现特征。

 任务资讯

资讯一　认识心脏骤停

（一）心脏骤停的定义

心脏是人体最勤劳的器官，它通过有节律的收缩与舒张活动来实现向全身各器官、组织、细胞泵血的功能，以维持机体的正常新陈代谢。我们能坐在教室正常学习，能在操场正常运动等，都是在心脏能维持正常的泵血功能的前提下而实现的。如果因为心脏本身的疾病或者其他因素导致心脏突然停止了跳动，就叫心脏骤停。

（二）心脏骤停的症状

心脏骤停一旦发生，就会导致人体的组织、器官、细胞缺血缺氧，反应最敏感、最快速的器官就是大脑（如图 2.8.1）。人体就会出现面色苍白或者青紫，瞳孔散大，意识丧失——呼之不应；没有呼吸或者叹气样呼吸；血压快速下降甚至测不到血压等症状。如不及时抢救，让停止跳动的心脏快速地恢复跳动，患者可能很快就会发生临床死亡。徒手心肺复苏就是很有效的让心脏恢复跳动的施救方法。

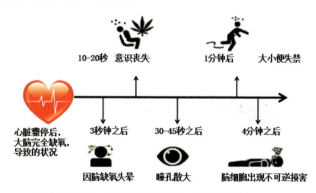

▲ 图 2.8.1　大脑缺氧时间与后果示意图

(三)心脏骤停的原因

心脏骤停的原因分为心源性和非心源性两大类。心源性原因是因心脏本身的疾病所致,如冠状动脉粥样硬化、扩张型心肌病、心肌炎、风湿性心瓣膜病等。

非心源性原因指不是心脏本身的疾病影响所致,如严重的电解质与酸碱平衡失调、窒息、药物中毒、溺水、电击等。

资讯二 心脏骤停的应急处理步骤

对于心脏骤停的应急处理,可以采用以下步骤:

1. 观察

快速判断现场是否安全,做好自我防护,包括环境、自身、患者和周围人是否存在危险因素,确保安全后再进行救护。若现场存在安全隐患,需要快速转移到安全的地方再进行施救。

在应急救护时,要做好个人防护。救护时要戴上不透水的手套(乳胶手套或一次性塑料手套);如果没有防水手套,可选用塑料袋罩住自己的双手。

2. 评估

评估心脏骤停,主要是迅速评估患者的生命体征,包括患者有无意识、呼吸和脉搏(非医学人员可以不判断脉搏)。只要发现患者无意识、无呼吸,就要立即进行呼救,马上启动心肺复苏术(简称CPR)进行施救。

(1)判断意识。

轻拍患者双肩,在耳边大声呼唤(婴儿是拍足底来判断意识):"喂!你怎么啦?"如患者无反应,则认为无意识;反之,就是有意识(如图2.8.2)。

一岁以上　　　　　　　一岁以下

▲ 图2.8.2 判断意识示例

(2)判断呼吸。

现在一般用双眼扫视患者胸腹有无起伏来判断患者有无呼吸:如果扫视胸

腹部有起伏的动作则有呼吸，反之就无呼吸。用 5—10 秒钟来判断（平时习惯的判断时间为 7 秒钟）。经过专家们反复的验证，发现正常语速下念 4 个数字刚好 1 秒钟，所以惯用 1001、1002、1003、1004……1007 这样的速度来判断。如果念到 1007 时，患者还未喘上第二口气，就视为无呼吸或喘息样呼吸，此时，应立即进行心肺复苏术。

（3）判断脉搏。

通过判断大动脉的搏动来实现，通常是触摸颈动脉搏动来判断。非医学专业的施救者很难准确地摸到大动脉是否有脉搏，而不对无脉搏患者实施 CPR 的风险远远超过不必要的胸外按压所造成的伤害，所以，可以不去判断大动脉的搏动（具体判断方法此处略）。

3. 呼救

一旦发现患者无意识、无呼吸或者叹气样呼吸，就要立即呼叫周围的人前来帮助，并指定一个人拨打 120 电话。具体可以参考以下呼救步骤：

（1）快来人啊！这里有人晕倒了，请大家过来帮忙。

（2）我学过应急救护，现在要对患者施救，还有谁学过应急救护，请过来帮帮我。

（3）麻烦这位先生（女生）帮忙拨打 120，如果有除颤仪，请顺便取过来。

（4）请其他人散开。

实施心肺复苏有很强的时效性（如图 2.8.3），时间就是生命，要分秒必争！

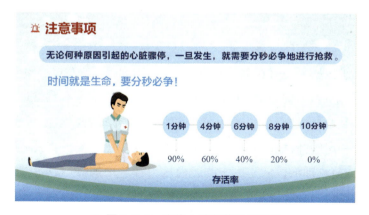

▲ 图 2.8.3 实施心肺复苏的时效性

4. 操作

将患者仰卧在坚硬的平面上,若患者处于俯卧位,应将其转为仰卧位,翻转时应保持患者的头、颈、脊柱在同一条轴线上(如图 2.8.4)。

▲ 图 2.8.4　抢救操作流程

急救人员双膝分开,与肩同宽,跪立在患者一侧,靠胸部位置,身体中间线对准患者双乳连线处(如图 2.8.5)。

▲ 图 2.8.5　心肺复苏示意图

运用心肺复苏术进行施救,直到患者恢复呼吸或者救护车到达。

资讯三　心肺复苏术

(一) 成人心肺复苏

成人心肺复苏术的步骤是 C—A—B—D,即 C(Chest compression,胸外心脏按压)、A(Airway,打开气道)、B(Breathing,人工呼吸)、D(Defibrillation,电除颤)。

1. C——胸外心脏按压

胸外心脏按压是通过在胸骨和脊柱之间挤压心脏,使左右心室受压而泵出血液,放松压迫后,心室舒张,血液流回心脏。近年的临床观察证明,人体循环的动力不单是心泵机制,主要还是来自胸腔内压增减的变化,心脏骤停病人的胸廓仍具有一定的弹性,胸骨和肋骨交界处可因受压下陷。因此,当按压胸部时,使血液向前流动的机制是由于胸腔内压力普遍增加,以致胸内压力＞颈动脉压＞头动脉压＞颈静脉压。正是这个压差使血液通过颈动脉,流向头部,回流到颈静脉。

(1) 按压位置:胸部中央胸骨下 1/2 处。垂直向脊柱方向按压。

(2) 按压方法:十指相扣,掌根向前,掌心向后,垂直向下,肩关节、肘关节和腕关节保持在一条直线上与地面保持垂直。用掌根(腕横纹上 2 厘米处)进行按压,借助身体的重量,以臀部为支点,有节律地向下按压。连续按压 30 次/分,按压时五指上翘,掌跟不要来回移动,用两眼的余光观察胸廓的起伏(如图 2.8.6)。

▲ 图 2.8.6　有效的按压动作

(3) 按压深度:5—6 厘米

(4) 按压频率:100—120 次/分

(5) 按压与放松的比例:1∶1

2. A——打开气道

救助者用一只手的小鱼际压住患者的额头,另一只手托起患者的下巴颏(骨性部分),即仰头提颏,使患者的头后仰,打开气道(当吹气的时候看见患者胸部有起伏就说明气道已经打开)。仰头提颏法可解除无反应患者的气道梗阻。如有异物,先清除异物。

3. B——人工呼吸

施救者用食指和拇指捏住患者的鼻翼,进行人工吹气,眼睛观察患者的胸部,稍隆起即可。注意要捏紧鼻子,包严口周,吹气超过一秒胸部稍抬高,再放松手指 1 秒钟,吹气和放松的时间比是 1∶1,连续吹气 2 次。按压与吹气的比例为 30∶2(如图 2.8.7)。

▲ 图 2.8.7　按压与吹气的比例

4. D——电除颤

电除颤是目前抢救心脏骤停最有效的方法,它是通过除颤器(AED)产生电流来实现对心脏除颤的。自动体外除颤器又称 AED 机,它可以诊断心脏骤停,并且给予电击除颤,是可被非专业人员使用的用于抢救心脏骤停的便携式医疗设备。

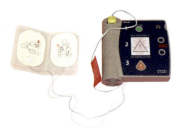

▲ 图 2.8.8 除颤器的基本结构

（1）自动体外除颤器的基本结构。

它的构成非常简单，仅 1 个主机、2 片电极片和 1 根数据线（如图 2.8.8）。就是一个这么简单的仪器，却能在紧急状态下挽救人的生命。

（2）自动除颤器的操作步骤。

首先，由操作者判断病人确定心脏骤停后，打开除颤器电源开关，贴上电极片。电极片的安放关系到除颤效果，所以，贴在准确的位置很重要：一片电极片贴在左腋中线第五肋间处，另一片电极片放置在胸骨右缘锁骨之下（如图 2.8.9）。然后按下"SHOCK"键钮，根据语音提示完成电除颤。

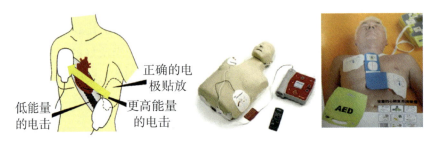

▲ 图 2.8.9 电极片的安放

① 打开电源开关。

② 按照语音提示操作。

（3）除颤器使用注意事项。

① 两个电极片放置的位置要准确，按照厂家提供的使用说明及图示在正确的位置上将电极片贴在患者的胸部皮肤上。例如，有些除颤器装置是一个电极片置于患者裸露胸部的右侧锁骨之下，一个置于左侧乳头的外侧，有些装置的贴法又不一样。

② 确定电极片与皮肤接触严实完好，实施电击时避免与患者身体接触。

③ 患者在水中不能使用除颤器，若患者身上有汗液，需要擦干汗液。

④ 在整个抢救过程中，除颤器会每 2 分钟自动分析心率一次，在患者恢复意识或专业人员赶到现场前，勿撤除除颤器。

⑤ 若是装有植入性复律除颤仪的患者，应将除颤器贴片离开植入性装置

至少 2.5 厘米。

(二) 儿童心肺复苏术(1—8 岁)

由于体型、体质等差异,8 岁以下的婴幼儿心肺复苏(CPR)与成人有一定的区别。除了操作步骤,在具体操作细节上也有一些区别。

儿童心肺复苏判断意识、呼吸的方法与成人类似,在操作上遵循 C—A—B—D 的步骤,需要先进行胸外按压,打开气道,再口对口人工呼吸,吹两口气。

1. A——打开气道

救助者先观察儿童口腔内有无异物,如有异物,先清除异物。然后采用仰头提颏法打开气道,使头后仰。

2. B——人工呼吸

儿童人工呼吸的方法与成人一致,也是连续吹气 2 次,吹气和放松的时间比是 1∶1。

3. C——胸外心脏按压

儿童胸外心脏按压与成人的按压位置、方法、姿势、频率一样,只是按压的深度是 5 厘米,对于年龄小或者偏瘦的儿童可用单手按压。

4. D——电除颤

儿童使用时应采取具有特殊电极片的除颤器。

(1) 安放电极片的部位:可在左腋中线第五肋间处,及胸骨右缘锁骨之下(与成人相同);也可在胸前正中及背后左肩胛处(如图 2.8.10)。

(2) 施救者语言示意周边人都不要接触患者,等候除颤器分析心律是否需要电除颤。

(3) 施救者得到除颤信息后,等待充电,确定所有人员未接触患者,准备除颤。

(4) 按键钮电击除颤。

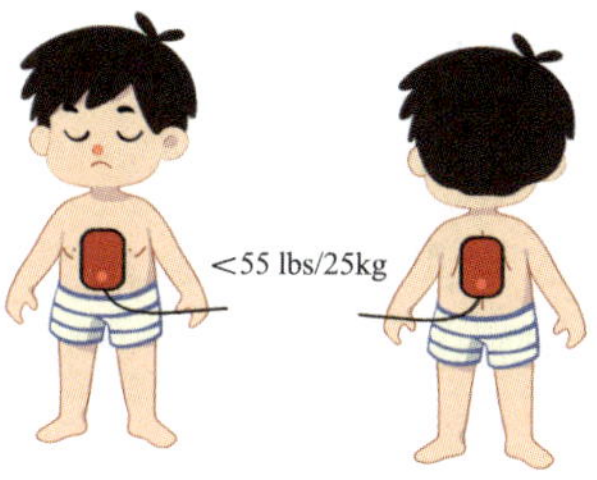

▲ 图 2.8.10 儿童安放电极片的部位

(三) 婴儿心肺复苏

由于婴儿不会说话,难以用语言作出反应,故在评估意识时,是用手拍打婴儿足底(如图 2.8.11),如果婴儿无反应,就是无意识。

▲ 图 2.8.11 拍打婴儿足底

在操作上是遵循 A—B—C—D 的步骤,具体操作细节上与儿童和成人也存在一些区别。

1. A——打开气道

救助者先观察婴儿口腔内有无异物,如有异物,先清除异物。然后采用仰头提颏法打开婴儿气道,使头后仰(不要过度开放气道)。

2. B——人工呼吸

婴儿人工呼吸的方法与儿童、成人一致,只是和前者口对口不一样,由于婴儿体型较小,施救者吹气时嘴可以完全包住婴儿口鼻,故采用口对口鼻吹气的人工呼吸方法。

3. C——胸外心脏按压

婴儿的按压位置、手法、深度与儿童和成人有一定区别,具体如下:

(1) 按压位置:胸部中央胸骨下 1/2 处。垂直向脊柱方向按压(如图 2.8.12)。

(2) 按压手法:用食指和中指并拢垂直向下按压。

(3) 按压深度:至少为胸廓前后径的 1/3(至少 4 厘米)。

▲ 图 2.8.12 按压婴儿位置

(4) 按压频率:100—120 次/分。

(5) 按压与放松比例:1∶1。

4. D——电除颤

婴儿与儿童使用除颤器时的方法类似,可以参考儿童除颤器的使用。

(五) 成人、儿童、婴儿心肺复苏标准对比

成人、儿童、婴儿心肺复苏标准对比见表 2.8.1 所示。

表 2.8.1 各类人群的心肺复苏标准

分类	成人	儿童(1—8岁)	婴儿(0—1岁)
判断意识	轻拍双肩、呼喊		拍打足底
检查呼吸	确认没有呼吸或正常呼吸		没有呼吸或叹息样呼吸

续表

分类		成人	儿童（1—8岁）	婴儿（0—1岁）
检查脉搏		检查颈动脉		检查肱动脉
		仅限医务人员，检查时间不超过10秒		
C：胸外按压	CPR步骤	C—A—B—D	C—A—B—D	A—B—C—D
	按压部位	胸部中央胸骨下1/2处		胸部中央胸骨下1/2处
	按压方法	双手掌根重叠	双手掌根重叠或单手掌根	食指和中指并拢
	按压深度	5—6厘米	5厘米	4厘米
	按压频率	100—120次/分		
A：开放气道		用仰头提颏头后仰的方法，使气道完全打开，婴儿不要过度开放气道。只要在吹气的时候看见胸部有起伏，就说明气道已经打开		
B：人工呼吸	吹气方式	口对口或口对鼻		口对口鼻
	吹气量	胸廓略隆起		
	吹气放松时间比	1：1		
	按压/吹气比	30：2		
D：电除颤	电极片位置	一片电极片贴在左腋中线第五肋间处，另一片电极片放置在胸骨右缘锁骨之下		胸前正中及背后左肩胛处

（六）心肺复苏的注意事项

（1）按压的手势必须打直，按压时必须要在坚硬的平面上进行，不能垫软垫。

（2）连续按压30次，连续吹气2次，吹气一口大约1秒钟，放松1秒钟，完成一口气2秒钟。按压和吹气的比例是30：2。按压一次后，要等胸廓完全回弹再第二次按压，尽量避免按压中断。十指相扣时，一般更有力的一只手放在下面，另外一只手重叠在上。按压的时候掌根不要来回移动，五指要向上翘。

顺口溜

三判两呼要吹气，心肺复苏要牢记；
开放气道头后仰，人工吹气莫慌张；
扫视胸腹看呼吸，三十比二记心里。

（3）当吹气失败时，不用补吹第二口气，因为按压和吹气相比，按压更重要。

（4）一定要指定具体的人拨打120。

具体按压要求如图2.8.13。

按压要求
- 上臂伸直，垂直于地，以髋关节为支点
- 按压深度5—6厘米
- 按压频率为100—120次/分钟
- 按压与放松间隔比为1∶1
- 尽量避免按压中断
- 每次按压后放松，使胸廓完全回复

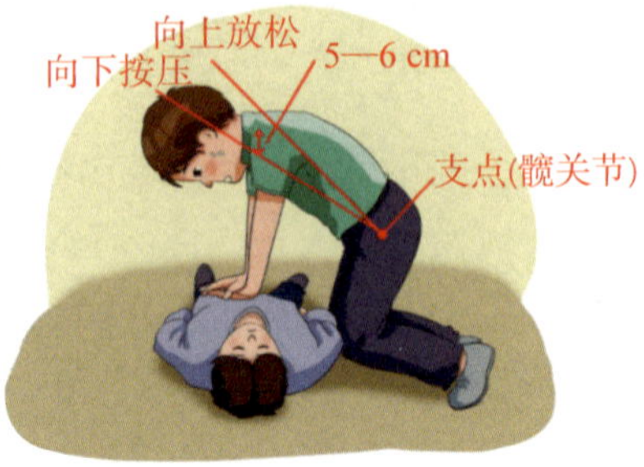

▲ 图2.8.13 成人按压要求

具体流程如图2.8.14。

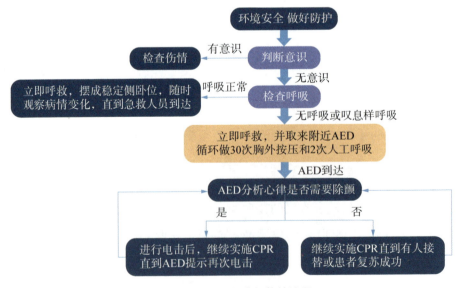

▲ 图2.8.14 心肺复苏的流程

任务实施

任务目的:让学习者熟练掌握心肺复苏的整个流程。

任务准备:模拟人、手套、呼吸膜、垫子、纱布等。

任务情景:体育课上倒地的刘源同学面色苍白,呼之不应,胸腹部没有了起伏……

任务处理:幸运的是他们班学习过心肺复苏。在班长李忠的指挥下安排了3个同学有序施救:首先,确定现场环境安全,提醒大家做好个人防护。其次,指派赵民判断刘源的情况,赵民确定刘源发生心脏骤停。然后,指派张笑马上对刘源进行心肺复苏,指派王红拨打120,孙小通知校医并从医务室把AED取来。最后,张笑熟练地为刘源进行心肺复苏,5分钟左右,刘源的面色逐渐好转,救护车也到达现场。

任务要求:5—6人一组,自选角色,按照上面任务处理中的安排模拟操作心脏骤停应急处理,剩余人按照《心脏骤停应急处理评价表》进行评分(见表2.8.2)。完成后小组讨论应急处理中的得失。

表2.8.2 心脏骤停应急处理评分表

评分项目	评分标准或要求	分值	评价方式			得分
			自评	互评	师评	
1. 观察环境,并做好自我防护	环顾四周,观察环境并报告环境安全	2				
	戴手套,做好自我防护	3				
2. 评估伤情	轻拍患者的双肩,大声喊患者的名字	5				
	耳朵贴近鼻孔听有无气流,余光观察胸部有无起伏	5				
3. 呼救	指定人拨打120,呼叫周围人帮助	2				
4. 应急处理	摆放好体位:仰卧硬板或平地上	3				
	跪到患者一侧,双膝与肩同宽	5				
	找到胸骨中央、胸骨下1/2段即按压点	5				
	双臂伸直,双手叠扣,一手掌根置于胸骨中央胸骨下1/2段,五指上翘	5				

续表

评分项目	评分标准或要求	分值	评价方式			得分
			自评	互评	师评	
	身体略前倾,肩关节、肘关节、腕关节在一条直线上,垂直于按压点	10				
	以臀部为轴,借助身体的力量,有节律地向下按压,深 5—6 厘米	5				
	按压时掌根不能离开胸廓,按压一次回弹一次,等胸廓完全回弹再按第二次。平稳有节律地连续按压 30 下。每分钟按压 100—120 次,用余光观察胸廓的起伏及患者的面色情况	15				
	用仰头举颏法(一手压前额,一手抬下巴)开放气道至头后仰,检查口腔是否有异物	5				
	口对口吹两口气至胸廓隆起,每次吹气超过 1 秒,连续吹 2 口气。	5				
	按照按压 30 下吹 2 口气的比例完成 5 个循环	5				
5. 团队合作	小组分工明确,应对过程配合密切	5				
6. 有效沟通	关心爱护患者,语言简洁流畅	5				
7. 人文关怀	态度和蔼,动作轻柔,关爱患者	5				
8. 应对效率	熟悉救护流程,速度快,效率高	5				
	总分	100				

点评及建议:

四 知识拓展

停止心肺复苏的指征:

(1) 患者的自主呼吸逐渐恢复:胸腹部能看见有起伏,鼻孔有气流,面色和嘴唇由青紫或者苍白变得红润等。

(2) 环境变得不安全:比如抢救现场突然出现泥石流、洪水等。

(3) 累了,需要换人:长时间的胸外心脏按压是很费力的,当力度达不到要求时,会影响按压的深度,从而影响按压的效果。

课后练习

判断题

(1) 心肺复苏时患者的体位应该是仰卧在硬的平面上,不能有硬物硌着。(   )

(2) 成人心肺复苏按压与吹气的比例是30∶2。(   )

(3) 成人心肺复苏按压的深度是5厘米。(   )

(4) 成人心肺复苏按压的频率是100—120次/分钟。(   )

(5) 人工呼吸每次缓慢吹气应超过1秒。(   )

(6) 成人心肺复苏时准确定位是胸部中央胸骨下1/2段。(   )

(7) 给儿童心肺复苏按压的深度是5厘米。(   )

(8) 给婴儿心肺复苏时要用单手按压。(   )

(9) 在心肺复苏的过程中绝对不能中断。(   )

(10) 心脏骤停就是因为心脏疾病或者非心脏疾病导致心脏突然停止搏动,不能继续泵血。(   )

任务 2.9 脑卒中的应急处理

情境导入

在校园出早操时,突然发现前面有一群人围在一起,其中有同学正焦急地呼喊着:"快救人啊!"。

身为紧急救援队的你急忙跑过去查看情况,原来是门卫大爷倒在地上昏迷了……

学习目标

知识目标	能力目标	素养目标
1. 知道肢体麻木无力的原因; 2. 知道脑卒中的预防措施和救护措施。	1. 了解表现出半身不遂的症状可能患有的疾病; 2. 能够对患者的情况作出准确的判断和定性。	1. 在脑卒中的应急处理过程中,培养人文关怀、沟通交流等职业能力; 2. 在脑卒中应急处理过程中,体现出敬畏生命、珍惜时间的素养。

课前预习

1. 扫描下面的二维码,学习微课(脑卒中的应急处理)。

学习通扫码直接学习

2. 仔细观看视频后,试着写出脑卒中的表现特征有哪些。

资讯一 认识脑卒中

（一）脑卒中的临床症状

脑卒中俗称脑梗死、脑出血等，它起病急，常在白天发生。

（1）前驱症状：精神紧张后头痛、头晕，肢体麻木。

（2）轻型脑出血：头痛头晕、呕吐、眼花发黑、意识不清楚或朦胧，嗜睡；失语偏瘫，一侧口角下斜，不断流口水。

（3）重型脑出血：突然倒地、大小便失禁，很快进入昏迷状态。

（二）脑血栓、脑栓塞的临床症状

（1）与脑出血的症状相同，但较轻。因血栓栓塞的位置不同，症状表现不一。

（2）脑血栓、脑栓塞的病人应在症状开始后3—4.5小时内接受溶栓治疗（溶解血块）。

（3）虽然目标是在3个小时内提供治疗，但越早越好是铁律。如果超过5个小时再溶栓，不仅解决不了问题，还可能导致脑出血。

（4）脑动脉一旦闭塞，脑细胞以190万个/分的速度不断死亡。

（三）脑卒中的原因

脑卒中包括缺血性脑卒中和出血性脑卒中两类。

（1）缺血性脑卒中的原因主要是脑血管被堵塞，导致脑部血液供应不足或中断，造成脑组织损伤。

（2）出血性脑卒中是由于脑血管破裂，常见原因是高血压导致的脑动脉病变。

（3）其他引起脑卒中的危险因素包括脑动脉瘤破裂、脑血管畸形、心脏疾病和血液凝固异常等。

（4）一些潜在的风险因素也可能引起脑卒中，如高血压、糖尿病、高血脂、吸烟、饮酒过量等。

资讯二 脑卒中的预防

脑卒中是一种急性疾病,为了预防脑卒中的发生,人们可以采取一系列措施。

(1) 保持健康的生活方式非常重要,包括均衡饮食,限制高脂、高盐食物的摄入,增加新鲜水果、蔬菜和全谷类食物的摄入。

(2) 适度的有氧运动可以增强心血管功能,降低高血压和高血脂的风险。

(3) 戒烟和限制酒精摄入也是减少脑卒中风险的重要措施。

(4) 对于已经有高血压、糖尿病或高血脂等慢性疾病的人,应遵医嘱进行药物治疗,并定期监测相关指标。

资讯三 脑卒中的处理措施

脑卒中是一种急性疾病,从来没有哪一种疾病能像脑卒中一样,瞬间就可能让人失去生活的尊严:口眼歪斜,四肢麻木,甚至瘫痪在床……患者生活质量下降,给家庭和社会带来巨大的经济压力与精神负担。

我国第三次居民死亡原因抽样调查显示,脑血管疾病是排在第一位的死亡原因,占 22.45%。统计数据显示,目前我国脑卒中发病率以每年 8.7% 的增速上升,越来越年轻化,有 30% 的死亡率,70% 的生存率,但是会伴有偏瘫、失语等障碍。

如何快速识别脑卒中并采取应急救护措施呢?

▲图 2.9.1 FAST 院前评估方法

1. 学会识别

AHA 指南推荐了一种一分钟识别脑卒中的方法,即 FAST 院前评估方法(如图 2.9.1)。

当身边的人出现面瘫、口角歪斜、肢体无力、言语不清时,就应立即拨打 120,并采取紧急救护措施。

上述任何一项异常属于中风的可能性达 72%。

2. 现场抢救原则

现场抢救要做到"四快":快速识别;快速呼叫 EMS(Emergency Medical Services 急救人员);快速 EMS 转运并预先通知医院;快速送院治疗。

(1) 病人下滑时,迅速接住。避免搬动及晃动、尽量不让病人倒下、拨打急救电话,争取医务人员尽快介入。

(2) 病人平卧时:解开衣领,打开气道,取出假牙,将其摆成恢复体位(稳定侧卧位),随时擦去病人的呕吐物。对于不存在疑似脊柱、髋部或骨盆损伤的患者,建议恢复体位,从仰卧位变为侧卧位(如图 2.9.2)。

▲ 图 2.9.2　如何恢复体位

(3) 在等待救护车到来前,观察病人,如果发生抽搐,立即给患者吸氧。每隔 5 分钟观察一次呼吸情况和瞳孔变化情况,随时准备心肺复苏。

顺口溜

中风发生有异常,一二三四记心上:
一笑观察口眼歪,二抬手臂无力量。
三听言语清不清,四看步态为踉跄。
清醒患者快坐下,昏迷侧卧防窒息。
迅速拨打 120,送院治疗抢时机。

任务实施

操作要求:

1. 通过 FAST 识别和评估,确定是否发生了脑卒中。
2. 现场情景演示。

患者:站立不稳。

救护员:你怎么啦?我是急救员,让我来帮助你。来,咱们坐下。救护员扶着病人坐下。

患者表现:口眼歪斜,口齿含糊说不清。

救护员:来,请您面对我微笑一下。

病人表现：笑时口眼歪斜。

救护员：抬起双手可以吗？

病人表现：一侧肢体抬不起来。

救护员：我帮你抬平，然后松手。

病人表现：一侧肢体慢慢下垂。

救护员：拨打急救电话并告知具体信息。

分小组轮流操作，并结合《脑卒中应急处理评价表》对操作人员进行评价（见表2.9.1）。

操作建议：建议小组分工协作，明确每个人的任务。

表2.9.1 脑卒中应急处理评价表

评分项目	评分标准或要求	分值	评价方式			得分
			自评	互评	师评	
1. 观察环境，并做好自我防护	观察并报告现场环境安全	5				
	戴手套或口述已做好自我防护	5				
2. 评估伤情	评估患者的生命体征（意识、呼吸、循环）	5				
	检查患者的身体机能，确认语言功能	5				
3. 呼救	寻求周围人帮助及呼叫120	5				
4. 应急处理	"四快"：快速识别（FAST评估）、快速呼叫EMS（Emergency Medical Services急救人员）、快速EMS转运并预先通知医院、快速送院治疗	5				
	安抚患者情绪，让患者保持安静。病人下滑时，迅速接住，避免搬动及晃动，尽量不让病人倒下。病人平卧时，解开衣领，打开气道，取出活动性假牙。对于不存在疑似脊柱、髋部或骨盆损伤的患者，建议恢复体位（稳定侧卧位）。随时擦去病人的呕吐物	5				
		10				
		10				

续表

评分项目	评分标准或要求	分值	评价方式 自评	评价方式 互评	评价方式 师评	得分
	在等待救护车到来前,观察病人,如果抽搐,立即给患者吸氧。每5分钟观察一次呼吸和瞳孔变化情况,随时准备心肺复苏	10				
	如果出现呼吸停止或喘息样呼吸,立即进行心肺复苏	5				
	持续关注患者的情况,及时向救援人员提供病情信息	5				
5. 团队合作	小组分工明确,应对过程配合密切	5				
6. 有效沟通	关心和安慰患者	5				
	语言简洁流畅	5				
7. 人文关怀	态度和蔼,动作轻柔,关爱患者	5				
8. 应对效率	熟悉救护流程,速度快,效率高	5				
	总分	100				

点评及建议:

 课后练习

判断题

(1) 脑卒中是一种急性疾病,通常症状会逐渐出现而非突然发作。(　　)

(2) 缺血性脑卒中是由脑血管破裂引起的脑组织出血。(　　)

(3) 控制高血压、糖尿病和高血脂等慢性疾病是预防脑卒中的重要措施。(　　)

(4) 脑卒中的处理措施包括:尽量不要让患者倒下;松解紧身衣物;不要给予口服药物或食物。(　　)

(5) 脑卒中症状突然出现,可能在短时间内迅速发展。(　　)

(6) 脑卒中是由脑部血液供应不足或中断引起的疾病。（　）

(7) 脑卒中的预防措施包括增加高脂、高盐食物的摄入，以增强心血管功能。（　）

(8) 高血压和高血脂等慢性疾病不会增加患脑卒中的风险。（　）

(9) 脑卒中包括一侧肢体无力或麻木、语言障碍、突发性头痛等。（　）

(10) 脑卒中的处理关键是尽量搬动患者，以便让空气流通，预防呼吸困难。（　）

任务 2.10　急性冠脉综合征（冠脉急症）的应急处理

情境导入

某晚，跳广场舞的一名 50 多岁的大妈突然手捂胸口，咬着牙，站立不稳，面色十分痛苦，继之恶心呕吐，豆大的汗珠从她的额头往下掉。这瞬间引起了舞友们的关注，其中，一位学过急救的人闻讯赶来："别怕，我学过急救，咱们先坐下，你靠在我侧面。"紧接着，他问患者："你带药了吗？我帮你服用，我已经拨打 120，120 一会儿就来了，要通知你的家人吗？电话是多少？……"

学习目标

知识目标	能力目标	素养目标
1. 了解身乏无力、冒冷汗、恶心呕吐的原因； 2. 知道冠脉急症的预防措施。	1. 能够根据患者的症状表现，初步判断出病因； 2. 能够与路人协作，为患者做应急措施。	1. 在应急处理的过程中，培养人文关怀、沟通交流等职业能力； 2. 在保护自己安全的情况下，尽量帮助患者，具有乐于助人的品质。

课前预习

1. 扫描下面的二维码，学习微课（急性冠脉综合征的应急处理）。

学习通扫码直接学习

2. 仔细观看视频后，试着写出急性冠脉综合征的表现特征。

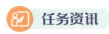

资讯一　认识急性冠脉综合征

急性冠脉综合征是由于冠状动脉内动脉粥样斑块破裂、糜烂引起血栓,进而引发心脏急性缺血的疾病。

若在短期内频繁出现胸痛、恶心、胸闷等症状,发作时可能伴随濒死感,需及时就医,检查,明确机体是否存在不稳定型心绞痛的情况,以免延误治疗,出现恶性心律失常、心肌梗死等情况,威胁生命安全。建议具有高血压、高血脂等危险因素的患者,养成定期体检的良好习惯,以利于做到心梗的早发现、早诊断、早治疗。

(一) 识别急性冠脉综合征

(1) 急性冠脉综合征最突出的表现是心前区压榨性、剧烈胸痛。疼痛可放射到左臂、颈部、下颌、背部和上腹部。

(2) 疼痛持续时间长,不易缓解。

(3) 患者存在呼吸急促、气短、大汗淋漓、恶心、呕吐、面色苍白等症状。

(4) 可以通过"6字诀"快速识别:皱眉、咬牙、捂胸。

(二) 急性冠脉综合征的原因

(1) 动脉粥样硬化,血脂异常,高血压。

(2) 吸烟。

(3) 性别和年龄。男性较女性发病率高;年龄越大,发病率越高。

(4) 遗传因素:糖尿病和糖耐量异常、肥胖,以及其他相关危险因素。

资讯二　急性冠脉综合征的应急救护流程

第一步,摆好体位,保持镇定,将患者摆放成30度角(半卧位即可),膝关节下垫上垫子,背后有支撑。站立者应呈坐位。

第二步,宽衣解带,保证呼吸通畅,开窗通风,注意保暖。有条件的情况下吸氧。

第三步,立即呼叫120,并帮助患者服用其随身所带的药物。

第四步,确诊为急性冠脉综合征者,可服用阿司匹林片和硝酸甘油片。按体重嚼碎阿司匹林片 160—325 mg。对阿司匹林过敏者或正在出血、有消化道溃疡等患者，禁止服用阿司匹林片。无眼前发黑、头晕患者，可在医生到来前舌下含服 1 片硝酸甘油片。（如图 2.10.1）

▲ 图 2.10.1　急性冠脉综合征的应急救护流程图

急性冠脉综合征现场救治"十字诀"：安静、半卧、服药、吸氧、呼救。

（如果没有把握确定患者是冠脉急症，请不要服用任何药物。）

资讯三　急性冠脉综合征的预防

（1）健康饮食。合理的饮食习惯应该包括少量高脂肪和高胆固醇的食物，多食用水果、蔬菜、全谷类食品和富含 Omega-3 脂肪酸的食物。

（2）定期锻炼，避免肥胖，保持适度的体重。

（3）控制高血压、高血脂和糖尿病等慢性疾病。定期测量血压和血脂，并遵医嘱进行控制和治疗。若患有糖尿病，应积极进行血糖控制，定期检查血糖水平。

> **顺口溜**
>
> 皱眉咬牙手捂胸，急性冠脉综合征。
> 冷静处理快坐下，安慰同时问病情。
> 帮助病人服下药，掌握药量和指征。
> 拒绝服药不强求，尽快呼叫120。

任务实施

操作要求：

（1）现场救助应知

① 应急救护的目的：救命但不能导致二次伤害。

② 尊重伦理问题。救助前，应向有意识且意识清醒的患者征求意见，是否同意救助，征得同意后方可出手相助。对昏迷的患者征求围观者的意见，并大声说"请大家为我作证！"

③ 急救员准备施救时，应确保不把自己置身危险中，以免产生额外伤亡。

④ 急救员可能需要先把伤病员转移到安全处（如果受过这种训练），然后

再实施急救。

⑤ 个人安全的第二个方面是防止疾病传播。

⑥ 虽然急救最容易获得,可以给伤病员提供最快的救助,但它只是整体救护工作的一部分。

(2) 密切关注患者的生命体征,包括心率、呼吸、血压等,必要时实施紧急生命支持。

(3) 保持患者情绪冷静,做好安抚工作,正确地向紧急救援人员传达必要信息。

(4) 分小组轮流操作,并结合《急性冠脉综合征应急处理评价表》对操作人员进行评价(见表 2.10.1)。

表 2.10.1　急性冠脉综合征应急处理评价表

评分项目	评分标准或要求	分值	评价方式			得分
			自评	互评	师评	
1. 观察环境,并做好自我防护	观察并报告现场环境安全	5				
	戴手套或口述已做好自我防护	5				
2. 评估伤情	评估患者的生命体征(意识、呼吸、循环)	5				
	皱眉、咬牙、捂胸、心前区压榨性疼痛,范围广	5				
3. 应急处理	扶患者坐下,宽衣解带,保证呼吸畅快	20				
	安慰其不慌张。开窗通风。如有氧气面罩,可为患者提供氧气	15				
	帮助患者服用自己带的药	10				
	呼叫 120	5				
	观察病情变化,随时准备心肺复苏	5				
4. 团队合作	小组分工明确,应对过程配合密切	5				
5. 有效沟通	关心和安慰患者	5				
	语言简洁流畅	5				

续 表

评分项目	评分标准或要求	分值	评价方式 自评	评价方式 互评	评价方式 师评	得分
6. 人文关怀	态度和蔼,动作轻柔,关爱患者	5				
7. 应对效率	熟悉救护流程,速度快,效率高	5				
	总分	100				

点评及建议:

操作建议:建议小组分工协作,明确每个人的任务。

课后练习

判断题

(1) 冠状动脉痉挛是导致心肌梗死的原因之一。(　　)

(2) 心肌梗死发生时,患者常常出现持续性剧烈胸痛,而心绞痛通常会在休息或服用硝酸甘油后缓解。(　　)

(3) 糖尿病和高血压是心肌梗死或心绞痛的主要危险因素之一。(　　)

(4) 心肌梗死可能会导致患者出现呼吸急促、气短、大量出冷汗、恶心和呕吐等症状。(　　)

(5) 健康饮食应包括高脂肪和高胆固醇的食物,有助于预防冠心病。(　　)

(6) 吸烟和过量饮酒是心肌梗死的危险因素,应尽量避免。(　　)

(7) 心肌梗死发生时,应立即让患者进行剧烈运动,以增加心脏负担。(　　)

(8) 心肌梗死是一种慢性疾病,可以逐渐发展,未发作时并不需要紧急处理。(　　)

(9) 在心肌梗死的急救过程中,不需要松解患者的紧身衣物。(　　)

(10) 保持适度的体重和进行规律的有氧运动有助于预防急性冠状动脉综合征。(　　)

项目 3 意外伤害的应急救护

任务 3.1 烧烫伤的应急处理

情境导入

下课时,小林拿着杯子去接开水,由于走神,不小心将开水倒在了手背上,手背立即发红,有灼伤感,伴有剧痛。作为小林的同学,此刻你应该怎么帮助他处理这个意外?

学习目标

知识目标	能力目标	思政目标和素养目标
1. 知道烧烫伤的含义、症状和原因; 2. 知道烧烫伤的预防措施和救护措施。	1. 能够根据烧烫伤的症状和程度,初步识别和评估烧烫伤情况; 2. 能够对烧烫伤情况实施应急处理。	1. 在小组合作中具有团队意识和沟通意识; 2. 在应急处理中能关怀、爱护患者,具有人文关怀精神; 3. 在应急处理中能沉着冷静、迅速应对,具有应急反应能力和解决问题的能力; 4. 提高安全意识和危机意识; 5. 能在保护自己安全的情况下,尽量帮助患者,具有乐于助人的品质。

课前预习

1. 扫描下面的二维码,学习微课(烧烫伤的应急处理)。

学习通扫码直接学习

2. 搜集关于烧烫伤的案例,了解其处理方法,结合视频,画出烧烫伤应急的处理流程。

 任务资讯

资讯一　认识烧烫伤

(一) 烧烫伤的含义

烧烫伤是由火焰、沸水、热油、热蒸汽、电流、化学物质等引起的组织损伤。烧烫伤是生活中比较常见的意外伤害,可迅速破坏皮肤的完整性。轻者损伤皮肤,甚至留下疤痕;重者可能对皮肤、血管、内脏、神经等造成难以挽回的损伤,甚至危及生命。

(二) 烧烫伤的症状

烧烫伤主要损伤的是皮肤组织,其症状主要体现在对组织损伤的程度和损伤面积两个方面。

1. 烧烫伤的程度

对烧烫伤的程度判断普遍采用三度四分法,三度指的是Ⅰ度、Ⅱ度、Ⅲ度,Ⅱ度又分为浅Ⅱ度和深Ⅱ度,具体见表3.1.1和图3.1.1。

表3.1.1　烧烫伤程度的三度四分法

程度分类	损伤深度	伤口外观	体感	恢复期
Ⅰ度	表皮	轻度红肿、无水疱	轻度疼痛、热、烧灼感	3—7天痊愈,不留疤痕
浅Ⅱ度	真皮浅层	创面发红、肿胀、有水疱	剧痛、敏感	1—2周,有色素沉着
深Ⅱ度	真皮深层	基底苍白、间有红色斑点、创面潮湿、有或无水疱	感觉迟钝	3—4周愈合,有疤痕

续表

程度分类	损伤深度	伤口外观	体感	恢复期
Ⅲ度	全层	呈蜡白色或焦黄色，甚至碳化，呈皮革状，无水疱；严重时可伤及肌肉、神经、血管、骨骼和内脏	痛感消失	难愈合，多需植皮

▲ 图 3.1.1　烧烫伤的程度

2. 烧烫伤的面积

烧烫伤的面积估算比较常用的是九分法和手掌法，其中，大面积烧烫伤估算适合用九分法，小面积或者分散、不规则烧烫伤适合用手掌法。

（1）中国九分法。

九分法是将全身体表划分为 11 个 9% 的等分，另加 1%，构成 100% 的体表面积，其中，头颈部为 1 个 9%，双上肢为 2 个 9%，躯干包括会阴为 3 个 9%，双下肢包括臀部为 5 个 9% 加上 1%。需要注意的是，12 岁以下的儿童体表面积的计算方法与成人有所不同，这是根据小儿的特点即小儿头大、腿短而制定的。具体见图 3.1.2 和表 3.1.2。

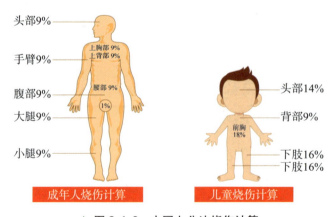

▲ 图 3.1.2　中国九分法烧伤计算

表 3.1.2　中国九分法

部位		成人各部位面积		小儿各部位面积
头颈	头部	3%	9%×1=9%	[9%+(12-年龄)]%
	面部	3%		
	颈部	3%		
双上肢	双上臂	7%	9%×2=18%	9%×2=18%
	双前臂	6%		
	双手	5%		
躯干	腹侧	13%	9%×3=27%	9%×3=27%
	背侧	13%		
	会阴	1%		
双下肢	双臀	5%	9%×5+1%=46%	[46-(12-年龄)]%
	双大腿	21%		
	双小腿	13%		
	双足	7%		

成人烧伤面积计算口诀：

三三三五六七，十三，十三，二十一，双臀占五会阴一，小腿十三双足七。

(2) 手掌法。

手掌法是烧烫伤患者将五指并拢，其手掌面积约为体表面积的1%。运用手掌法时，可以用手掌置于烧烫伤位置估算面积(图 3.1.3)。此法适合那些小面积的、分散的或者不规则烧烫伤部位的面积估算。

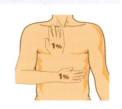

▲ 图 3.1.3　手掌法烧伤计算

> **学习提示**
>
> 在判断烧烫伤的严重程度时，要综合考虑烧烫伤的程度和面积，按照三度四分法确定烧烫伤的程度，结合烧烫伤的面积九分法或者手掌法，相加得出总面积。Ⅰ度烧烫伤比较轻微，其面积一般不计入总面积。但若烧烫伤面积过大或位于面部、会阴等关键部位，则需要立即就医。

轻度烧烫伤：Ⅱ度烧烫伤的总面积在9%以下。

中度烧烫伤：Ⅱ度烧烫伤的面积为10%—29%，或Ⅲ度烧烫伤面积在9%以下。

重度烧烫伤：Ⅱ度烧烫伤的面积为30%—49%，或Ⅲ度烧烫伤的面积为10%—19%，总面积达不到上述百分比，但伴有休克、呼吸道烧伤或较重的复合伤也列为重度烧烫伤。

特重度烧烫伤：Ⅱ度烧烫伤面积为50%以上，或Ⅲ度烧烫伤的面积为20%以上，或者已经出现严重并发症。

（三）烧烫伤的原因

造成烧烫伤的原因主要有各种热源、电击、化学物等类型。

1. 热源烧烫伤

造成烧烫伤最常见的就是各种热源，如日常生活中接触到的热水、热油、热蒸汽、高温固体等，如果接触到机体，就可能导致皮肤烫伤，火焰也会导致皮肤的烧灼伤（如图3.1.4）。

▲ 图3.1.4　热源烧烫伤

2. 电击伤

电击伤又称为触电，是指一定量的电流通过人体引起的机体损伤和功能障碍。各种电器、开关等都有可能导致触电（如图3.1.5）。雷击也是电击伤的一种形式，其电压高达几千万伏。

▲ 图3.1.5　电击伤

3. 化学烧烫伤

能够造成烧烫伤的化学物质主要包括强酸、

强碱等物质,如硫酸、硝酸、盐酸、氢氧化钠、氢氧化钾等。通过接触皮肤,能够腐蚀皮肤组织,还能向深层侵蚀,碱性物质更能够渗透到组织深层(如图3.1.6)。

资讯二 烧烫伤的预防

▲ 图3.1.6 化学烧烫伤

(一)提升预防烧烫伤的安全意识

烧烫伤往往是由于生活中缺乏安全意识而导致的各种意外情况,因此,对于烧烫伤的预防首要的就是增强安全意识,对于有可能造成烧烫伤的各种热源、电和化学物,都应该有一定的防范意识。一般超过50℃的热源都有可能造成烧烫伤,故要尽量远离火、热水、热油、热蒸汽等热源,必须接触时,要做好防范措施。对皮肤组织有伤害的化学物品和工业物品,需要正确使用,以免出现危险。

(二)安全用电

因为触电而导致烧烫伤的情况时有发生,一旦出现电击伤,死亡的可能性很大。因用电不当,发生火灾的情况也很多。所以,安全用电非常重要。在生活中不要用湿手或湿布接触带电设备,以免触电。不要私拉乱接电线,也不要边充电边玩手机,以免出现电线着火的情况。使用大功率电器或者给大功率电器充电时需要谨慎,考虑是否超过插座及电线的功率。另外,检查和修理家用电器时,必须先断开电源,做好防护措施。

(三)避开危险源,妥善保管危险物品

应该尽量避免有可能造成烧烫伤的物品,若生活中有需要的物品,也要妥善保管,避免因意外接触而导致伤害。比如,实验室或者工业中可能用到的浓硫酸、硝酸、氢氧化钠等物品,需要妥善保管,做好标记。生活中常见的化学物品,如生石灰之类的也尽量避免接触,并做好妥善保管。除此之外,生活中常见的洗洁精、洗衣粉若接触眼睛或者进入肠胃,也会导致身体损伤,故使用时要尽量小心。

(四)安全检查与防护

在家庭中,睡觉前、离家前都需要检查火源、电源是否关闭,做到防火防电,还要定期检查危险物品保管情况,确保规范管理,避免出现意外。单位、学校、

工厂等地需要建立安全检查、防护制度,规范管理危险物品。

资讯三 烧烫伤的应急处理

烧烫伤应急处理的原则是:脱离伤害来源;保护创面;维持呼吸道通畅;针对烧烫伤的原因和严重程度采取相应处理措施。以下就热源烧烫伤、电击伤和化学烧烫伤分别阐述相应的处理流程。

(一) 热源烧烫伤的应急处理

第一步:观察环境安全,做好自我防护。

快速观察现场环境,判断环境是否存在危险,确保现场环境安全后再进行救护。若现场环境存在安全隐患,需要转移到安全的地方再进行施救。

在应急救护时,要做好个人防护,处理时要戴上乳胶手套,也可以用塑料袋罩住自己的双手。

第二步:评估伤情。

根据烧烫伤的症状和原因,评估患者烧烫伤的类型和严重程度,采取适当的方式进行施救,中度及以上烧烫伤在现场简单处理后需及时送到有条件的医院治疗。

顺口溜

烧烫伤、不少见,
皮肤损害在瞬间。
常温流水来冲洗,
降温止痛防感染。
起泡保鲜膜外罩,
保护水疱送医院。

第三步:呼救(必要时)。

根据伤情评估情况判断是否需要呼救,如果情况严重,需要呼叫周围的人帮助并且拨打120。

第四步:应急处理。

热源烧烫伤应急处理的原则是降温、止痛、防感染、保护水疱、送医院。一般分为冲洗、覆盖、送医院三个步骤(如图 3.1.7)。

▲ 图 3.1.7 烧烫伤的应急处理:冲洗和覆盖

（1）冲洗。在烧烫伤后，立即用有压力的流动水或自来水(15—25℃)持续冲洗烧烫伤部位10分钟以上，直到疼痛缓解。

（2）覆盖。对于Ⅱ度烧烫伤，出现水疱，不要刺破水疱，也不要在创面涂任何油脂或药膏，用保鲜膜松松地覆盖创面，以保护创面，防止感染。

（3）送医。浅层的、小范围的轻度烧烫伤无须送医，中度及以上的烧烫伤应尽快送医院治疗。

学习提示

① 烧烫伤后，先不要强行剥脱伤处的衣物，以免撕裂烫伤后的水疱或皮肤。

② 烧烫伤后涂牙膏、酱油、醋、盐等方式都是没有科学依据的，甚至可能导致感染。

③ 烧烫伤后，不要立即涂抹药膏，以防阻碍散热，继续伤害皮肤。立刻冲水降温，才是正确的处理方式。

④ 在冲泡时，避免用冰水或冰块冷敷，过冷会让皮肤血管收缩难以散热，以免导致组织缺血，严重的可能会冻伤。

⑤ 冷却大面积烧伤或婴幼儿烧伤时必须小心，以免造成低体温。

⑥ 对大面积烧伤禁止冲洗，以免造成感染。

⑦ 禁止给大面积烧烫伤患者喝水，以免加重体液渗出和休克，导致其他并发症。对于表现出严重口渴者，可口服少量淡盐水，条件许可时，可用烧伤饮料。

（二）电击伤的应急处理

有研究和统计表明，如果从触电后1分钟开始救治，则有90%的概率可以救活；如果从触电后6分钟开始抢救，则仅有10%的救活机会；如果从触电后12分钟开始抢救，则救活的可能性极小。因此，当发现有人触电时，应争分夺秒，采用一切可能的办法抢救。

第一步：观察环境安全，做好自我防护。

电击伤现场环境要先切断电源，或者用干木棍、扫帚等绝缘体将电线挑开。做好个人防护，不要直接触碰伤员，处理时要戴上乳胶手套，穿上绝缘胶鞋或站在干燥木板上,以保护自身安全。

第二步:评估伤情。

评估患者的生命体征,判断患者是否有意识、呼吸、心跳。

第三步:呼救。

呼叫周围的人帮助并且拨打120。

第四步:应急处理。

在等待120到达前,若患者呼吸、心脏骤停,要立即进行心肺复苏,不要轻易放弃,直到专业医务人员到达现场。有条件的,应尽早使用AED除颤。

(三) 化学烧烫伤的处理

第一步:观察环境安全,做好自我防护。

快速观察现场环境,判断环境是否存在危险,确保现场环境安全后再进行救护。若现场环境存在安全隐患,需要转移到安全的地方再进行施救。

在应急救护时,要做好个人防护,处理时要戴上乳胶手套,也可以用塑料袋罩住自己的双手。

第二步:评估伤情。

根据烧烫伤的症状和原因评估患者烧烫伤的类型和严重程度,采取适当的方式进行施救。

第三步:呼救。

呼叫周围的人帮助并且拨打120。

第四步:应急处理。

(1) 皮肤被化学物烧伤时,先用纸巾、毛巾蘸吸,然后立即用流动水冲洗15分钟以上,冲洗时将污染的衣物脱去,冲洗后覆盖伤口。

▲ 图3.1.8 冲洗眼睛的方法

(2) 眼睛接触酸或碱时,必须立即用大量自来水冲洗。注意水要由眼睛内角冲向外角且让受伤的眼睛处在下方,以免化学物质被冲到另一只眼睛中(如图3.1.8)。

(3) 如果化学物质进入了消化道,立即口服蛋清、牛奶、豆浆、面糊、稀米汤等液体,以保护胃黏膜。

(4) 生石灰沾染皮肤或眼睛时,应将生石灰颗粒用棉签挑出,再用大量的清水迅速清洗。生石灰遇水会释放出超过100℃高温的能量,如果直接冲洗,会造成人体组织烧伤。

化学烧烫伤情况比较复杂,在没有把握正确处理的情况下,应该立即送医或者拨打120寻求帮助。

总之,烧烫伤应急处理可概括如图3.1.9所示。

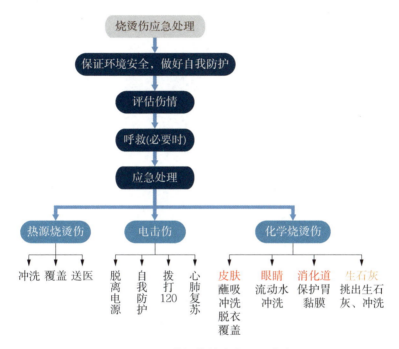

▲ 图3.1.9 烧烫伤的应急处理分类图

任务实施

任务目的:熟练掌握烧烫伤的应急处理流程。

任务准备:冷水或自来水、盆、保鲜膜、剪刀。

任务情境:下课时,小林拿着杯子去接开水,由于走神,不小心将开水倒到了手背上,手背立即发红,有灼伤感,伴有剧痛。

任务处理:班长先确定现场环境安全,经过初步评估,小林手背出现Ⅰ度烫伤。班长让生活委员小谷去请班主任老师,并请班级中学过应急救护的小河帮小林处理。

任务要求:5—6人一组,自选角色,按照上面任务处理中的安排模拟操作烧烫伤的应急处理,剩余人按照《烧烫伤应急处理任务实施评价表》进行评分(见表3.1.3)。完成后小组讨论应急处理中的得失。

表3.1.3 烧烫伤应急处理任务实施评价表

评分项目	评分标准或要求	分值	评价方式			得分
			自评	互评	师评	
1. 观察环境,并做好自我防护	观察并报告现场环境安全	5				
	戴手套或口述已做好自我防护	5				
2. 评估伤情	评估烧烫伤者的生命体征(意识、呼吸、循环)	10				
	评估烧烫伤部位、种类、程度和面积	10				
3. 呼救	寻求周围人帮助(必要时呼叫120)	10				
4. 应急处理	冲洗:用流动水持续冲洗烧烫伤部位10分钟以上	10				
	覆盖:用保鲜膜覆盖创面	10				
	口述:以上操作完成后及时送医	10				
5. 团队合作	小组分工明确,应对过程配合密切	10				
6. 有效沟通	关心和安慰患者	5				
	语言简洁流畅	5				
7. 人文关怀	态度和蔼,动作轻柔,关爱患者	5				
8. 应对效率	熟悉救护流程,速度快,效率高	5				
	总分	100				

点评及建议:

课后练习

1. 不定项选择题

(1) 烧烫伤是指主要由（　　）等物质引起的组织损伤。

  A. 火焰、沸水、热油、蒸汽等热源　　B. 电击

  C. 化学物质　　　　　　　　　　　D. 以上都对

(2) 烧伤患者现场急救的基本原则是（　　）。

  A. 尽快终止或脱离致伤源　　　　　B. 迅速判断伤情

  C. 立即冷疗　　　　　　　　　　　D. 就近急救和分类转运专科医院

(3) 现场处理轻度烧烫伤的最佳急救措施为（　　）。

  A. 立即用流动水冲洗烧烫伤部位

  B. 挑开水疱

  C. 涂抹药物

  D. 及时除去烧烫伤部位的衣物

(4) Ⅰ度烧烫伤创面的特点是（　　）。

  A. 红斑状，干燥，无水疱

  B. 红肿，水疱大小不一，创面基底红润

  C. 创面基底红白相间

  D. 蜡白、焦黄、炭化

(5) 深度愈合后不会形成瘢痕的是（　　）。

  A. Ⅰ度和Ⅱ度　　　　　　　　　　B. Ⅱ度和Ⅲ度

  C. Ⅰ度和浅Ⅱ度　　　　　　　　　D. 深Ⅱ度和Ⅲ度

(6) 皮肤烫伤程度伤到真皮层，属于（　　）烫伤。

  A. Ⅰ度　　　　B. Ⅱ度　　　　C. Ⅲ度　　　　D. 0度

(7) 根据我国情况，计算烧伤面积时，成人头颈部占人体体表总面积的（　　）。

  A. 3%　　　　　　　　　　　　　　B. 9%

  C. 27%　　　　　　　　　　　　　 D. 18%

(8) 如果皮肤被强酸、强碱沾染，应立即（　　）。

  A. 用大量流动清水冲洗创面　　　　B. 涂抹药膏

  C. 用敷料包扎伤处　　　　　　　　D. 口服牛奶

(9) 对于触电的伤员,现场救护时首先应(　　)。

　　A. 断电　　　B. 心脏电除颤　　C. 心肺复苏　　D. 直接触摸伤员

(10) 关于烧烫伤的应急处理,以下说法正确的是(　　)。

　　A. 热源烧烫伤应急处理的原则是降温、止痛、防感染,保护水疱、送医院。

　　B. 电击伤救护首先要做好自我防护,并先切断电源。

　　C. 生石灰沾染皮肤或眼睛时,应立即用大量清水迅速清洗。

　　D. 烧烫伤后,不能立即涂抹药膏。

2. 判断题

(1) 对烧烫伤的程度判断一般采用四度三分法。(　　)

(2) 采用手掌法计算小面积烧伤,是以患者的手掌进行估算,五指并拢的掌面为体表面积的1%。(　　)

(3) 烧烫伤严重的情况,可以用冰块冷敷降温。(　　)

(4) 热源烧烫伤患者应急处理的步骤是冲水、覆盖、送医。(　　)

(5) 碰触Ⅲ度烧伤创面,患者有剧痛感。(　　)

任务 3.2　动物伤害的应急处理

情境导入

包头大学生被狗轻微咬伤,侥幸不接种狂犬疫苗得狂犬病死亡!

今年 21 周岁的刘显飞是包头轻工职业技术学院室内装潢与设计专业的大二学生。

4月下旬的一天,刘显飞在外出返校途中被小狗咬伤大拇指,皮肤虽破但没出血。

5月15日晚上,刘显飞自我感觉有点难受,想请假去医院看病。

5月16日下午,刘显飞在包头医学院第二附属医院挂了急诊就诊。

5月17日上午,刘显飞症状不仅没减轻,反而开始不停呕吐并流口水。

5月17日下午,中心医院传染科初步怀疑是狂犬病的症状,转第三附属医院的传染科。

5月17日晚,在病房内的刘显飞开始出现狂躁症状,他青筋暴露不停嘶吼,将病房的床单和被罩撕得粉碎。

5月18日上午10点,刘显飞开始昏迷,尽管医生尽力抢救,但最后患者还是离开了人世。

教训:《狂犬病预防控制技术指南(2016版)》规定,无出血的轻微抓伤或擦伤属于2级暴露。

刘显飞的情况属于2级暴露,却没有接种狂犬疫苗,所以导致了悲剧的发生。

小技巧:先用肉眼仔细观察暴露处皮肤有无破损;当肉眼难以判断时,可用酒精擦拭暴露处,如有疼痛感,则表明皮肤存在破损(此法仅适于致伤当时测试使用)。

学习目标

知识目标	能力目标	素养目标
知晓常见动物伤害的主要危害、常见原因及预防措施。	1. 能根据患者的主要体征初步识别出患者是否受到了动物伤害; 2. 能根据对患者初步的伤病情况评估,模拟为被动物伤害的患者实施应急处理。	1. 懂得动物伤害的应急处理与预防的重要意义,并积极参与相关知识技能的学习; 2. 能在应急处理过程中与相关人员进行有效的沟通。在保护自己安全的情况下,尽量帮助患者,具备乐于助人的品质。

 课前预习

1. 扫描下面的二维码,学习微课(动物伤害的应急处理)。

学习通扫码直接学习

2. 仔细观看视频后,试着写出动物伤害的表现特征。

 任务资讯

资讯一　认识动物伤害

（一）动物伤害的特点

动物伤害是由各种动物对患者所造成的意外损伤。相关数据表明,动物伤害已成为我国最常见的意外伤害类型之一。近些年来,随着生活水平的不断提高,我国城市居民饲养宠物的数量不断增加,人们与动物的接触机会和亲密程度都在增加,这使得被狗、猫等动物伤害的案例越来越多。综合有关调查数据,由动物所引起的意外伤害主要呈现以下特点。

1. 年龄

尽管不同的地区被动物伤害的年龄分布各有特点,但学生始终是动物伤害的主要群体，尤其是家中有猫、狗等宠物的群体是动物伤害的高危人群。

2. 性别

几乎所有的研究资料都表明，男生比女生更容易受到动物伤害。

3. 地点

在具体发生地点上，户外（河湖、花草丛、树丛、石堆等）、潮湿阴暗的角落多发生昆虫叮咬伤害；家中则容易发生宠物猫或狗的伤害。校园内应谨防发生野猫野狗抓、咬伤害。在地区分布上，农村地区的学生发生动物伤害的比例要明显高于城市地区的学生。

4. 时间

被动物伤害的时间主要集中在夏、秋季节（尤其是5—9月），同时，周末和寒假期间也是动物伤害的高发期。

5. 致伤动物

造成叮咬或蜇伤的常见昆虫有蚊子、蜂类、蜱虫、隐翅虫、蚂蚁、毛虫、蜈蚣、蝎子等；造成抓、咬伤的常见动物有猫、狗、蛇、鼠、兔，以及家禽、牲畜或其他野生动物等。在所有致伤动物中，狗是最常见的致伤动物，其次是猫。

6. 受伤部位

整体上看，动物致伤部位以上肢和下肢较常见，其次是头面部和躯干。但是，年龄较小、身高较矮的学生在受到动物伤害时，其躯干及头面部受伤的概率要高于年龄较大、身高较高的学生。

（二）动物咬伤的原因

1. 患者自身的因素

学生是动物伤害的主要受害群体，这与其自身年龄特点有密切关系。研究表明，学生受到动物伤害的概率是成人的2—3倍，且随着年龄的增长，学生受到动物伤害的数量整体上也在逐渐下降，这表明患者自身因素是导致其容易受到动物伤害的重要原因之一。首先，学生好奇心强，喜欢到户外植物较多的地方去探索、玩耍，喜欢与猫、狗等动物逗玩，对环境中各类事物的强烈探索欲使他们受到动物伤害的概率大大增加。其次，学生对各种动物的习性缺少了解，往往容易低估动物可能给自身带来的伤害，所以，在与动物的接触或互动中容易激发动物的攻击行为，从而受到动物的伤害。最后，学生的自我保护意识和自我防御能力都较弱,在受到动物的威胁时往往手足无措,处于被动受伤的地位。

2. 患者监护人的因素

家是学生发生动物伤害最多的场所,这反映出家长或监护人对学生身边动物所存在的危险缺乏基本的预防意识,也反映出家长或监护人对学生相关安全教育的缺失。监护人的预防意识不足、看护不到位,以及安全教育的不足,使学生在与动物接触时过度亲密,不懂得如何保护自己,从而降低了对动物的防御意识。

3. 社会因素

首先,各类狗、猫、鼠等动物常出现在学生的日常生活环境中,较高的动物接触机会就意味着存在较高的动物伤害概率。其次,许多喂养宠物的人对宠物的管理和责任意识并没有随着宠物数量的增加而提高,随意放养、遗弃的宠物对学生来说成为主要的安全威胁。最后,我国许多城市对喂养宠物缺少规范的管理,很多宠物没有按时接种动物疾病疫苗,也没有进行相关登记,使得很多有潜在危险的动物流入社区、街道等公共场所,极大地威胁着周围居民的安全。

> **顺口溜**
>
> 宠物接触有距离,避免病毒传染你。
> 一旦狂犬病发作,生命消逝好可惜。

资讯二　动物咬伤的特点及应急处理

(一) 蛇咬伤

1. 识别伤人蛇的性质

被无毒蛇咬伤后,通常只会在患者受伤皮肤处留下两排细小的齿痕,轻度刺痛,无局部疼痛、肿胀、麻木和无力等全身症状。

被毒蛇咬伤后,患者出现症状的快慢及受伤的轻重程度受到毒蛇的种类、蛇毒的剂量与性质、毒蛇咬伤的部位、伤口的深浅及患者的免疫抵抗力等多种因素的影响。一般情况下,毒蛇咬伤的伤口局部常留有一对或 3—4 个毒牙的痕迹,毒液通过伤口进入患者的血液循环后,伤口周围会出现明显的肿胀、疼痛或麻木感，局部可出现瘀斑、水泡或血泡，全身中毒的症状也较明显。患者还可能出现头昏、嗜睡、视力模糊、言语不清、吞咽困难、呼吸困难等神经系统障碍，或者出现广泛内出血、溶血、黄疸、循环衰竭等血液循环障碍。因此，被毒蛇咬伤后，如果没有得到及时的治疗，严重时可危及患者的生命。

如无法确定是否为毒蛇咬伤，均按毒蛇咬伤处理。

2. 现场应急处理

（1）伤员休息不动。

（2）不处理伤口，避免伤口高于心脏。

（3）切勿切开、吸吮或挤压伤口。

（4）不应使用止血带，因为这样做不仅无效，而且可能导致住院时间延长。可用无弹性的绷带缠绕咬伤的肢体，并固定不动。

（5）注意是否出现休克。

（6）最好将毒蛇一同送往医院。采取抗蛇毒血清治疗，注射破伤风抗毒素。

3. 预防蛇咬伤

（1）去有蛇出没的地方旅游，最好穿长衣长裤，不露脚的鞋。

（2）出游时，尽量避开草丛、石缝、树丛等阴暗潮湿的地方。提前备好防蛇油（如图 3.2.1）。

▲ 图 3.2.1 外出预防蛇咬伤的注意事项

（3）遇到蛇时，原地不动，并寻找机会尽快撤离。

(4) 减少和蛇接触的机会。晚上外出活动时,尽量带上照明灯,并用长棍驱蛇。

(二) 猫、狗抓伤与咬伤

1. 狂犬病及其传播方式

(1) 狗咬伤对人类生命最大的威胁就是患狂犬病。狂犬病是由弹状病毒科的狂犬病毒引起的人兽共患急性传染病。发作时病人烦躁不安、惊恐、抽风、恐水,肢体和呼吸麻痹,直至死亡。整个病程6—10天,死亡率近乎100%。

(2) 被疑似狂犬病宿主动物抓伤、咬伤、舔舐皮肤或黏膜破损处,即使是再小的伤口,狂犬病毒也可以通过狗的唾液传播给人,使人患上狂犬病,同时可感染破伤风。

(3) 可造成人发病的还有感染病毒的猫、牛、狼、蝙蝠、狐狸等动物。例如,有人因进入蝙蝠群居的穴洞,吸入了含有狂犬病病毒气溶胶患病。

(4) 人被感染了狂犬病毒的动物咬伤后,潜伏期的长短与咬伤的部位、创伤程度、局部处理情况、衣着厚薄、个人体质的不同,从几天到3个月不等,平均约4—6周。个别人的潜伏期可长达2—10年。在潜伏期中,感染者没有任何症状。

2. 现场急救原则

(1) 尽早进行伤口局部处理;因犬牙带钩,故必须掰开伤口用肥皂水和一定压力的流动清水交替彻底清洗咬伤和抓伤的所有伤口,每处伤口至少15分钟,或用酒精、碘酒交替擦拭伤口。

(2) 不包扎伤口,尽早进行狂犬病疫苗接种。

(3) 必要时,尽早使用狂犬病被动免疫制剂(狂犬病人免疫球蛋白、抗狂犬病血清)。

资讯三 动物蜇伤的临床特点及应急处理

(一) 蜂蜇伤

1. 蜂蜇伤对人体的伤害

蜂的种类很多,其中,蜜蜂、马蜂(大黄蜂、胡蜂等)毒液中的蚁酸、神经毒素和组织胺等可引起溶血、出血、过敏反应等。

2. 蜜蜂蜇伤的临床表现

伤口剧痛、烧灼感、局部红肿中心淤点或水疱，1—2天消失。多处被蜇后，出现发热、头晕恶心、烦躁不安、痉挛及昏厥；荨麻疹，口唇及眼睑水肿；腹痛、腹泻、呕吐，甚至喉头水肿、气喘、呼吸困难、血压下降、昏迷。数小时至数天后，有可能会死亡。

3. 马蜂蜇伤的临床表现

局部现明显的肿胀和有包块的症状，剧烈疼痛。

（二）蜂蜇伤的处理方法

1. 蜜蜂蜇伤的处理方法

（1）保持安静。

（2）蜜蜂的螫刺带钩，蜇人后螫刺会留在人体内继续放毒，故第一时间用消毒的针挑出或刮出螫刺。避免用钳子取出，以防因挤压毒囊而有更多毒液被吸入（如图3.2.2）。

▲图3.2.2　用身份证刮出螫刺

（3）用肥皂水、10％氨水、3％碳酸氢钠溶液清洗伤口。也可用紫花地丁、半边莲、七叶一枝花、鲜蒲公英捣烂外用（如图3.2.3），或南通蛇药（季德胜蛇药）在周围外用。

蒲公英　　　半边莲　　　紫花地丁　　　七叶一枝花

▲图3.2.3　外用中药材

2. 马蜂蜇伤的处理方法

马蜂毒刺没有钩，可反复蜇人。

（1）保持安静。

（2）用食醋或马齿苋汁外用。

（3）过敏者口服由医生开的抗过敏药。

（4）出现全身中毒症状时，应立即送往医院。

资讯四 动物伤害的应急处理流程

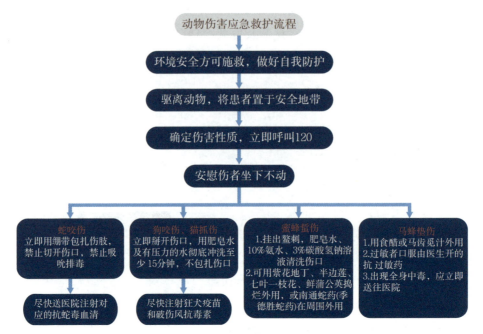

▲ 图3.2.4 动物伤害的应急救护流程图

资讯五 动物伤害的预防

虽然动物伤害多以轻度损伤为主,但由于最常见的猫、狗抓伤容易引发狂犬病,其潜在的危害不容忽视。因此,做好动物伤害的预防工作显得尤为重要。具体可参考以下三点措施。

(一)做好家长干预工作

由于大多数的动物伤害事件都发生在家中,所以,家长是预防动物伤害的重点干预对象。教师有义务通过多种形式对家长进行预防动物伤害的知识宣传和指导。例如,如果家中有宠物,建议家长按时为宠物进行疫苗接种;为家长提供科学的宠物喂养知识,宣传狂犬病的相关知识;提醒家长加强对患者的看护,不要让宠物与孩子单独待在一起;提醒家长及时对患者进行预防性的安全教育等。

（二）做好学生安全教育

应注意正确地与动物相处，了解动物的习性以及其可能造成的危害。例如，不要去打扰正在吃东西、睡觉或照顾幼崽的猫和狗；不要攻击或伤害动物；不要亲吻动物；认识到自己家中的宠物也可能伤人等。

（三）要学会基本的自我保护方法

例如，到昆虫多的户外时应穿长袖、长裤，尽量避免皮肤暴露；不去靠近或逗弄陌生的猫、狗，尤其是看起来狂躁不安的猫、狗；不要在陌生的狗面前快速跑动、追逐，而应镇静、缓慢地从其面前经过；给宠物喂食或清洁时可以戴上长的厚手套，以免被咬伤手指；要远离蜂类及其巢穴等。

资讯六 动物伤害救助后的处理原则

（1）做好事后追踪，及时了解患者的健康状况，并与相关人员（患者家长、教师等）及时进行有效的沟通。

（2）上报相关机构或对外公开信息（如有必要）。

（3）记录归档。

任务实施

任务目的：让学习者熟练地掌握动物伤害应急救护的整个流程。

任务准备：硬质塑料卡片、碘伏、棉签、肥皂水、流动水、冰袋、干净毛巾、无菌敷料、无菌纱布、医用胶带、人体急救模型等。

任务情景：李明同学被狗轻微咬伤，手臂上出现被咬伤口。

任务处理：幸运的是，他们班学习过处理动物咬伤。在班长李红的指挥下，两位同学有序地进行施救：首先，快速观察现场，确保周围环境安全。如果周围有危险动物，先将伤者转移至安全的地方，提醒大家做好个人防护。安排谢园同学进行伤口局部处理：因犬牙带钩，必须掰开伤口，用肥皂水和一定压力的流动清水交替地彻底清洗咬伤和抓伤的每处伤口，持续至少15分钟，不包扎伤口。清洗后安排张亮同学陪同患者到医院进行狂犬病疫苗接种。

任务要求：以小组为单位，从昆虫叮咬伤、猫狗轻度抓咬伤、蛇咬伤中任选一种情况，然后自拟角色，并结合患者动物伤害的具体体征、紧急处理流程及操作要求,模拟患者发生动物伤害时的应急处理全过程。小组模拟结束后,请使用《动物伤害应急处理评价表》对展示组进行评价(见表 3.2.1)。

表 3.2.1　动物伤害应急处理评价表

评分项目	评分标准或要求	分值	评价方式			得分
			自评	互评	师评	
1. 流程完成度	完整地模拟救助流程,包含以下六个步骤:观察现场—评估伤情—救助处理—沟通与疏导—上报与公开—记录归档	10				
2. 救助措施	1. 救助措施基于评估结果; 2. 救助步骤完整、正确; 3. 救助操作规范	30				
3. 团队合作	1. 主动寻求团队成员的帮助; 2. 小组分工明确; 3. 应对过程配合密切	20				
4. 有效沟通	1. 给予患者(包括伤病患者及其他患者)关心和安慰; 2. 及时、准确地上报相关人员(教师和学校负责人),及时、恰当地联系伤患者的家长; 3. 表达简洁流畅,用语文明礼貌	20				
5. 应对效率	1. 熟悉救助流程; 2. 救助过程效率高,不拖拉	10				
6. 人文关怀	1. 通过语气、表情、肢体动作等给予伤病儿关注与呵护; 2. 尊重伤病员家长的感受和诉求	10				
	总分	100				

点评及建议:

不定项选择题

(1) 下列场所中,动物伤害人员发生率最高的场所是(　　)。

　　A. 家庭　　　　　　　　B. 学校

　　C. 公共场所　　　　　　D. 野外

(2) 患者被动物叮咬伤后,下列处理措施中正确的是(　　)。

　　A. 被蜜蜂叮咬后如出现过敏症状,可给患者提供抗过敏药物

　　B. 被猫、狗轻度抓、咬伤可不用送医处理,在保健室处理即可

　　C. 处理猫、狗抓咬伤时,应及时、彻底地清洗和消毒伤口

　　D. 被无毒蛇咬伤后,如没有明显流血,可不用送医处理

(3) 下列关于猫、狗抓咬伤的应急处理措施中,不正确的是(　　)。

　　A. 应尽快带伤者远离致伤的猫或狗

　　B. 应用肥皂水对伤口进行彻底冲洗

　　C. 可用碘伏对伤口进行消毒处理

　　D. 消毒伤口后,应用消毒纱布盖好,并用绷带缠紧再送医

(4) 高浩在操场的墙边玩耍时被一只蜜蜂蜇伤,疼得大哭。在为高浩处理伤口时应首先(　　)。

　　A. 评估伤者受伤部位是否有遗留的昆虫残部

　　B. 用肥皂水清洗昆虫叮咬部位,并用清水冲洗伤口

　　C. 用手把蜜蜂的毒刺挤出

　　D. 用冰块冷敷患处,帮高浩止痛

(5) 下面关于预防动物伤害的措施中,表述不正确的是(　　)。

　　A. 教育学生正确地与宠物相处的方法

　　B. 禁止患者私下携带动物入园

　　C. 禁止在园所内养任何动物

　　D. 在家中养危险的宠物是个人自由

(6) 老鼠能传播的疾病有(　　)。

　　A. 肝炎、流行性感冒等疾病　　　　B. 鼠疫、流行性出血热等疾病

　　C. 痢疾、肺结核等疾病　　　　　　D. 以上都不是

(7) 以下对狂犬病暴露者伤口冲洗正确的是(　　)。

　　A. 用20%的肥皂水或2‰—3‰的碘伏,至少冲洗15分钟

　　B. 用20%的肥皂水或其他弱碱性清洁剂,至少冲洗10分钟

　　C. 用20%的肥皂水或其他弱碱性清洁剂和一定压力的流动清水交替使用,至少冲洗15分钟

　　D. 较深伤口冲洗时,可在20%的肥皂水或其他弱碱性清洁剂中加入消毒剂配合使用

(8) 狂犬病病毒最不可能感染的动物是(　　)。

　　A. 狗　　　　　B. 猫　　　　　C. 蝙蝠　　　　　D. 家禽

(9) 狂犬病的临床表现有(　　)。

　　A. 有怕水、怕光、怕声的"三怕"表现

　　B. 流涎

　　C. 咽肌痉挛

　　D. 以上全是

(10) 蛇咬伤现场处理正确的是(　　)。

　　A. 伤者奔跑

　　B. 切开伤口吸吮排毒,等待120救护车到来

　　C. 止血带捆扎被咬肢体,等待120救护车到来

　　D. 绷带缠绕伤肢,固定不动,等待120救护车到来

任务 3.3 创伤出血的应急处理

 情境导入

小何、小韩、小向三人在路上边走边打闹,小何不小心被推倒在地上,手臂被地上的尖锐石块划破了一个大口子,血流不止。

作为小何的朋友,小韩和小向应该如何帮助小何处理伤情?

 学习目标

知识目标	能力目标	思政目标和素养目标
1. 知道创伤出血的含义、类型和原因; 2. 知道创伤出血的预防措施和救护措施。	1. 能够根据创伤出血的症状和原因,初步识别和评估创伤出血情况; 2. 能够对创伤出血情况实施应急处理; 3. 能够正确操作环形、螺旋、"8"字包扎法和回返包扎方法。	1. 在小组合作中具有团队意识和沟通意识; 2. 在应急处理中能关怀、爱护患者,具有人文关怀精神; 3. 在应急处理中能沉着冷静、迅速应对,具有应急反应能力和解决问题的能力; 4. 提高安全意识和危机意识; 5. 能在保护自己安全的情况下,尽量帮助患者,具有乐于助人的品质。

课前预习

1. 扫描下面的二维码,学习微课(创伤出血处理流程、绷带包扎方法、三角巾包扎方法)。

学习通扫码直接学习

2. 通过微课学习,总结创伤出血的处理过程,画出创伤出血的应急处理流程图。

任务资讯

资讯一 认识创伤出血

血液是维持生命必不可少的物质,每个人的血液总量依人体重量而异。男性的血液占其体重的 7.5%,女性的血液占其体重的 7.8%。例如,一个 60 kg 重的成年男性,按照约 7.5% 来计算,全身血液仅约 4 500 ml。

当外力对人体组织或器官造成伤害后,最常见的损伤就是血管破裂出血。根据出血量,对人体的影响不同:出血 200 ml—400 ml,可自动代偿;出血 800 ml—1 000 ml,人出现面色苍白、肢体湿冷,进入休克;出血 2 000 ml 以上,人休克,逐渐死亡。所以,及时、有效地止血非常重要。

(一)创伤出血的类型

1. 按出血部位,分为内出血和外出血

(1)外出血是指血液经伤口流到体外,一般的出血,局部按压便可达到止血目的。

(2)内出血是指血液流到组织间隙、体腔或皮下,形成脏器血肿、积血或皮下淤血。创伤、坠落伤、击打伤、腹部锐器伤或钝器伤都有可能造成内出血,因其症状隐匿,难以被发现,只有手术才可止血,故现场无法止血,死亡率较高。

2. 按血管类型,分为动脉出血、静脉出血和毛细血管出血

(1)动脉出血由动脉损伤引起,其特点为喷射状出血,血色呈鲜红色,出血量大。

(2)静脉出血由静脉血管损伤引起,血液流出缓慢,血色呈暗红色,出血量相对较小。大静脉出血单位时间内的出血量不亚于小动脉出血量,故不可小觑。

(3)任何出血都包括毛细血管出血,血色鲜红,出血量不大。

(二)创伤出血的原因

生活中创伤出血的情况并不少见,如各种意外而导致的擦伤、切割伤、刺

伤、撕脱伤、裂伤等，以及自然灾害和冲突中发生的砸埋、挤压、枪击、爆炸等，都会造成各种损伤而出血。

资讯二 创伤出血的预防

创伤出血轻者会导致失血、疼痛、留疤，重者甚至会导致死亡，故预防创伤出血很重要。

（一）提升预防创伤出血的安全意识

创伤出血一般是意外伤害导致的，预防创伤出血，先要增强安全意识，小心、谨慎地预防身边有可能造成伤害的一些意外，如小心使用刀具、剪刀等锋利物品。除此之外，要学习、了解更多的安全常识，有危险的事情不做，有危险的事物需谨慎接触。

（二）避开或妥善保管容易致伤的危险源

对于有可能造成创伤的事物，要尽量避开或者妥善保管，锋利器具应摆放在指定位置，尽量不要让小孩接触利器，学校要统一管理管制刀具，不让学生将其带入学校。对于危险的活动尽量避开，如打闹、骑车等。

（三）遵守安全制度

安全制度的制定是为了减少生产活动、日常生活中因安全隐患而造成的意外伤害。所以，遵守安全制度对于防止意外伤害非常重要。例如，机械操作的安全注意事项和安全制度能防止因操作不当而出现的危险；日常生活中遵守交通安全法、消防安全制度、校园安全制度等，能防止意外事故对自身和他人造成伤害。

资讯三 创伤出血的应急处理

（一）外出血的处理

1. 观察环境安全，做好自我防护

快速观察现场环境，判断环境是否存在危险，确保现场环境安全后再进行救护。若现场环境存在安全隐患，需要转移到安全的地方再进行施救。

在止血时，要做好个人防护，防止感染，处理时要戴上乳胶手套，也可以用塑料袋罩住自己的双手，有条件的情况戴上防护眼镜。

2. 评估伤情

(1) 生命体征评估。

迅速评估患者的生命体征,判断患者是否有意识、呼吸、循环。成年人呼吸频率一般为 16—20 次/分钟。在安静的情况下,成年人正常的心率范围是 60—100 次/分钟。

(2) 出血量的评估。

判断患者有无出血,立即止血。

出血量达全血量的 5%(200 ml—400 ml),可自动代偿;出血量达全血量的 20%(800 ml—1 000 ml),面色苍白、肢体湿冷进入休克;出血量达全血量的 40%(2 000 ml 以上),进入休克,逐渐死亡。

(3) 其他伤口检查。

对于较重的伤员,采取先救命、后治伤的原则。如果有活动性出血,请其他救援人员立即止血包扎。

对伤员头、胸、腹的检查应在 2—3 分钟内完成,并根据检查结果,迅速采取相应的救护措施。检查顺序如下:观察伤员呼吸是否平稳,头部是否有出血;双手贴头皮触摸检查是否有肿胀、凹陷或出血;双手轻按双侧胸部,检查双侧呼吸活动是否对称、胸廓是否有变形或异常活动;双手上下左右轻按腹部四个象限,检查腹部软硬,是否有明显包块、压痛;将怀疑脊柱骨折的伤员固定好颈部,3 名救助者协力将伤病员整体轴向翻转成侧卧位后,救助者用手指沿着脊柱向下轻轻、快速地触摸,检查是否有疼痛、肿块或局部变形;检查伤员是否有骨盆、下肢,以及脊柱的损伤;检查伤员要认真仔细和迅速,发现异常须立即急救处理;初步检查后,救护员应对伤员的整体情况作出判断,这有利于在后续的救治和转运中采取相应措施,防止发生二次损伤和伤病加重。

3. 呼救(必要时)

根据伤情评估情况判断是否需要呼救,如果情况严重,需要呼叫周围的人帮助并且拨打 120。

顺口溜

运动健身真快乐,
隐藏危险别忘哟。
一不小心受了伤,
出血破皮很难过。
现场处理手段多,
加压止血有效果。
严重马上去医院,
破伤风药来注射。

4. 应急处理

在创伤出血救护中,控制出血是应急处理的核心,救护的目的是止血。处理时要根据创伤出血的类型、原因、部位及严重程度采取相应的措施。

(1)控制出血处理。

① 对不需要缝合的伤口的处理。

检查伤口是否有异物。如果有较小异物,如小砂石、碎玻璃等,则要先清理异物。清理异物可用自来水冲洗,有条件的情况下,可用棉签蘸取碘伏清理(如图 3.3.1)。

▲ 图 3.3.1　碘伏清理

伤口无异物后,可将敷料直接覆盖在伤口上持续用力按压止血。

如控制不住出血,可加盖敷料,包扎后送医院。

② 需要缝合的伤口的处理。

不冲洗,不上药:不冲洗伤口,防止因冲洗而引起局部水肿,无法缝合。不在需要缝合的伤口里撒任何药物,以免给医生缝合增加处理环节。清理伤口中的药物也是一种损伤。

检查异物:检查伤口是否有异物。

清理异物:如果伤口内有较小的可见异物,小心地取出,如果插入体内的异物较大,不可拔出,防止导致大出血。

压迫止血:取出异物后,可将敷料直接覆盖在伤口上,持续用力按压止血(如图 3.3.2)。

持续用力按压止血　　　覆盖敷料　　　绷带包扎

▲ 图 3.3.2　常见的缝合伤口处理环节

加压包扎:如控制不住出血,可在伤口上覆盖敷料,加压包扎。

上医院:立即送往医院进行处理。

③ 对伤口有较大异物的处理。

对伤口有较大异物的处理可用间接压迫止血法,用大量敷料于异物周围进行固定,再进行包扎。

> **顺口溜**
> 异物插入不要拔,
> 两个布卷挤住它。
> 再用绷带来缠绕,
> 间接止血好方法。

如果较大的异物(尖刀、钢筋、竹棍、木棍、玻璃等)扎入机体深部,不要拔除,因为可能会引起血管、神经或内脏的再损伤或大出血。

在保证环境安全,做好自我防护后,拨打120。

让伤员取坐位或卧位。

用两个绷带卷(毛巾、手帕、布料等做成布卷代替)沿肢体或躯干纵轴,左右夹住异物。

用两条宽带围绕肢体或躯干固定布卷及异物,先固定异物下方,再固定异物上方。

如果使用三角巾固定,过程与绷带固定相同,可将异物穿过在三角巾中间预留的洞,进行固定包扎(如图3.3.3)。

将伤员置于适当的体位,随时观察伤员的生命体征。

▲ 图3.3.3 三角巾固定包扎示意图

(2) 包扎技术

① 包扎材料。

在包扎前要找到合适的包扎材料,常用的包扎材料有创可贴、尼龙网套、制式三角巾、绷带、弹力绷带、胶带等,在没有这些材料的情况下,也可以就地取材,如干净的衣物、手帕、毛巾、床单、领带、围巾甚至卫生巾等都可以作为临时性的包扎材料(如图3.3.4)。

② 包扎要求。

尽可能戴医用手套,做好自我防护。

脱去或剪开衣服,暴露伤口,检查伤情。

较大的伤口不要用水冲洗(烧烫伤、化学伤除外)。

▲ 图 3.3.4 包扎材料

加盖敷料，封闭伤口，防止污染。

不要对嵌有异物的伤口直接包扎。

不要在伤口上用消毒剂或药物。

动作要轻巧而迅速，避免过于粗暴导致疼痛加剧，增加创伤性休克的概率。包扎部位要准确，伤口包扎要牢固，松紧适宜。

学习提示

1. 包扎后如何检查末梢血液循环？

（1）肢体末端暴露：压迫患肢指甲2秒钟，松开2秒钟，观察血液回流时间。压迫的时候看到的指甲盖是白色。如果放松压迫的手，一两秒后指甲盖从白转为红色，就说明血液循环是好的；恢复较慢，则说明包扎过紧。

（2）肢体末端无法暴露：询问伤者脚趾或手指麻不麻？凉不凉？血管有没有蹦跳的感觉？如果有其中一个感觉，说明包扎过紧，需要调整松紧度。

2. 如何确定包扎的松紧度？

达到止血的目的，远端血液循环良好，即为包扎的松紧度适度。

创伤包扎的范围要超过伤口的 5—10 cm。

如必须用裸露的手进行伤口处理，在处理完成后，要用肥皂清洗双手。

若是钉子扎伤，不包扎，压迫止血后，尽快去医院注射破伤风抗毒素和抗生素。

③ 绷带包扎法。

A. 绷带包扎的原则。

绷带包扎时要遵循由下到上、由左向右、由远心端到近心端包扎的顺序。

绷带卷在身体上滚动,保证力度一致。

包扎不得过紧或过松,要达到止血目的,力度合理。

包扎好后,检查远端动脉搏动,适当地调整松紧度。

随时观察血液循环和肢端感觉和运动功能。

B. 绷带包扎方法。

a. 环形包扎

适用于肢体粗细较均匀处伤口的包扎,如躯干、手臂等(如图 3.3.5)。

第一,伤口用无菌或干净的敷料覆盖,固定敷料,包扎时,伤者的另一只手如果能动,可以让其帮忙固定敷料。

▲ 图 3.3.5　环形包扎

第二,将绷带打开,固定一端,开始环绕 4—5 层,每圈盖住前一圈,绷带的缠绕范围要超敷料的边缘。

第三,用胶布粘贴固定,或将绷带尾端从中央纵行剪成两个布条,两条先打一结,然后再缠绕肢体打结固定。对于有弹性的绷带,也可以将绷带卷直接插入最后一圈绷带当中。固定时要避开伤口位置。

第四,包扎后检查肢体末端的血液循环。

> **顺口溜**
>
> 先把敷料盖上面,绷带缠绕同心圆。
>
> 最后打结在外边,包扎完毕查循环。

> **顺口溜**
>
> 环形包扎须两圈,
> 螺旋缠绕若干圈,
> 覆盖上圈之一半。
> 包扎完毕查循环。

b. 螺旋包扎。

螺旋包扎法适用于粗细相等的肢体、躯干部位的包扎。如果伤口较长、较大,可以采用螺旋包扎法(如图 3.3.6)。

第一,用无菌的或干净的敷料覆盖伤口。

▲ 图 3.3.6　螺旋包扎

第二，将绷带打开，固定一端，用环形包扎缠绕两圈。

第三，从第三圈开始，环绕时压住前一圈的 1/2 或 1/3。

第四，用前面环形包扎的固定方法固定。

第五，检查肢体末端的血液循环。

c. "8"字包扎。

适合用于肢体的大关节处，即肩、肘、腕、髋、膝、踝关节处的包扎（如图 3.3.7）。包好后既牢固还不影响关节活动。图 3.3.7 是"8"字包扎的部分案例。

腕关节"8"字包扎

肩关节"8"字包扎　　　　膝关节"8"字包扎

▲ 图 3.3.7　肢体大关节处"8"字包扎

第一，用无菌或干净的敷料覆盖伤口。

第二，包扎手时从腕部开始，先用环形缠绕两圈固定。

第三，然后经手和腕"8"字形缠绕。

第四，绷带尾端在腕部固定。

第五，检查肢体末端的血液循环。

d. 回返包扎。

适用于头部、肢体末端或断肢部位的包扎（如图 3.3.8）。

顺口溜

环形两圈，回返若干。
螺旋固定，结放外边。
包扎完毕，不查循环。

▲ 图 3.3.8　回返包扎

第一，用无菌或干净的敷料覆盖伤口。

第二，在断肢包扎时，先在断肢的近端环绕两圈固定。

第三，第三圈绷带垂直于断端中央与肢体之间拉紧，再将绷带以断端中央为中心扇形向左右反复回返于断端与肢体之间，直至将断端全部包裹。

第四，在断端最远端环形缠绕两圈，固定反折绷带。

第五，螺旋状包扎至肢体近侧固定。

学习提示

若出现断肢创伤，该如何处理？

（1）包扎断端：对于肢体断裂伤，先将断端进行止血，然后用回返包扎法包扎断肢。

（2）处理离断部分：在断肢离体的 6—8 小时内，断肢再植要获得较高的成功率，其重要条件之一是正确保管断肢，确保离断肢体低温（2—3℃）、干燥。禁止将断肢直接浸在任何液体中。

具体方法和流程是：将离断肢用干净的塑料袋封闭起来，用棉织品将塑料袋包裹保温。然后再用另一塑料袋将其包裹隔湿。最后再用一塑料袋装满冰块，包裹在最外层。记录时间。

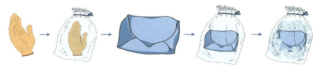

断肢　塑料袋封闭　棉织品包裹　放入塑料袋　放入装有冰块的塑料袋

（3）送医院进行断肢再植。

④ 三角巾包扎方法。

三角巾是一种常用的包扎材料，其操作简单、方便，包扎面积大，适用于肩部、胸部、腹股沟部和臀部等不易包扎的部位。

三角巾的底边的长度为 135 厘米，两个侧边的长度为 85 厘米，根据需要有多种折法（如图 3.3.9）。可利用三角巾原形包扎或者折成条带进行包扎、固定夹板，或折成大小合适的软垫。

在使用三角巾时，要注意边要固定，角要拉紧，中心伸展，敷料贴实。

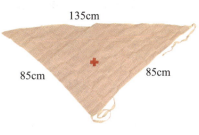

▲ 图 3.3.9　三角巾

A. 头顶帽式包扎。

适用于头顶部皮肤损伤的止血包扎。在伤处加盖敷料，将三角巾的底边折叠 1—2 横指宽，边缘置于伤员前额齐眉处，顶角向后。三角巾的两底角经两耳上方拉向头后部枕骨下方交叉并压住顶角。再绕回前额齐眉打结。顶角拉紧，折叠后掖入头后部交叉处内（如图 3.3.10）。

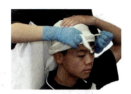

▲ 图 3.3.10　头顶帽式包扎

B. 胸部、背部、臀部、腹部三角巾原形包扎

a. 胸部、背部三角巾原形包扎。

适用于胸部、背部躯干皮肤破损包扎。伤处加盖敷料并固定。将三角巾展开，底边对准腰腹部，顶角朝下置于伤处一侧侧面，两底角绕腹部，在后腰处相遇打结。将顶角延长线拉至后背穿过打结处向上反提并系紧（如图 3.3.11）。

背部包扎时，将三角巾置于背部，操作方法与胸部相同。

顺口溜

压住眉弓向后拉，
脑勺下面打交叉。
前额正中把结打，
露出耳朵塞尾巴。

▲ 图 3.3.11　胸部三角巾原形包扎

> **顺口溜**
> 腰间一道向上翻，包住胸背很方便。
> 向下一兜包臀腹，操作不难很简单。
> **腹部、臀部三角巾原形兜式包扎**
> 腰间一道向下翻，绳索固定的侧边。
> 无论腹部或臀部，方法相同方向反。

b. 腹部、臀部三角巾原形包扎。

适用于腹部、臀部皮肤破损包扎。伤处加盖敷料并固定。将三角巾展开，底边对准腰腹部伤处上方，顶角朝下，两底角绕后，在后腰一侧打结。将顶角延长线穿过大腿根部于打结处上提并系紧（如图 3.3.12）。臀部包扎时，将三角巾置于臀部上方绕前到腹部打结，操作方法与腹部相同。

▲ 图 3.3.12　腹部三角巾原形包扎

C. 胸部、背部、臀部、腹部三角巾燕尾式包扎。

a. 三角巾胸部、背部燕尾式包扎。

适用于胸部或背部大面积皮肤损伤，目前较少使用。伤处加盖敷料并固定。三角巾折叠成燕尾式，两燕尾角相等，燕尾夹角约 100°，置于胸前，夹角对准胸骨上凹。两燕尾角过肩于背后。将燕尾顶角系带，围胸与底边在背后打结。将一燕尾角系带拉紧绕横带后上提。再与另一燕尾角打结（如图 3.3.13）。

▲ 图 3.3.13　三角巾胸部燕尾式包扎

背部燕尾式包扎同胸部包扎方法一样，相反的方向即可。

b. 三角巾臀部（腹部）燕尾式包扎。

三角巾折叠成燕尾式，燕尾夹角约60°朝下对准外侧裤线。伤侧臀部的后大片压住前面的小片。顶角与底角中央分别过腹腰部到对侧打结。两底角包绕伤侧大腿根部在大腿前面打结。

> **顺口溜一**
> 腰间一道向上翻，包住胸背很方便。
> 向下一兜包臀腹，操作不难很简单。
>
> **顺口溜二**
> 腰间一道向下翻，绳索固定在侧边。
> 无论腹部或臀部，方法相同方向反。

D. 肩部包扎。

在伤处加盖敷料并固定。将三角巾折叠成燕尾式，两燕尾角相等。将三角巾绕后腰于腹部一侧打结，燕尾夹角对准臀部。燕尾角过肩，由后向前包肩于腋前。最后在胸部打结（如图3.3.14）。

▲ 图 3.3.14　三角巾肩部包扎

E. 手足包扎。

三角巾展开。手指或足趾尖对向三角巾的顶角。手掌或足平放在三角巾的中央。伤口处插入敷料。将顶角折回，盖于手背或足背。两底角分别围绕到手背或足背交叉。再在腕部或踝部围绕一圈后在腕部背侧或踝部前方打结（如图3.3.15）。

▲ 图 3.3.15　三角巾足部包扎

> **顺口溜**
> 斜放关节上，交叉在后方。
> 上下压两边，打结在一旁。
> 包扎完毕后，别忘查循环。

F. 膝部（肘部）带式包扎。

适用于肢体大关节处皮肤破损。将三角巾折叠成适当宽度的带状。将中段斜放于伤部，两端向后交叉缠绕，返回时分别压于中段上下两边。包绕肢体一周在肢体外侧打结。检查末端血液循环（如图3.3.16）。

▲ 图3.3.16　三角巾膝部带式包扎

（二）可疑内出血的现场判断与处理

内出血是指血液流出血管后未排至体外，而是停留在身体内部的情况。这种情况可能由外伤引起，如撞击、坠落或击打；也可能由疾病引起，如胃溃疡、阑尾炎、血管病变或脑疾病等。内出血是一种急重症，需要及时采取相应的治疗措施。

1. 可疑内出血的一般判断

内出血在体表见不到出血，只能根据意外情境和症状进行判断。比如出血创伤、坠落伤、击打伤、腹部锐器伤或钝挫伤都有可能造成内出血。还可以参考以下症状：

（1）伤员面色苍白，皮肤出现发绀；

（2）皮肤有撞击痕迹，局部有肿胀、压痛、瘀斑；

（3）腹部僵硬、出血性呕吐物、便血或尿血等；

（4）若出现严重内出血，可能出现休克症状，如恶心、口渴、皮肤苍白，以及烦躁不安、易怒、意识不清等。

2. 可疑内出血应急救护措施

（1）若怀疑有内出血情况，应立即呼叫120或送往医院治疗。

（2）在等待救护车期间，尽量让患者躺下，保持头低脚高体位。对于怀疑脑出血的患者，应保持坐位，禁止头低脚高。

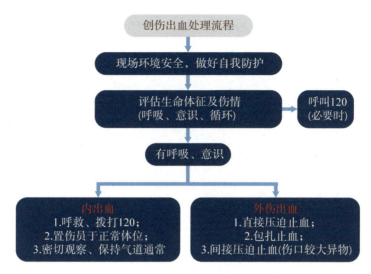

▲ 图 3.3.17　创伤出血处理流程图

（3）密切观察患者的呼吸、脉搏以及神志情况。若患者呼吸受抑制，应立即开放气道并进行人工呼吸等措施。守护在患者身旁，直到救护车到来。

任务实施

任务目的：让学习者熟练地掌握创伤出血的应急处理流程及包扎方法。

任务准备：碘伏、棉签、流动水、创可贴、敷料（纱布）、绷带、三角巾。

任务情境：小何、小韩、小向三人在路上边走边打闹，小何不小心被推倒在地上，右手手臂被地上的尖锐石块划破了一个大口子，血流不止。

任务处理：小韩和小向先确定现场环境安全，经过初步评估，小何呼吸正常，意识清楚，手臂被地上的尖锐石块划破了一个大口子，伤口无异物，这是创伤出血，需要立即止血。小韩让过路的同学去请班主任老师，然后和小向一起，帮助小李止血。

任务要求：5—6 人一组，自选角色，按照上面任务处理中的安排模拟操作右手手臂外伤出血的应急处理，剩余人按照《创伤出血应急处理任务实施评价表》进行评分（见表 3.3.1）。完成后小组讨论应急处理中的得失。

表 3.3.1　创伤出血应急处理任务实施评价表

评分项目	评分标准或要求	分值	评价方式 自评	评价方式 互评	评价方式 师评	得分
1. 观察环境，并做好自我防护	观察并报告现场环境安全	5				
	戴手套或口述已做好自我防护	5				
2. 评估伤情	评估生命体征（意识、呼吸、循环），口述伤员有无呼吸	5				
	检查或口述伤口位置、是否严重出血、有无异物	5				
3. 呼救	寻求周围人帮助（必要时呼叫120）	5				
4. 应急处理	用敷料压迫在伤口上并施加压力	10				
	保证敷料清洁（若敷料落在地上，须更换敷料）	10				
	包扎方法正确、规范	10				
	包扎松紧适度	10				
	检查伤肢末梢的血液循环、运动及感觉	10				
5. 团队合作	小组分工明确，应对过程配合密切	5				
6. 有效沟通	关心和安慰患者	5				
	语言简洁流畅	5				
7. 人文关怀	态度和蔼，动作轻柔，关爱患者	5				
8. 应对效率	熟悉救护流程，速度快，效率高	5				
	总分	100				

点评及建议：

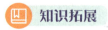 知识拓展

对于腹部出现开放性损伤，肠管脱出的情况应该如何处理呢？

首先,不应该把肠管塞回去。一方面,掉出肚子的肠管已经被感染,未经消毒,塞回肚子,很容易导致严重的腹腔感染;另一方面,非专业人员很难正确地放回去,强行塞回去,可能会造成肠道扭转。当然,也可能肠管已经破了,这个时候,如果不经过专业处理塞回去,肠管内容物漏到腹腔里,会导致严重的腹腔感染。这些感染都是致命的。

其次,拨打120。争取专业人员前来处理,或者经过正确的处理,把病人往医院送。

最后,现场急救处理。现场的急救处理就是就地取材,给脱出的肠管做一个安全壳,保护肠管在搬运过程中不再受到继发的伤害。

(1) 确保环境安全,救护员做好自我防护。

(2) 伤员仰卧屈膝位,迅速启动应急救护程序。

(3) 可用保鲜膜或干净湿敷料覆盖外溢的肠管。

(4) 用三角巾或代用品做环形圈环绕肠管。

(5) 选择相应大小的容器(碗或盆)扣在环形圈上方。

(6) 用三角巾折叠成宽带绕腹固定碗(盆)于健侧腹侧方打结。

(7) 用三角巾覆盖碗(盆),全腹部包扎。

课后练习

1. 选择题

(1) 下列不是创伤包扎目的的是(　　)。

　　A. 减少污染

　　B. 止血

　　C. 止痛

　　D. 将脱出的内脏塞回,以免内脏暴露在外加重损伤

(2) 创伤包扎的范围要超过伤口边缘的(　　)。

　　A. 1—2 cm　　B. 2—4 cm　　C. 3—6 cm　　D. 5—10 cm

(3) 男性血液占体重的(　　)。

　　A. 5%　　　　B. 6%　　　　C. 7%　　　　D. 7.5%

(4) 对于需要缝合的伤口,处理正确的是(　　)。

　　A. 须冲洗、不上药、包扎好、送医院

B. 须冲洗、可上药、包扎好、送医院

C. 不冲洗、不上药、包扎好、送医院

D. 不冲洗、不上药、不包扎、送医院

(5) 突然失血占全身血容量的40%以上时,属于(　　)。

　　A. 轻度出血　　B. 中度出血　　C. 严重出血　　D. 以上都不对

(6) 一患者右手中指被机器切断,用绷带包扎时,应选用(　　)。

　　A. 回返式包扎　　　　　　B. "8"字包扎

　　C. 螺旋式包扎　　　　　　D. 环形包扎

(7) 一把匕首插入腹部,此时,伤者神志清醒,应采取的救助方式是(　　)。

　　A. 匕首拔出后施行加压包扎

　　B. 匕首拔出后施行填塞止血并包扎

　　C. 不拔出匕首,采用简单包扎固定后送往医院

　　D. 不拔出匕首,用流动水冲洗伤口

(8) 现场替伤病员止血时,发现他伤口上的敷料已渗满血液,应该(　　)。

　　A. 立即更换敷料

　　B. 在伤口上加压

　　C. 在伤口第一块敷料上再加上敷料,继续施压

　　D. 不做处理

(9) 下列不符合现场包扎要求的是(　　)。

　　A. 动作要轻　　　　　　　B. 先盖敷料再包扎

　　C. 较大伤口不要用水冲洗　　D. 包扎越紧越好

(10) 若包扎手掌伤口,用采用的包扎法是(　　)。

　　A. 回返式包扎　　　　　　B. "8"字包扎

　　C. 螺旋式包扎　　　　　　D. 环形包扎

2. 判断题

(1) 对严重外伤的伤员,应该采取"先救命,后治伤"的原则。(　　)

(2) 运送断肢时,可将其直接放在冰块中。(　　)

(3) 无论在什么情况下,只要伤员有伤口,就可以用敷料进行加压包扎。(　　)

(4) 若包扎过紧,要立即松开绷带,重新缠绕。(　　)

(5) 在创伤出血救护中,控制出血是应急处理的核心。(　　)

任务 3.4　骨折的应急处理

情境导入

小何和同学小李、小刘一起走楼梯的时候,小何不小心从楼梯上滚了下来,意识清楚,呼吸正常,但是右前臂疼痛无力,畸形,局部有红肿和淤血,怀疑是前臂骨折了。

小刘和小李应该如何帮助小何?

学习目标

知识目标	能力目标	素养目标
1. 知道骨折的含义、分类、症状和原因; 2. 知道骨折的预防措施和救护措施。	1. 能够根据骨折的部位症状和原因,初步识别和评估骨折情况; 2. 能够对骨折情况实施应急处理; 3. 能够正确操作上臂骨折和前臂骨折的固定方法。	1. 在小组合作中具有团队意识和沟通意识; 2. 在应急处理中能关怀、爱护伤者,具有人文关怀精神; 3. 在应急处理中能沉着冷静、迅速应对,具有应急反应能力和解决问题的能力; 4. 提高安全意识和危机意识; 5. 能在保护自己安全的情况下,尽量帮助伤者,具有乐于助人的品质。

课前预习

1. 扫描下面的二维码,学习微课(骨折的应急处理)。

学习通扫码直接学习

2. 根据微课内容，总结骨折应急处理的方法，并画出骨折应急处理的流程图。

任务资讯

资讯一 认识骨折

骨折是骨的连续性和完整性遭到了破坏。根据损伤程度分成完全断裂和部分断裂。大部分伤员为一个部位骨折，少数伤员出现多发性骨折，如果能及时恰当地处理，多数伤员能恢复原来的功能；少数伤员可能留有不同程度的后遗症。

（一）骨折的类型

按照骨折处皮肤的完整性，可以把骨折分为开放性骨折和闭合性骨折（如图 3.4.1）。

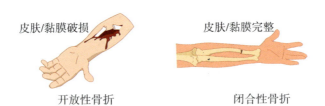

▲ 图 3.4.1 骨折的类型

1. 开放性骨折

骨折端自内向外刺破肌肉和皮肤，骨折与外界相通，出血量大，感染概率增大。

2. 闭合性骨折

骨折部位的皮肤黏膜完整，骨折断端不与外界相通。闭合性骨折的软组织损伤较轻，骨折愈合也较快。

（二）骨折的症状

当出现疑似骨折的情况时，可以从以下几个方面判断骨折的症状。

1. 疼痛

骨折的突出表现是剧烈的疼痛，骨折处活动时往往伴随剧烈的疼痛，故伤者骨折处基本保持静止不动，以减轻疼痛。

2. 肿胀或皮下瘀斑

由于骨折出现的骨折端错位、重叠，甚至是内出血，受伤处会出现局部的肿胀，甚至可以观察到皮下淤血。

3. 畸形

骨折时肢体会发生畸形，呈现短缩、成角、旋转等。

4. 功能障碍

骨折部位原有的运动功能受到影响，受伤部位无法正常活动或者屈伸，如手骨折无法活动、腿骨折无法站立等。

5. 开放性伤口

开放性骨折可以观察到伤口及流血，严重情况甚至可以直接观察到骨头损伤或断裂。

要注意的是，凡是怀疑有骨折的，都要按照骨折处理（制动），以防处理不当，造成二次损伤，甚至可能导致难以挽回的后果。

（三）骨折的原因

出现骨折的原因主要有外力（直接外力和间接外力）作用、骨骼疾病和劳损等原因。

1. 直接外力

直接外力导致骨折的情况是最常见的。当外力直接作用身体，比如，重物直接撞击身体或机械碾压身体时，就容易发生骨折。

2. 间接外力

外力通过传导、杠杆、旋转和肌肉收缩，使肢体受力部位的远处发生骨折。比如，跌倒时以手掌撑地，因其上肢与地面的角度不同，暴力向上传导，可能导致桡骨远端骨折或肱骨髁上骨折；又如，骤然跪倒时，股四头肌猛烈收缩，可能导致髌骨骨折。

3. 疲劳性骨折

长期反复的直接或间接外力，可能会导致肢体某一特定部位骨折。比如，运动员长期剧烈运动，运动部位容易发生骨折。

4. 肌肉牵拉

肌肉牵拉是由于肌肉动作与骨的活动呈相反方向导致的，比如，上臂三头肌猛力牵拉导致肘部骨折。

5. 骨骼疾病

营养不良和内分泌紊乱有可能会导致骨质疏松,这种骨本身病变使骨质萎缩、变薄、变脆,在正常活动或遭受轻微外力时,容易发生病理性骨折。还有一些先天性骨疾(如脆性骨综合征),也可能引起病理性骨折。

除此之外,骨骼本身的强韧程度也会有影响,比如,幼儿骨骼正在发育中,老人多有骨质疏松的情况,相对于青年人,老人和小孩更容易出现骨折。

资讯二 骨折的预防

俗话说"伤筋动骨一百天",出现骨折的情况,一般恢复期要 3 个月左右,如果损伤严重,或者出现并发症等情况,可能就不止 100 天了。因此,首要做的是预防骨折损伤的发生。

1. 提升预防骨折的安全意识

大部分骨折发生于严重交通事故、运动受伤、摔伤、使用器械打架斗殴的人群,以及高空坠楼等意外事故。因此,对于骨折的预防,首先就要增强安全意识,谨防身边有可能造成伤害的因素;其次,避免接触危险事件,有危险的事情不做,有危险的活动谨慎做。

2. 避开容易发生意外的危险源

容易造成摔伤等意外的因素,如地面湿滑、道路不平坦、夜间照明不好的乡间小道等均可能导致外伤骨折,还有高空坠物砸到人甚至可能造成死亡。对于这些情况,都应该尽量避免。

3. 科学运动

用力不当或运动不当,有可能会造成疲劳性骨折和肌肉牵拉等问题,因为运动而导致膝关节、肩关节损伤、骨折的情况也不少,所以,要想预防骨折,科学运动也非常重要。在剧烈运动中要注意防护,比如佩戴护膝、护腕、头盔等护具;剧烈运动前,可以做一些热身运动;参加运动要循序渐进,运动时间适宜,不宜连续运动过量;保证运动场地、运动器械的安全性,以免发生意外情况。

4. 增强骨质强度,提高免疫力

骨骼本身强韧的人,在同样的伤害下,不容易出现骨折损伤。经常锻炼,可以增强身体的协调性与平衡性,使骨骼韧度增强,减少因为意外导致的骨骼伤害。多晒太阳,也有助于增加钙质吸收,增加骨密度,还能提高人体免疫力。除此之外,老年人容易患骨质疏松,会增加骨折的风险,应该根据自身的情况加强锻炼,平时在饮食上要注意补充钙质,多吃含钙量高的食物。

资讯三　骨折的应急处理

对于骨折的院前应急处理,重点在于制动,避免骨折部位或肢体活动,以免加重损伤或损伤周围组织、血管、神经。制动的方法主要是固定骨折部位。要注意的是,凡是怀疑有骨折的,都要按照骨折处理。任何可疑的骨折在确诊前都需要妥善固定,固定范围要求骨折部位超过上下关节。

(一) 观察环境安全,做好自我防护

快速观察现场环境,判断环境是否存在危险,确保现场环境安全后再进行救护。若现场环境存在安全隐患,需要平稳地转移到安全地方再进行施救。

要做好个人防护,防止感染,处理时要戴上乳胶手套,也可以用塑料袋罩住自己的双手,有条件的情况下,戴上口罩和防护眼镜。

> **顺口溜**
>
> 运动操作很常见,
> 是否骨折快分辨。
> 局部剧痛真难忍,
> 红肿畸形活动难。
> 现场制动是关键,
> 上肢固定较简单。
> 下肢固定技术严,
> 静候医生送医院。

(二) 评估伤情

(1) 生命体征评估:迅速评估伤者的生命体征,判断伤者是否有意识、呼吸和循环。

(2) 伤情评估:根据骨折的种类、症状和原因,评估伤者骨折的类型和位置。

(三) 呼救(必要时)

根据伤情评估情况判断是否需要呼救,如果情况严重,需要呼叫周围的人帮助并且拨打120。

(四) 应急处理

怀疑伤员发生骨折,救助的原则是制动!制动能防止骨折断端移位,减少出血和肿胀,减少疼痛,避免断端损伤周围组织血管和神经,便于搬运伤员,还能防止闭合性骨折转化为开放性骨折。固定时,要根据骨折的类型、现场条件

和部位采取相应的措施。

1. *骨折固定的原则*

(1) 急救员要考虑,任何肢体的损伤都可能出现骨折风险,如果怀疑有骨折,要先把发现受伤的肢体的位置固定,固定的目的仅为制动而不是复位。

(2) 实施固定前要注意伤员的全身情况,把握先救命、后治伤的原则。骨折可能并发严重的内出血,急救员应对所有骨折评估出血情况,随时处理可能出现的休克。

(3) 接受过训练的急救人员,针对无成角畸形的骨折伤员,可用减少疼痛的方式上夹板,减少其进一步受伤的可能性。然后,安全、快速地转运伤员去医院。

① 皮肤与夹板间、骨隆起处要加衬垫。

② 夹板的长度应超过骨折处的上下关节。

③ 先固定骨折的下端(远心端),再固定上端(近心端),绑带打结时应避开骨折处。

④ 夹板固定时,捆扎松紧要适宜。绑带刚好可插入一根手指,或可下移动 1 cm 左右。

⑤ 固定时要尽量暴露肢体末端,例如,上肢骨折最好把手指甲露出来;下肢骨折,最好把脚趾露出来,以便于观察血液循环情况。如无法暴露远端肢体,可询问伤员指/趾麻不麻?凉不凉?远端是否感到血管蹦蹦跳跳?出现其中之一,说明绑带绑扎过紧,应适当调整。

⑥ 上肢固定时可用屈肘位,下肢呈伸直位。

2. *骨折固定的方法*

(1) 三角悬臂带固定(适用于手掌和手指骨折、锁骨骨折处理)。

① 伤员伤侧上肢屈曲,置于健侧胸前,末端抬高,在手和胸部间放置衬垫。

② 三角巾展开,一底角置于健侧肩部,另一底角放到伤肢侧腋下,顶角朝下。

③ 双手分别持三角巾的顶角和一底角,顶角覆盖伤侧肘部,底角放于健侧肩部,盖住前臂和手。

④ 将前臂下方的底边折入前臂内侧包裹前臂。

⑤ 下方的底角自伤侧的肩胛骨下方拉至健侧肩部,两底角在健侧锁骨上凹处打结。

⑥ 拉紧顶角,由前向后拧紧,掖入肘部(如图 3.4.2)。

▲ 图 3.4.2　三角巾悬臂带固定

⑦ 检查末梢循环。

⑧ 如果没有三角巾,可以用围巾代替或用自身衣襟反折固定(如图 3.4.3)。

(2) 小悬臂带固定(适用于上臂骨折处理)。

▲ 图 3.4.3　围巾和衣襟应急固定

① 将三角巾折叠成约 10 cm 宽的条带。

② 条带一端置于健侧肩上,伤肢屈曲置于条带中央,末端抬高。

③ 另一端翻折承托腕掌关节,放于伤侧肩上。

④ 两端在后面相遇打结,注意打结处和皮肤之间要加衬垫。

顺口溜

上臂骨折要制动,
小悬臂带吊前胸。
没有带子咋固定,
伤手插入衣缝中。

⑤ 检查指端末梢的血液循环。

⑥ 若没有三角巾,可以将伤肢插入衣缝中固定(如图 3.4.4)。

▲ 图 3.4.4　小悬臂带固定

(3) 大悬臂带固定(适用于前臂、上臂的外伤、骨折处理)。

① 伤员伤侧上肢弯曲,置于健康一侧的胸前,让伤者另一只手拿衬垫,承托伤肢固定。

② 三角巾展开,一底角置于健侧肩部,底边与身体长轴平行,顶角对向伤肢肘关节。

顺口溜

顶角放在肘外边，
底角打结健侧肩。
制动带，来协助，
固定完毕查循环。

③ 伤肢屈曲放于三角巾中部,末端抬高。
④ 另一底角翻折包绕伤肢至伤侧肩部。
⑤ 两底角在健侧锁骨上凹处打结,打结处加衬垫。
⑥ 将顶角由前向后拧紧掖入肘部,承托伤肢的三角巾底边必须超过掌指关节,露出小指末端。
⑦ 检查指端末梢的血液循环。

应急时,也可以用衣服反折或制动带固定（如图 3.4.5）。

▲ 图 3.4.5　大悬臂带固定

（4）大腿骨折、小腿骨折折条带固定。
① 将四条三角巾分别折叠成约 10 cm 宽的条带。
② 在两膝、两踝、两腿间隙之间放衬垫保护。

顺口溜

下肢骨折无畸形，
条带捆扎动作轻。
先踝后膝再近远，
两腿加垫查循环。

③ 将四条条带分别从健侧肢体的膝下、踝下穿入,分别移到踝关节、膝关节、骨折上端、骨折下端四个位置。
④ 在两膝、两踝、两腿间隙之间放衬垫保护。
⑤ 用"8"字法固定足踝。
⑥ 依次固定骨折踝关节、骨折膝关节、骨折上端、骨折下端四个位置,固定带的结打在健侧肢体外侧。
⑦ 脚趾端露出,以便于检查末梢的血液循环（如图 3.4.6）。

▲ 图3.4.6 小腿骨折条带固定

大腿骨折和小腿骨折的方法一致,只是要注意条带固定的位置,具体如图3.4.7所示。

大腿骨折无成角畸形健肢固定方法　　小腿骨折无成角畸形处理方法

▲ 图3.4.7 大腿骨折和小腿骨折处理方法对比

学习提示

① 对于有成角畸形的伤员,试着用毯子或衣物固定受伤部位,防止移动导致损伤。

② 拨打120,观察伤员反应。

③ 绑带打结时,尽量打平结。

---

(5)开放性骨折。

① 在开放的伤口上覆盖衣物,不要移动或试图弄直损伤的肢体。

② 不要将外露骨还纳,以免污染伤口深部,造成血管神经损伤。

③ 开放性骨折禁止用水冲洗,不涂药物,等待120,送医院处理。

④ 肢体如有畸形,可按畸形位置固定。

⑤ 临时固定的作用只是制动,严禁当场整复。

开放性骨折与闭合性骨折处理方法如图3.4.8所示。

任务实施

任务目的:让学习者熟练地掌握骨折的应急处理流程及骨折固定方法。

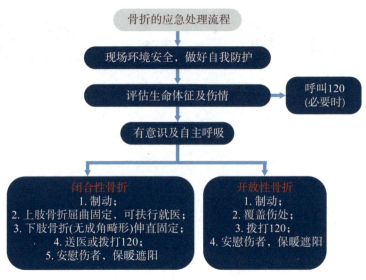

▲ 图 3.4.8　开放性骨折与闭合性骨折处理方法

任务准备：模拟人、手套、三角巾、敷料等。

任务情境：小何和同学小李、小刘一起走楼梯的时候，不小心从楼梯上滚了下来，意识清楚，呼吸正常，但是右前臂疼痛无力，畸形，局部红肿淤血，怀疑前臂骨折。

任务处理：小李和小刘先确定现场环境安全，经过初步评估，小何呼吸正常，意识清楚，右前臂局部红肿畸形，疼痛、无法手持东西，怀疑右前臂骨折，无成角畸形。小李让过路的同学去请班主任，然后和小刘一起，用三角巾、敷料帮小何做大悬臂带固定伤肢。

任务要求：5—6人一组，自选角色，按照上面任务处理中的安排模拟操作上臂骨折的应急处理，剩余人按照《骨折应急处理任务实施评价表》进行评分（见表3.4.1）。完成后小组讨论应急处理中的得失。

表 3.4.1　骨折应急处理任务实施评价表

评分项目	评分标准或要求	分值	评价方式			得分
			自评	互评	师评	
1. 观察环境，并做好自我防护	观察并报告现场环境安全	5				
	戴手套或口述已做好自我防护	5				

续表

评分项目	评分标准或要求	分值	评价方式 自评	评价方式 互评	评价方式 师评	得分
2. 评估伤情	评估伤者的生命体征(意识、呼吸、循环),口述伤员有无呼吸	5				
	检查或口述伤口位置是否严重出血、有无异物	5				
3. 呼救	寻求周围人帮助(必要时呼叫120)	5				
4. 应急处理	正确使用衬垫	10				
	夹板合适,夹板的长度应超过骨折处的上下关节	10				
	固定方法合适规范	10				
	先固定骨折的近心端,再固定远心端	10				
	检查伤肢末梢的血液循环、运动及感觉	10				
5. 团队合作	小组分工明确,应对过程配合密切	5				
6. 有效沟通	关心和安慰伤者	5				
	语言简洁流畅	5				
7. 人文关怀	态度和蔼,动作轻柔,关爱伤者	5				
8. 应对效率	熟悉救护流程,速度快,效率高	5				
	总分	100				

点评及建议:

 课后练习

1. 选择题

(1) 下列关于开放性骨折的伤病员处理方法中,不正确的是(　　)。

A. 立即冲洗清洁伤口　　　　　B. 不要将外露骨还纳

C. 先止血　　　　　　　　　　D. 以上都不正确

(2) (　　)指骨折部位皮肤黏膜完整,骨折断端不与外界相通。

A. 开放性骨折　B. 闭合性骨折　C. 上肢骨折　　D. 下肢骨折

(3) 在骨折固定时,上肢为(　　)位。

A. 伸直　　　　B. 坐立　　　　C. 屈曲　　　　D. 站立

(4) 下列关于骨折固定的目的的描述中,正确的是(　　)。

A. 可以防止骨折断端移位,减少出血和肿胀

B. 避免断端损伤周围组织血管和神经

C. 便于搬运伤员

D. 以上都是

2. 判断题

(1) 对严重外伤的伤员,应该采取"先救命,后治伤"的原则。(　　)

(2) 处理开放性骨折的伤病员,如果伤口很脏,可以用清水冲洗。(　　)

(3) 不要将外露骨还纳,以免污染伤口深部,造成血管神经损伤。(　　)

(4) 发生骨折时,可以将木板直接缚于骨折的肢体上进行固定。(　　)

(5) 四肢骨折的伤员,在固定时一定要将其指(趾)末端露出。(　　)

任务 3.5　关节扭伤与脱臼的应急处理

情境导入

明明跑动时，没有注意地滑，不小心摔了一跤，被扶起来后，发现右手胳膊抬不起来了，肩部明显肿胀及皮下淤血，三角肌膨隆消失，即方肩畸形。颈部向患侧偏斜，右上肢搭在对侧肩部时，肘关节不能贴近胸部，肘部可贴近胸部但是手不能搭在对侧肩部。初步判断明明是右肩关节脱臼。

江江跑去打算扶明明时，不慎踩到一块石头，感到脚踝突然一扭，随即出现肿胀、疼痛和局部瘀血。她勉强站起来后，发现脚踝已经无法承重，无法行走。江江意识到可能是脚踝扭伤了。

同学们应该怎么帮助明明和江江处理这个意外伤害？

学习目标

知识目标	能力目标	素养目标
1. 知道关节扭伤与脱臼的含义、症状和原因； 2. 知道关节扭伤与脱臼的预防措施和救护措施。	1. 能够根据关节扭伤与脱臼的症状和原因，初步识别和评估关节扭伤与脱臼情况； 2. 能够区分关节扭伤与脱臼； 3. 能够对关节扭伤与脱臼实施应急处理。	1. 在小组合作中具有团队意识和沟通意识； 2. 在应急处理中能关怀、爱护伤者，具有人文关怀精神； 3. 在应急处理中能沉着冷静、迅速应对，具有应急反应能力和解决问题的能力； 4. 提高安全意识和危机意识； 5. 能在保护自己安全的情况下，尽量帮助伤者，具有乐于助人的品质。

课前预习

1. 扫描下面的二维码，学习微课（关节扭伤与脱臼的应急处理）。

学习通扫码直接学习

2. 查找有关关节扭伤、脱臼、骨折的相关资料,并总结三者在症状、危害上有何区别,完成表格。

项目	关节扭伤	脱臼	骨折
含义			
症状			
危害			

任务资讯

资讯一 认识关节扭伤与脱臼

（一）关节扭伤与脱臼的含义

▲ 图 3.5.1 脱臼

关节扭伤是指关节周围软组织发生过度牵拉、撕裂等损伤。

脱臼（关节脱位）是指关节稳定结构受损,使关节的骨骼之间失去了正常的对合关系（如图 3.5.1）。

无论是胳膊还是脚部的脱臼与扭伤,都会对以后的运动造成很严重的影响。对于脱臼和扭伤,在出现一次之后如果没有及时处理好,容易导致习惯性脱臼与扭伤。

（二）关节扭伤与脱臼的症状

1. 关节扭伤

扭伤只是关节韧带或者筋膜受到牵拉以后引起的充血、水肿,形态并没有发生太大的改变,局部也不会出现明显的变形,主要以疼痛、活动受限等症状为主,其中,疼痛是每个关节扭伤的病人都会出现的症状,而肿胀、皮肤青紫、关节不能转动则是扭伤的常见表现(如图3.5.2)。

2. 脱臼

脱臼是指关节失去了正常的形态,关节的骨骼结构失去正常的对合关系,多有局部的畸形、活动受限、关节空虚等症状,并且存在着弹性固定的情况。脱臼后,患者一般会出现关节疼痛或者肿胀、无法活动等情况(如图3.5.3)。

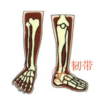
▲ 图3.5.2 关节扭伤

▲ 图3.5.3 关节脱臼

3. 关节扭伤与脱臼的区别

关节扭伤与脱臼都是比较常见的关节损伤。脱臼一般是指关节滑脱,导致关节错位,出现畸形。而扭伤一般只是软组织受到损伤。脱臼后患者一般会出现关节疼痛或者肿胀、无法活动等情况。扭伤则是损伤的部位出现红肿,可以活动,但是活动时会疼痛。

一般来说,脱臼比扭伤的情况更为严重一些,脱臼涉及骨骼不在正常的位置范围,而扭伤有可能只是软组织损伤,具体要到医院进行详细检查。

扭伤与脱臼的原理和症状如表3.5.1所示。

表3.5.1 扭伤与脱臼的区别

	原理	症状
扭伤	关节周围软组织伤害	肿胀、青紫、关节活动不灵、疼痛
脱臼	关节骨头脱位	畸形、关节空虚、肿胀、无法活动、疼痛

(三) 关节扭伤与脱臼的原因

1. 关节扭伤的原因

关节扭伤大多是由于外力的作用,使关节骤然向一侧过度活动而引起的。比如,道路不平整容易导致脚踝扭伤。关节扭伤多见于青少年的运动损伤以及体力劳动者的工伤,最常发生于踝关节、腕关节及下腰部。

2. 脱臼的原因

(1) 创伤性脱臼。脱臼主要由外界暴力冲撞关节引起,如过猛的牵拉;也有不当运动引起的,如投掷动作太过用力或投掷过程忽遇阻力、柔道、角力等身体接触的技击运动,又如摔倒时以手撑地,或是肩膀着地等意外的动作,造成关节脱位。

(2) 病理性脱臼。一些关节疾病,如关节发生结核、肿瘤、炎症等对关节损毁导致关节活动无法正常维持,也容易出现脱臼。

(3) 习惯性脱臼。有过急性创伤性脱臼病史的患者,因为关节囊损伤,稳定结构破坏,关节容易在不适当的动作或轻微外力下再次脱臼。

(4) 先天性脱臼。如先天性髋关节脱位、髌骨脱位等。

资讯二 关节扭伤与脱臼的预防

(一) 提升安全意识

大部分肌肉、关节损伤都是由于缺乏安全意识,缺乏对危险事物的谨慎心理而导致的意外伤害,因此,对于关节扭伤与脱臼的预防,首先就是要增强安全意识,小心、谨慎身边有可能造成伤害的一些意外,比如上下楼梯小心走,以防摔倒;运用四肢要小心,以防肌肉牵拉等。除此之外,要学习、了解更多的安全常识,远离有安全风险的活动,谨慎地开展危险活动。

(二) 科学运动

不当的运动容易致使关节受伤。在进行运动和活动时,要正确使用关节,避免过度弯曲、扭转等高风险动作。在运动前,可以做一些热身活动,通过适当的伸展和柔韧性训练,可以增加关节的活动范围,减少受伤的风险。在进行容易受伤的运动或活动时,应该穿戴适当的保护装备,如护膝、护腕等,以减少受伤的风险。

(三) 保证安全的活动环境

在进行运动或活动时,要注意周围环境的安全,避免在有安全隐患的环境中进行高风险动作。例如,在进行户外运动时,应避免在不平坦的地形上活动;在进行室内运动时,应确保场地清洁、无障碍物等。

(四) 健康的饮食和体重

保证健康饮食和规律的生活状态,以增强体质,增强自身免疫力。保持健康的体重,有助于降低关节承受的压力,从而减少扭伤和脱臼的风险。

总之,预防关节扭伤和脱臼需要从多个方面入手,包括提升安全意识、科学运动、确保安全的活动环境、健康饮食等。通过这些措施,可以减少关节扭伤和脱臼的风险。

资讯三 关节扭伤与脱臼的应急处理

(一) 观察环境,做好自我防护

(1) 快速观察现场环境,判断环境是否存在危险,确保现场环境安全后再进行救护。若现场环境存在安全隐患,需要转移到安全地方再进行施救。

(2) 做好个人防护,防止感染,处理时要戴上乳胶手套,也可以用塑料袋罩住自己的双手。

(二) 评估伤情

结合关节扭伤与脱臼的症状、原因,判断关节损伤情况。询问伤者受伤部位是否疼痛,能否正常活动。观察是否有畸形、肿胀、皮下有无淤血、有没有开放性伤口。

(三) 呼救(必要时)

(1) 报告班主任,根据伤情评估情况判断是否需要通知医务室和家长。

(2) 如果情况严重,需要呼叫周围的人帮助并且拨打120。

(四) 应急处理

关节扭伤与脱臼有时与骨折同时发生,救护时要假定任何肢体的损伤都有潜在骨折的可能,不改变患肢的形状,简单固定在发现的位置,不要随意移动。

1. 关节脱臼的处理

若是判断为关节脱臼,非专业人员千万不要尝试自己去复位。其处理的关键是限制关节活动和送医。

(1) 制动。应该立即停止活动,并保持脱臼部位不动,以避免引起二次损

▲ 图 3.5.4 制动

伤。可以用健康的手扶住伤肢,也可以用条带或三角巾将伤肢固定到身体上(如图 3.5.4)。

(2) 送医。及时送医或者拨打 120,到医院进行专业治疗。

2. 关节扭伤的处理

若是发生关节扭伤,一般可以采用 RICE 原则:R-休息(rest)、I-固定(immobilize)、C-冷敷(cold compress)、E-抬高伤肢(elevate)。

(1) 休息。立即停止运动,马上找一个地方坐下或躺下休息,在此期间,一定不要揉搓患处,这会使疼痛感和肿胀加重,从而导致伤情更严重或是增加新的伤情。

> **顺口溜**
>
> 关节脱臼和扭伤,
> 运动损伤你莫慌。
> 别乱动、自主张,
> 专业医生来帮忙。

(2) 固定。按照骨折固定的方法固定伤处,在肿胀处可以用厚布垫包裹,用绷带和三角巾包扎固定时,应尽量宽松(如图 3.5.5)。

(3) 冷敷。使用冰水混合物(可以用塑料袋装水,里面加冰块,再用毛巾包裹住)冷敷肿胀处,注意冷敷或冷却不能超过 20 分钟,否则,会导致关节冻伤。

固定("8"字包扎)

冷敷

抬高

▲ 图 3.5.5 关节扭伤的三个步骤

(4) 抬高。将受伤肢体的最远端抬高约 30 cm,高度高于心脏位置,促进血液回流,减轻水肿或淤血。也可以在固定前抬高伤肢,以方便固定。

(5) 送医或者呼救 120。

学习提示

1. 不要以为伤病情不会变化,在等待救护车的过程中,每隔 5 分钟观察一下重伤员的生命体征(意识、呼吸、心跳);每隔10分钟检查一次轻伤员患肢远端的血液循环,若循环不好,及时调整包扎。

2. 不要喂伤员饮食,以免影响可能手术需要的麻醉。

3. 受伤72小时内不要热敷受伤部位,以免加重出血和肿胀;72小时后如果肿胀得到控制,可以热敷,以促进血液循环和恢复。

任务实施

任务目的:让学习者熟练地掌握关节扭伤与脱臼的应急处理流程。

任务准备:模拟人、手套、毛巾、冰袋、绷带、三角巾。

任务情境:明明跑动时,没有注意地滑,不小心摔了一跤,被扶起来后,发现右手胳膊抬不起来了,肩部明显肿胀及皮下淤血,三角肌膨隆消失,即方肩畸形。颈部向患侧偏斜,右上肢搭在对侧肩部时,肘关节不能贴近胸部,肘部可贴近胸部但是手不能搭在对侧肩部。

江江跑去打算扶明明时,不慎踩到一块石头,感到脚踝突然一扭,随即右脚脚踝出现肿胀、疼痛和局部瘀血。她勉强站起来后,发现脚踝已经无法承重,无法行走。江江意识到可能是脚踝扭伤。

任务处理:班长跑过来,先确定现场环境安全,经过初步评估,明明很可能右肩脱臼,江江可能是右脚脚踝扭伤,班长让生活委员去请班主任,然后喊学过应急救护的飞飞和小橘帮助明明和江江进行处理。

任务要求:5—6人一组,自选角色,按照上面任务处理中的模拟操作关节扭伤与脱臼的应急处理,剩余人按照《关节扭伤与脱臼应急处理任务实施评价表》进行评分(见表3.5.2)。完成后小组讨论应急处理中的得失。

表3.5.2 关节扭伤与脱臼应急处理任务实施评价表

评分项目	评分标准或要求	分值	评价方式			得分
			自评	互评	师评	
1. 观察环境,并做好自我防护	观察并报告现场环境安全	5				
	戴手套或口述已做好自我防护	5				
2. 评估伤情	检查血液循环、运动及感觉	5				

续 表

评分项目	评分标准或要求	分值	评价方式 自评	评价方式 互评	评价方式 师评	得分
	检查或口述受伤部位和症状	5				
3. 呼救	寻求周围人帮助(必要时,呼叫120)	5				
4. 脱臼的应急处理	让伤员停止活动,并保持脱臼部位不动,用健康的手扶住伤肢	5				
	用条带或三角巾将伤肢固定到躯干上	10				
	口述:将伤员送到医院或等待120救护人员到来	5				
	扶伤员坐下或躺下休息	5				
5. 扭伤的应急处理	按照骨折固定的方法固定伤处,在肿胀处用厚布垫包裹,检查末端的血液循环	10				
	使用冰水混合物冰敷,口述冰敷不能超过20分钟	5				
	将受伤肢体的最远端抬高,高度高于心脏的位置	5				
	口述:将伤员送到医院或等待120救护人员到来	5				
6. 团队合作	小组分工明确,应对过程配合密切	5				
7. 有效沟通	关心和安慰患者	5				
	语言简洁流畅	5				
8. 人文关怀	态度和蔼,动作轻柔,关爱患者	5				
9. 应对效率	熟悉救护流程,速度快,效率高	5				
	总分	100				

点评及建议:

 课后练习

1. 选择题

(1)(　　)是指关节稳定结构受损,使关节的骨之间失去了正常的对合关系。

　　A. 关节扭伤　　B. 关节脱位　　C. 骨折　　D. 关节断裂

(2) 发生扭伤与脱臼时,可以采取(　　)的步骤处理。

　　A. 三角巾承托患侧前臂制动、肩部冰敷、送医院

　　B. 休息、抬高伤肢、冰敷、送医院

　　C. 休息、固定、冰敷、抬高肩部

　　D. 自行托住患侧肘部、冰敷、固定、休息

(3) 下述关节脱位的特有体征描述中,最全面的是(　　)。

　　A. 肿胀,畸形,功能障碍

　　B. 压痛,肿胀,淤斑、活动自如

　　C. 关节空虚畸形、肿胀淤血,功能障碍

　　D. 畸形,弹性固定,关节空虚

(4) 关节脱位是指(　　)。

　　A. 关节分离

　　B. 关节囊扭伤并断裂

　　C. 关节面失去正常的对合关系

　　D、关节韧带断裂

(5) 冰敷肿胀处一般不超过(　　)。

　　A. 10 分钟　　B. 20 分钟　　C. 30 分钟　　D. 60 分钟

2. 判断题

(1) 一般来说,脱臼比扭伤的情况更为严重一些。(　　)

(2) 同一个位置,关节脱臼出现一次后就不会再出现。(　　)

(3) 扭伤后可以立即热敷,以促进血液循环。(　　)

(4) 关节扭伤与脱臼有时与骨折同时发生,救护时要假定任何肢体的损伤都有潜在骨折的可能。(　　)

(5) 关节扭伤往往伴随着疼痛。(　　)

任务 3.6　气道异物梗阻的应急处理

情境导入

5月31日是小陈18岁的生日。小陈在夜间与朋友庆生时,突然被口腔中的鸡骨头呛到了,随即误吸进入气管,出现剧烈咳嗽的症状,为持续性干咳,伴有少许血丝,同时呼吸困难进行性加重,差点窒息,朋友立即将其送至医院。医生从小陈的气管里取出了一小块鸡骨头,小陈才转危为安。

小陈朋友的做法对吗?如果你在现场,你会怎么办?

学习目标

知识目标	能力目标	素养目标
1. 知道气道异物梗阻的症状、原因; 2. 知道气道异物梗阻的预防措施和救护措施; 3. 熟悉气道异物梗阻的表现与清除成人、儿童、婴儿气道异物的方法。	1. 能快速地识别气道异物梗阻的症状; 2. 能正确地运用腹部冲击法、胸部冲击法和背部叩击法对患者实施应急处理。	1. 具有"时间就是生命"的急救意识和"救人于危难"的责任意识; 2. 具备珍惜生命、爱护生命的意识。

课前预习

1. 扫描下面的二维码,学习微课(气道异物梗阻的应急处理)。

学习通扫码直接学习

2. 结合视频内容,列举出身边发生的类似案例或者在网上看见过的类似案例，每个同学以书面形式提供一个完整的案例交给小组长。

3. 小组长通过整理，筛选出一个比较典型的案例交给教师存档保存，作为教学案例库资源。

 任务资讯

资讯一　认识气道异物梗阻

（一）气道异物梗阻的定义

气道异物梗阻是指某些物体堵塞在呼吸道内，导致空气无法进入肺部，造成呼吸困难甚至窒息的一种紧急状态。如不及时排除气道内的异物，完全阻塞者可在4—7分钟内窒息死亡。

（二）气道异物梗阻的类型

根据异物阻塞的程度，气道异物梗阻分为不完全梗阻和完全梗阻两种类型（如图 3.6.1）。

▲图 3.6.1　识别气道异物梗阻

1. 不完全梗阻

不完全梗阻是指气道未完全被异物封闭，肺部可与外界进行部分气体交换。患者单手或双手抓住喉咙部，咳嗽，无论是剧烈还是微弱，呼吸带高啼声。此时，患者可回答救助人员的问话。

2. 完全梗阻

完全梗阻是指气道完全被异物封闭，导致肺部无法与外界进行气体交换。不能咳嗽、说话、大叫或是呼吸者吸气时发出尖锐的声音或粗糙的呼吸音。恐慌,皮肤发青,如果阻塞物不清除,患者会失去知觉,4—7分钟内会因窒息而死亡。

资讯二 气道异物梗阻的原因

气道异物的两大高危人群,一个是婴幼儿,一个是老年人。发生气道异物梗阻的原因有很多,可以分为两大因素:疾病因素和非疾病因素。

(一) 疾病因素

1. 气道疾病或者畸形

患者气道内本身有占位性病变,如息肉、肿瘤等。会厌炎、扁桃体炎,以及声带的息肉都会引起气道异物梗阻。

2. 脑血管疾病导致的并发症

患有脑血管疾病的老年人,吞咽功能减退,脑血管病变后有后遗症,特别是有假牙或者牙齿不全的时候,吞咽不充分咀嚼物时容易引起气道异物梗阻。

3. 昏迷

昏迷的病人全身肌肉失去张力,呈极度松弛状态,咽部组织受到重力影响,可能因舌根后坠,胃内容物和血液等返流入咽部引起气道异物梗阻。

(二) 非疾病因素

1. 进餐时说话

在吃饭或者进食过程中说话,可能会导致食物或者异物误入气管,造成呼吸道阻塞,引起呛咳或者呼吸困难等症状,因此,在吃饭或者喝水时不要说话。

2. 进食时过量饮酒致使吞咽功能延缓

醉酒的人,反射功能差,吞咽功能延缓,也可能会导致气道异物梗阻。

3. 脑卒中后吞咽功能反应过缓

老年人脑卒中后,可能会伴有吞咽功能协调性受损的现象,导致咽喉部的肌肉功能减退,在进食时食物吞咽受阻,就容易引起气道异物梗阻。

4. 吞咽功能发育不全

儿童或者婴幼儿由于发育不健全,气管过于狭窄,咳嗽反应较差,进食时如有哭闹,可能会导致食物堵塞气道,从而引起气道异物梗阻。

5. 婴幼儿吞食异物

婴幼儿窒息的最常见原因是吞食异物，包括小玩具、小物件（如钥匙、硬币、纽扣等）及食物（如果冻、圆形糖果、坚果、葡萄等）等。

资讯三 气道异物梗阻的应急处理

海姆立克急救法是一种运用于呼吸道异物窒息的快速解除手法，是美国资深的外科医生亨利·海姆立克发明的。他被大量的因食物、异物窒息造成死亡的病例震惊。一些医师常常采用拍打病人背部，或将手指伸进口腔去取的办法排除异物，其结果不仅无效，反而使异物深入呼吸道。海姆立克陷入深深的思考。在不断地思考中，海姆立克急救手法孕育而生，我们也可称之为腹部冲击法。1974年，海姆立克首先应用该法成功地抢救了一名因食物堵塞了呼吸道而发生窒息的患者。在此后的12年中，这种急救法在美国迅速普及且挽救了上万条生命。海姆立克也因此被世界名人录誉为"世界上挽救生命最多的人"。该法也被人们称为"生命的拥抱"。

可以将人的肺部想象成一个气球，气管就是气球的气嘴，假如气嘴儿被异物阻塞，可以用手捏挤气球，气球受球内空气上移，从而将阻塞气嘴的异物冲出，这就是气道异物梗阻急救法的物理学原理。

识别气道梗阻是救治成功的关键。患者在进食时突然出现手抓喉部（V型手势）、咳嗽或喘息、尚能说话的情况，可视为呼吸道部分堵塞。如果患者双手抓住喉部，不能呼吸或咳嗽，可视为严重堵塞。轻度的呼吸道梗阻，鼓励患者继续咳嗽，细小的异物即被咳出。

（一）腹部冲击法

1. 自救——腹部冲击法

腹部柔软部位（剑突与肚脐之间）顶住椅子背，俯身下去，借助上身的重量进行冲击（如图3.6.2）。

2. 互救——腹部冲击法

如有患者表现为严重的呼吸道梗阻症状，但意识清楚。同时用一只手或者双手抓住自己的喉咙，即V字型手势，我们应询问患者"你被东西卡住了吗？"假如患者点头，应立

▲ 图3.6.2　自救

即使用拍背与腹部冲击法交替抢救。

- 对成年人的救助步骤如下：

（1）患者双腿分开与肩同宽，救助者站在患者身后。一腿插在患者两腿之间，另一腿伸直呈弓步，起到稳固、保护患者的作用。患者身体保持头低胸高的前倾状态。

▲ 图 3.6.3　腹部冲击法

（2）救助者双手环抱患者腹部的柔软部分，即剑突与肚脐之间的位置（如图 3.6.3）。

（3）握紧拳头，拳心（拇指侧拳头）顶在患者肚脐与剑突中间的位置（如图 3.6.4）。

（4）用另一只手包住拳头，快速向内和向上冲击，重复 5 次。如果异物未排出，拍背 5 次，仍未排出，再次使用腹部冲击法，反复重复两种方法，即海姆立克急救法和背部冲击法（如图 3.6.4 和图 3.6.5）。

▲ 图 3.6.4　海姆立克急救法　　　　　▲ 图 3.6.5　背部冲击法

（5）直至异物排出或死亡（并不是每个人都能被救活）。

（6）如患者失去意识：①支撑住患者，将患者小心地平放在地上；②立即呼叫急救医疗服务；③开始心肺复苏（CPR）。

- 对儿童气道异物救助方法，轻型患者鼓励其咳嗽排出异物，重型患者救助与成人相同。严重者呼叫 120。

（二）胸部冲击法

如果肥胖的成人或孕妇发生气道异物梗阻，不能用腹部冲击法，而应用胸部冲击法进行抢救。胸部冲击法适用于意识清楚的肥胖成人或孕妇（如图 3.6.6）。操作步骤如下：

孕妇及肥胖者胸部冲击法要点

- 清醒状态下进行胸部冲击
- 昏迷或心脏骤停的孕妇，如果宫底高度超过肚脐水平，徒手将子宫向左移位有助于在胸部按压时减轻主动脉和下腔静脉的压力

▲ 图 3.6.6　胸部冲击法

1. 对清醒的患者

患者站立，保持前倾状态。救助者站在患者的身后，一腿在前，插在患者两腿之间，两腿之间呈弓步。双臂环抱患者的胸部，一手握拳，另一手固定拳头，并连续向患者胸部的后方快速冲击，直至异物排出。

2. 对昏迷状态的患者

应立即采用心肺复苏术。同时，对昏迷者取出口腔内异物时，应避免盲目使用手指清除，只有能看到呼吸道里的固体异物时，方可用手指清除。注意手指不能捅得过深，以免刺激患者咽喉部，导致昏迷患者反射性地咬紧牙关伤及救助者（如图 3.6.7）。

▲ 图 3.6.7　清除气道异物

（三）背部叩击及胸外按压法并举

对 1 岁以下的婴儿发生气道异物梗阻的救助，可采用背部叩击法和冲击式的胸外按压法相结合的方法进行抢救（如图 3.6.8 和图 3.6.9）。

▲ 图 3.6.8　背部叩击法　　　▲ 图 3.6.9　胸部按压法

1. 背部叩击法

施救者坐位或跪位,将婴儿抱起,用一只手保护婴儿头颈部,将其背部朝上,以头低胸高的姿势放于前臂上。在婴儿两肩胛骨之间拍击5次。若无效果,改成胸部冲击法。

2. 胸部按压法

施救者坐位或跪位,用两只手及前臂固定婴儿,将其翻转为仰卧位,保持婴儿沿着手臂的方向,头低胸高地顺放在大腿上。施救者用一只手的中指和食指并拢,在婴儿两乳头连线的中点进行冲击按压5次。深度为4 cm,或胸廓前后径的1/3。如果异物没有排出,继续交替进行5次背部叩击。

3. 注意事项

如若排除异物,不必做5次操作。气道异物梗阻急救结束后,即使看起来状态良好的患者,最好也要去医院检查,以确保没有其他损伤。

顺口溜

气道梗阻很凶险,实施急救要果断。
嘱咐患者快咳嗽,腹部冲击解危难。
定位剑突肚脐间,拳头对准在此间。
头低胸高快拍背,胸部按压来替换。

(四) 气道异物梗阻的应急救护流程

第一步:快速观察环境,确保环境安全,并做好自我防护。

第二步:尽快对患者伤情进行评估,患者生命体征是否正常,患者是否出现气道异物梗阻的标志性V字形手势,患者是否能咳嗽,气道异物梗阻的程度。

第三步:根据评估结果,立即根据患者的情况进行急救。

(1) 评估结果:有意识,有呼吸,患者为成人或儿童,不能咳嗽,不能说话。

急救方法:立即为患者实施海姆立克急救法,同时让身边的人拨打120急救电话。

(2) 评估结果:有意识,有呼吸,患者为成人或儿童,能咳嗽,能哭闹、发声。

急救方法:鼓励其咳嗽,通过咳嗽反射可将异物排出。也可用拍背加咳嗽的方法,将异物排出。

密切观察幼儿的反应,如果异物不能自行咳出,掉入更深处,堵塞严重,转变为完全性气道异物梗阻,需要立即用海姆立克急救法。

(3)评估结果:有意识,有呼吸,患者为1岁以下的婴儿。

急救方法:立即用拍背与胸部冲击各5次交替操作,直至异物排出。

(4)评估结果:有意识,有呼吸,患者为孕妇或肥胖患者。

急救方法:立即用胸部冲击法抢救。

(5)评估结果:无意识,无呼吸,生命体征丧失。

急救方法:立即进行心肺复苏抢救。

如为严重患者,同时让身边的人拨打120急救电话。

第四步:做好事后跟踪,及时了解患者的情况,并与相关人员及时沟通。

第五步:及时上报,做好记录,归档。

以上应急救护流程可归纳为图3.6.10。

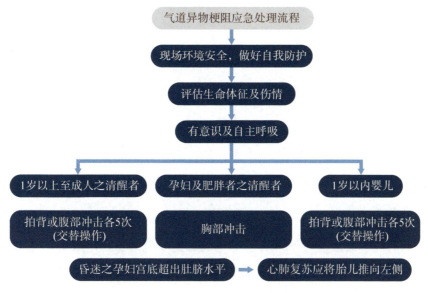

▲ 图3.6.10 气道异物梗阻现场急救流程图

资讯四 气道异物梗阻的预防

(一)气道异物梗阻的预防

预防气道异物梗阻非常重要,因为这种状况可以在短时间内导致呼吸困难、缺氧，甚至窒息死亡。为了预防气道异物梗阻的发生，可以采取以下措施：

1. 细嚼慢咽防止呛咳

在进食时，尤其是吃大块硬质食物如鸡块、排骨、肉丸等，应细嚼慢咽，避免因咀嚼不全或吞咽过猛导致食物卡在喉部。

2. 避免吞咽体积过大的食物

对于脑血管病存在会厌反射障碍病人、老年性痴呆者、吞咽困难者，应以进软食为主，避免进食大块固体食物；或将食物切成小块，方便缓慢完全咀嚼，从而防止食物卡于喉部。

3. 加强对婴儿的监护

将果冻、豆类、糖果、小玩具等放在安全的地方，避免婴儿误吞。

避免进食时玩耍。儿童在进食时，特别是口中含着食物时，应避免跑步或玩耍等行为，以免其将未充分咀嚼的食物慌忙下咽导致梗阻。

4. 避免饮酒过量

不要过量饮用酒精浓度过高的液体。醉酒后容易发生气道异物梗阻，应特别警惕。

总之，预防气道异物梗阻的措施对于保障人们的生命安全具有重要意义。通过细嚼慢咽、将食物切成小块、避免进食时玩耍、了解醉酒后易发梗阻等注意事项以及学习急救法等措施，可以有效地减少气道异物梗阻的发生，保障人们的生命安全。

任务实施

任务目的：通过本任务的学习，学习者知道了气道异物梗阻的症状、类型及原因，能正确地识别气道异物梗阻，并能正确地按照气道异物梗阻的急救方法和应急救护流程进行应急处理。

任务形式：以小组的形式（4—5人一组），针对下述情境案例或教师提供的情境，收集情境中气道异物梗阻的相关信息，讨论气道异物梗阻的应急处理具体办法，并完成《气道异物梗阻应急处理任务实施评价表》（见表 3.6.1 和表 3.6.2）。

表 3.6.1　成人及 1 岁以上者气管异物梗阻应急处理任务实施评价表

评分项目	评分标准或要求	分值	评价方式			得分
			自评	互评	师评	
1. 观察环境,并做好自我防护	环顾四周,观察环境并报告环境安全	5				
	戴手套和口罩、呼吸膜、或口述已做好自我防护	5				
2. 评估伤情	检查气管异物梗阻状况	5				
	口述气管异物种类、大小、发生的情况	5				
3. 呼救	指定人拨打 120,呼叫周围人帮助	5				
应急处理必须在模拟人身上操作（腹部冲击禁止在真人身上操作）	1. 抢救者站在患者背后,用两手臂环绕患者的腰部,使其身体前倾	5				
	2. 一手握实心拳,将拇指侧紧抵患者腹部正中线肚脐与剑突之间	15				
	3. 用另一手包住拳头反复快速向内、向上挤压冲击患者的上腹部,约每秒一次	10				
应急处理必须在模拟人身上操作（心肺复苏用模拟人操作）	4. 在模拟人身上找到胸骨下 1/2 段	5				
	5. 进行单纯性胸外按压。不可吹气,防止异物被吹得更深	15				
	6. 口述:重复上述步骤,直至异物排出或失去反应	5				
4. 团队合作	小组分工明确,应对过程配合密切	5				
5. 有效沟通	关心爱护患者,语言简洁流畅	5				
6. 人文关怀	态度和蔼,动作轻柔,关爱患者	5				
7. 应对效率	熟悉救护流程,速度快,效率高	5				
	总分	100				

点评及建议:

表 3.6.2 婴儿气管异物梗阻应急处理任务实施评价表

评分项目	评分标准或要求	分值	评价方式			得分
			自评	互评	师评	
1. 观察环境,并做好自我防护	环顾四周,观察环境并报告环境安全	2				
	戴手套和口罩、呼吸膜,或口述已做好自我防护	3				
2. 评估伤情	判断婴儿为气道异物梗阻	5				
	识别:观察婴儿反应,如面色发紫、表情痛苦、无法发声等重度气管异物梗阻的表现	5				
3. 呼救	指定人拨打 120,呼叫周围人帮助,通知家长	5				
4. 应急处理使用模拟人操作	1. 施救者坐位或跪位,将婴儿抱起,用一只手保护婴儿头颈部,将其以头低胸高放于前臂上	5				
	2. 另一手固定婴儿下颌部,使头轻度后仰,将婴儿翻转为俯卧位,以头低胸高的姿势俯卧在施救者的手臂上	10				
	3. 用一只手的掌根部在婴儿的两肩胛骨之间,叩击 5 次	10				
	4. 每次叩击检查异物是否排出,如若排出,则不必做满 5 次	5				
	5. 坐位或跪位,用两只手及前臂固定婴儿,将其翻转为仰卧位,保持婴儿沿着手臂的方向,头低胸高地顺放在大腿上	10				
	6. 用一只手的中指和食指并拢,在婴儿两乳头连线的中点进行冲击按压	10				
	7. 重复 5 次操作,深度 4cm 或胸廓前后径的约 1/3	5				
	8. 叩击后,若异物排出,则不必做满 5 次;如果异物没有排出,继续交替进行 5 次,胸部冲击与背部叩击	5				

续表

评分项目	评分标准或要求	分值	评价方式 自评	互评	师评	得分
5. 团队合作	小组分工明确,应对过程配合密切	5				
6. 有效沟通	关心爱护患者,语言简洁流畅	5				
7. 人文关怀	态度和蔼,动作轻柔,关爱患者	5				
8. 应对效率	熟悉救护流程,速度快,效率高	5				
总分		100				

点评及建议:

任务要求:(1)建议小组分工协作,明确每个人的任务;(2)建议学有余力的同学可以先操作,并作示范;(3)注意仔细阅读情境背景,评估患者的基本情况,并结合识别患者气道异物梗阻的类型,运用正确的方法进行应急处理。

情境范例1——晚自习下课后,学校的超市异常热闹,同学们都在购买自己最喜欢的零食,准备给自己加餐。冉吉和林一也在其中,他们买了辣条和方便面等零食,一回到寝室,两人就急忙分享辣条。吃着吃着,两人发明了新的吃辣条方法,他们把辣条卷成一个小团,你扔给我,我扔给你,玩得可开心了,整个寝室都是欢声笑语。突然,林一好像被辣条卡住了,他努力咳嗽,但没有什么效果,慢慢地越来越严重,出现了面色潮红,血管怒张,失语,做出了V字形手势,痛苦面容等情况。

情境范例2——四川乐山一小区,上午11时,两个人怀抱一婴儿,非常焦急,此时的婴儿已经瘫在外婆的怀里,一动不动,不省人事。5分钟前,婴儿的外婆给孩子喂了米粥,不知为何,孩子突然开始抽搐,然后脸色发白,唇色发黑,眼球上翻,生命体征逐渐消失。

> **知识拓展**

禁止在真人身上练习腹部冲击法

相关研究报道了过度用力使用海姆立克法后出现腹主动脉分离和创伤性剥离的病例。除了这些并发症，还包括视网膜脱离、肋骨骨折和腹腔脏器破裂，以及膈肌、空肠、肝脏、食道和胃的破裂、大动脉支架移植移位、主动脉瓣破裂，形成急性主动脉瓣返流动脉瘤和非动脉瘤的急性动脉血栓。

本症为急危重症。抢救中不可过于自信。对严重气道异物阻塞者，在处理的同时应及时拨打急救电话送院抢救。

> **课后练习**

1. 填空题

(1) 海姆立克法还被称为_____。

(2) 气道异物梗阻腹部冲击法用力的部位是_____。

(3) 气道异物梗阻的特殊表现为_____。

(4) 婴儿发生气道异物梗阻时采用的急救方法是_____。

(5) 儿童不完全气道异物梗阻时采用的救治方法为_____。

2. 不定项选择题

(1) 腹部冲击法自救不适用于(　　)。

  A. 不完全气道梗阻者 B. 意识昏迷者

  C. 具有一定救护知识者 D. 打电话困难者

  E. 不能说话者

(2) 气道异物梗阻腹部冲击法用力的部位在患者的腹部正中线脐上方(　　)。

  A. 一横指处 B. 两横指处

  C. 三横指处 D. 四横指处

  E. 肚脐与剑突之间

(3) 气道异物梗阻腹部冲击法用力的方向为(　　)。

  A. 向内向上 B. 向内向下 C. 向外向上 D. 向外向下

  E. 与腹壁垂直

(4) 气道异物梗阻胸部冲击法适用于（　　）。
　　A. 老年人　　　　　　　　B. 怀孕早期
　　C. 儿童　　　　　　　　　D. 婴儿
　　E. 肥胖者

(5) 气道异物梗阻胸部冲击法用力的部位在患者的（　　）。
　　A. 肋骨缘　　　　　　　　B. 剑突部
　　C. 胸骨上部　　　　　　　D. 胸骨中部
　　E. 胸骨下部

(6) 完全气道异物梗阻昏迷的患者行海氏手法救治后异物仍未排出，检查心跳呼吸已停止，应（　　）。
　　A. 立即 CPR　　　　　　　B. 继续海氏手法施救
　　C. 用食指盲目清除口腔异物　D. 送医院急救
　　E. 放弃抢救

(7) 儿童不完全气道异物梗阻时采用的救治方法为（　　）。
　　A. 背部叩击法　　　　　　B. 立位腹部冲击法
　　C. 卧位腹部冲击法　　　　D. 立位胸部冲击法
　　E. 卧位胸部冲击法

(8) 气道异物梗阻抢救成功的关键在于（　　）。
　　A. 气道梗阻的识别　　　　B. 呼救
　　C. 急救方法选择正确　　　D. 操作手法正确
　　E. 救护者态度冷静

(9) 婴儿发生气道梗阻时采用的急救方法正确的是（　　）。
　　A. 背部叩击、胸部冲击法　B. 立位腹部冲击法
　　C. 卧位腹部冲击法　　　　D. 立位胸部冲击法
　　E. 卧位胸部冲击法

(10) 婴儿气道梗阻急救时婴儿的头部始终（　　）。
　　A. 高于躯干　　　　　　　B. 与躯干相平
　　C. 低于躯干　　　　　　　D. 偏向一侧
　　E. 朝下倒立

任务 3.7 溺水的应急处理

情境导入

2023年6月30日,重庆市某镇发生一起溺水事故。那天,小明在一条大河里游泳,不小心滑进了深水里。他在水面上挣扎了一会儿,然后就沉到了水底,再也没有浮出水面。当地派出所接到群众报警,立即组织救援人员前往现场搜救。事发现场河面宽、水位深,水下情况十分复杂。搜救队在深水区旁边的一棵柳树桩边发现了小明,但此时他已经没有生命迹象。如果你是目击者,该怎么办呢?

学习目标

知识目标	能力目标	素养目标
1. 掌握溺水的定义及原因; 2. 知晓溺水的特征及处理措施; 3. 熟记溺水的注意事项。	1. 能够规范操作心肺复苏急救术; 2. 能根据症状评估,结合紧急救助流程模拟对溺水幼儿实施应急处理。	1. 在操作过程中能团结协作; 2. 具有关爱健康、珍爱生命的意识; 3. 树立严谨科学、精益求精的职业精神。

课前预习

1. 扫描下面的二维码,学习微课(溺水的应急处理)。

学习通扫码直接学习

2. 结合视频内容,列举出身边发生的类似案例或者在网上看见过的类似案例，每个同学以书面的形式提供一个完整的案例交给小组长。

3. 小组长通过整理，筛选出一个比较典型的案例交给教师存档保存，作为教学案例库资源。

 任务资讯

资讯一　认识溺水

（一）溺水的定义

溺水是因为失足落水或者游泳发生的意外，使人被淹没在水中并导致呼吸障碍及窒息的状态。溺水很快就可因呼吸、心搏停止而死亡。因此，要分秒必争，迅速抢救。溺水也是世界各地非故意伤害死亡的第三大原因之一，占所有与伤害有关死亡的7%。根据国家卫健委和公安部的不完全统计，2022年我国约5.7万人死于溺水。其中，少年儿童溺水死亡人数占总溺亡人数的56.04%，且14岁以下的占比高达56.58%。全国每年有1.6万名中学生非正常死亡，平均每天约有43名学生死于溺水。所以，严防溺水是我们每个人的责任。

（二）溺水的原因

溺水时，大量的水被吸入肺内，藻类、草类、泥沙等进入口鼻、气管和肺，阻塞呼吸道，从而引起窒息，是人体缺氧窒息的危急病症。其死亡的进程很快：溺水2分钟后失去意识，4—6分钟后神经系统遭受不可逆的损伤而死亡。因此，要争分夺秒，迅速抢救。

（三）发生溺水时的特征

溺水一旦发生，通常会出现以下特征：

（1）头浸没于水下，嘴巴张开。

（2）头向后仰起，同时嘴是张开的。

（3）眼神涣散无法聚焦，茫然地看着前方。

（4）看似直立于水中，实则腿无法运动。

（5）呈站立姿势，眼神呆滞或紧闭，呼吸急促，动作凌乱，惊恐地无目标地在原地扑腾。

(6)在水面上大口地呼吸,或者喘息,没有声响。

(7)试图翻转身体。

(8)好像在爬一段不存在的楼梯。

目击者一旦发现有人在水中表现出了以上一些特征,应立即呼叫溺水者名字,如果没有回应,则可能发生溺水,必须马上进行施救。

资讯二　溺水的施救措施

对于溺水者的施救措施,分为溺水者还在水中的施救措施和溺水者已经被救上岸时的施救措施两种。无论是岸上处理还是水中处理,先要确保施救者自身的安全。

(一)当溺水者还在水中时的施救措施

当目击溺水者还在水中未被救上岸时,先考虑的是呼救周围的人过来帮助,拨打求救电话请求支援。然后在岸上找到附近可以利用的工具比如绳索、竹竿、轮胎、木板、大的空塑料瓶、篮球等能漂浮的物品抛给溺水者抓住,再拖其靠岸。体重较轻的人可以先将自身固定在岸边的大树干上或者抓住岸上的牢固大石头,防止被人拉下水。不是专业人员或者没有水中救人的经验,即使会游泳也不建议下水施救。专业人员或者有水中救人经验者下水施救时,也要避开在溺水者慌乱的时候下水,而且要从溺水者的后面靠近,避免被溺水者抓住。因为人在发生溺水时,会拼尽全力求生,所以力气会很大,容易把施救者拉到水下溺亡。总之,当溺水者处于水中时的施救措施,总结起来就是:岸上优先,信息优先(报警求援),工具优先,团队优先(如图3.7.1)。

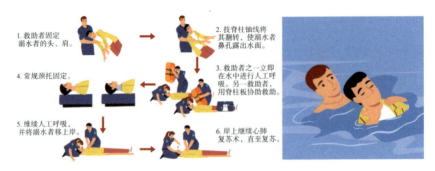

▲ 图3.7.1　溺水者在水中的救护要领

水中施救的救护流程如图 3.7.2 所示。

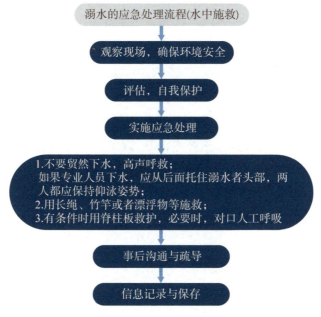

▲ 图 3.7.2　溺水的应急处理流程（水中施救）

（二）溺水者已经被救上岸时的施救措施

对于溺水者已经被救上时的施救措施，主要分为两种情况：一种是当溺水者救上岸时处于清醒状态的施救；一种是当溺水者被救上岸时处于昏迷状态时的施救。

1. 溺水者处于清醒状态

给溺水者换上干衣服保暖，陪伴在溺水者身边安慰，呼叫 120，等待 120 的到来，然后协助上车。

2. 溺水者被救上岸时已经发生了心脏骤停

（1）呼叫 120。

（2）打开气道，清理其呼吸道。

（3）立即进行心肺复苏。

溺水是窒息缺氧性心脏骤停，快速解决缺氧至关重要。首先要打开溺水者的呼吸道，快速清除其嘴里的泥沙、水草等异物。马上捏住其鼻孔、包严嘴角吹 2—5 口气，把肺泡撑开。然后再按照胸外按压 30 下、吹 2 口气，即按 30∶2 的比例反复进行心肺复苏。具体操作如下。

① 把溺水者放置于仰卧在硬平面上,背后无硬物。轻拍双肩在其耳边大声喊"喂!你怎么啦?"若没有反应,则判断为无意识。

② 保持溺水者的鼻孔朝天,打开其气道,清理口腔异物,如泥沙或者水草等。用5—10秒钟扫视其呼吸状态,看胸腹有无起伏,一般计数按1001、1002直到1007(4个数字正好是一秒钟)。如果数到1007秒时还没看到胸腹起伏,说明溺水者没有了呼吸。应立即捏住其鼻孔、包严嘴,进行2—5次的吹气(吹气的力度比平时的呼吸大点),把肺泡撑开,以见到胸廓隆起即可。之后,每次吹气应缓慢超过1秒钟,然后放松1秒钟,再进行下一次吹气。

③ 吹气完成后就立即进行30次的胸外心脏按压(参看心肺复苏篇)。然后按照30∶2的循环进行心肺复苏术。直到溺水者醒来或者专业人员到达现场。

岸上施救的救护流程如图3.7.3所示。

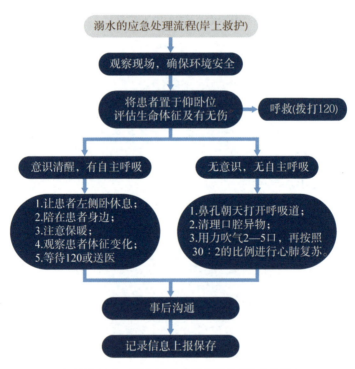

▲ 图3.7.3 溺水的应急处理流程(岸上救护)

资讯三　注意事项

（一）禁止未经培训人员下水救人

没有经过水下救生员培训的成年人，尽量不要下水救人。因为会游泳未必会水中救人，水中救人需要非常专业的技术。未成年人更不能下水救人。未成年人没有掌握救人的技术，能力和体力都很有限，很难做到安全救助，有可能救不了别人，反而自己陷入危险境地，发生不测。这是不科学的。

（二）禁止手拉手下水救人

这个动作是水中救人的大忌，一旦有人滑倒，其余人会像多米诺骨牌全部溺水。

（三）禁止未了解水下情况就下水救人

专业的水上施救者在救助溺水者前，要先了解水下情况，在水深仅齐腰深的情况下才下水，这样施救者在水中可以控制自己的身体不漂浮，一旦水深超过胸部，施救者身体处在漂浮状态不能自控，是不会下水救人的，他们会采取抛绳子来救援，或者直升飞机抛绳子来救援。专业人员下水救人的方法是：如果需要下水救人，具备水上救生资质的人，会迅速从溺水者后面抓住其腋窝或胸肩部，仰泳将溺水者救出水面。确保救生员的生命安全。

> **顺口溜**
>
> 溺水缺氧最关键，控水无助误时间。
> 立即清理呼吸道，用力吹气四五遍。
> 头后仰、开气道，头偏一侧最危险。
> 溺水常有颈椎折，头部转动可瘫痪。
> 心肺复苏莫中断，直到有人来替换。

任务实施

任务目的：让学习者熟练地掌握溺水的整个处理流程。

任务准备：模拟人、手套、呼吸膜、垫子、纱布、弯盘等。

任务情景：治坪镇的小红发生了溺水事故。被人救上岸时已经昏迷，面色青紫，呼之不应，胸腹部没有了起伏……

任务处理：目击者小忠见状大声呼救，叫来了小明和小亮。他们合理分工：小明马上打120电话通知医生前来支援；小忠会急救，首先确定现场环境安全，用一块干净的布包住小红的食指和中指,在小亮的协助下,立即将小红鼻孔朝天放置,打开呼吸道,清除其口腔泥沙和树叶。然后用自己的嘴唇包住小红的嘴角用力缓慢地吹了 2 口气,接着立即对小红按照 30∶2 的比例进行心肺复苏。几分钟过后,小红的面色逐渐好转,救护车到达现场。

任务要求:4—5 人一组,自选角色,按照上面任务处理中的安排,模拟操作溺水者被救上岸并发生昏迷的应急处理,剩余人按照《溺水者岸上救护应急处理任务实施评价表》进行评分(见表 3.7.1)。完成后小组讨论应急处理中的得失。

表 3.7.1　溺水者岸上救护应急处理任务实施评价表

评分项目	评分标准或要求	分值	评价方式			得分
			自评	互评	师评	
1. 观察环境,并做好自我防护	环顾四周,观察环境并报告环境安全	2				
	做好自我防护	3				
2. 评估伤情	判断患者有无意识	5				
	评估患者的呼吸和循环情况	5				
3. 呼救	呼叫周围人帮助,呼救 120	2				
4. 应急处理	置患者平卧于硬板或者平地上	3				
	解开衣服,双手放于躯干两侧	5				
	打开气道,清除口腔异物,进行人工呼吸,连续 2—5 次	10				
	解开衣服,找到按压位置,胸部中央胸骨下 1/2 段	10				
	十指相扣,掌跟放在胸骨上,垂直向下,有节律地按压	5				
	肩关节、肘关节、腕关节在一条直线上	10				
	按压的深度成人 5—6 厘米,频率 100—120 次/分	10				
	按压和吹气按照 30∶2 的比例进行	5				
	持续心肺复苏不中断,除非有人来替换或苏醒了,苏醒后请摆成稳定侧卧位	5				

续表

评分项目	评分标准或要求	分值	评价方式			得分
			自评	互评	师评	
5. 团队合作	小组分工明确,应对过程配合密切	5				
6. 有效沟通	关心爱护患者,语言简洁流畅	5				
7. 人文关怀	关爱患者,珍爱生命	5				
8. 应对效率	熟悉救护流程,速度快,效率高	5				
	总分	100				

点评及建议:

知识拓展

溺水患者的心肺复苏常见误区如下:

(1) 溺水者往往可能有颈椎损伤,因此,在救助时禁止做头部的前屈、侧弯和扭转三种动作,这些动作都可能造成脊髓损伤并导致瘫痪,严重者当场死亡。

(2) 胸部按压30下吹2口气,不用5个循环之后去检查溺水者生命体征(呼吸与脉搏,意识),这应该由医生来判断。国际急救与复苏指南明确指出,中断胸外按压会影响到器官的灌注从而影响抢救效果,危及生命。因此,在按压的过程中非专业人员不要中途间断。除非以下几种情况:①专业人员到达现场;②换人;③AED到达现场;④有了明显的生命迹象,如咳嗽、呻吟、睁眼等。换人时应注意,每次轮换都要在5秒钟内完成。

课后练习

判断题

(1) 相对于城市学生来说,农村地区的学生发生溺水的概率更高。(　　)

(2) 当学生发生溺水时,通常会大声呼叫、呼救,并用双手用力拍打水面。
(　　)

(3) 进行胸外按压和人工呼吸是溺水急救的有效方法。（　　）

(4) 救助者将发生溺水的学生救上岸后,应该将其倒立控水,以排出肺部和口腔内的水,然后再进行心肺复苏。（　　）

(5) 夏季假期前应该重点对家长进行预防溺水的安全宣传和教育,增强家长的安全预防意识。（　　）

(6) 如果溺水患者被救上岸时处于清醒状态,应该安慰溺水者,注意保暖,密切观察溺水者的生理情况,通知家人将其接走。（　　）

(7) 溺水患者被救上岸,但处于昏迷状态时,应该摆成稳定侧卧位,密切观察病情变化,一旦出现心脏骤停,立即CPR并拨打120求救。同时,尽可能地通知其亲属到现场。（　　）

(8) 在发生溺水时会有一系列的应激反应或特征,但是不包括头后仰、嘴张开。（　　）

(9) 发生溺水达1分钟,意识状态就会完全丧失。（　　）

(10) 当发生溺水后,如果经过评估发现患者的意识状态良好,有自主呼吸和心跳,则不需要进行心肺复苏。（　　）

任务 3.8 急性中毒的应急处理

情境导入

小刘爸爸爬山的时候,捡了一些白蘑菇,拿回家炒了一盘白蘑菇炒鸡蛋供全家食用,小刘和爸爸、妈妈三人吃完白蘑菇炒鸡蛋后,相继出现了中毒症状,随后被送到医院紧急救治。经洗胃等措施进行抢救后,病情未进一步恶化。

每年出现的急性中毒情况很多,当身边有人出现急性中毒事故时,我们应该如何及时、有效地处理呢?

学习目标

知识目标	能力目标	素养目标
1. 知道急性中毒的含义、种类、症状和原因; 2. 知道急性中毒的预防措施和救护措施。	1. 能够根据急性中毒的症状和程度,初步识别和评估急性中毒情况; 2. 能够对急性中毒情况实施应急处理。	1. 在小组合作中具有团队意识和沟通意识; 2. 在应急处理中能关怀、爱护患者,具有人文关怀精神; 3. 在应急处理中能沉着冷静、迅速应对,具有应急反应能力和解决问题的能力; 4. 提高安全意识和危机意识; 5. 能在保护自己安全的情况下,尽量帮助患者,具有乐于助人的品质; 6. 在急性中毒应急处理过程中,具有敬畏生命、珍惜时间等素养。

课前预习

1. 扫描下面的二维码,学习微课(急性中毒的应急处理)。

学习通扫码直接学习

2. 查阅资料，了解生活中常见的、有可能引起急性中毒的物质。

 任务资讯

资讯一　认识急性中毒

（一）急性中毒的含义

中毒是指有毒物质进入人体后，引起人体机能功能性或器质性损害的现象，包括慢性中毒和急性中毒，主要是由毒物性质、剂量和接触毒物时间所决定的。人体接触剧毒物质或短时间内接触大量毒物，迅速表现出中毒症状的现象就是急性中毒。若处理不及时或方法不恰当，可能会危及生命。

（二）急性中毒的症状

各种中毒的症状取决于毒物的毒理作用和机体的反应性，作用于机体的不同部位，有不同的中毒表现。具体参考表3.8.1：

表3.8.1　常见急性中毒的表现

序号	身体部位	中毒症状	常见毒物
1	皮肤	灼烧、发绀、黄疸、潮红、湿冷、多汗、红点	强酸、强碱、苯酚、有机溶剂、亚硝酸盐、四氯化碳、毒蘑菇、蛇胆、鱼胆、乙醇等
2	眼部	瞳孔扩大或缩小、视力障碍	阿托品、有机磷农药、吗啡、毒蘑菇、甲醇等
3	神经系统	头痛、头晕、耳鸣、兴奋或抑制、幻想、嗜睡、昏迷、惊厥、瘫痪	安眠药、氰化物、杀虫药、老鼠药、乙醇、阿托品、蛇毒、一氧化碳、毒蘑菇、河豚等
4	呼吸系统	呼吸加快或减慢	安眠药、氰化物、杀虫药、乙醇、吗啡、一氧化碳等

续表

序号	身体部位	中毒症状	常见毒物
5	消化系统	恶心、呕吐、腹泻、腹痛、口干、流涎	变质食物、阿托品、麻黄素、杀虫药、老鼠药、乙醇、毒蘑菇、乌头碱等
6	循环系统	心律失常、心脏骤停、体温降低、脉搏减弱或加强	洋地黄、氨茶碱、阿托品、三环类抗抑郁药、麻醉剂、杀虫药、奎尼丁等
7	泌尿系统	尿色改变、少尿	亚硝酸盐、苯胺、铅、汞、亚甲蓝、酚类、四氯化碳、毒蘑菇、蛇毒、生鱼胆等
8	血液系统	贫血、出血	苯胺、硝基苯、氯霉素、抗癌药、苯类、灭鼠药、蛇毒、肝素钠、水杨酸等

（三）急性中毒的吸收途径

引起急性中毒的有毒物质种类繁多，动物、植物、化学物质、药物、食物等都有可能导致急性中毒。从毒物进入人体的方式来看，主要有经消化道吸收、经呼吸道吸收、经皮肤接触吸收和经静脉和肌肉注射吸收4种。

1. 经消化道吸收

经消化道吸收主要是由于食用有毒物质导致中毒，常见的主要有食物中毒、酒精中毒、误食有毒物质、药物、化学农药等。

2. 经呼吸道吸收

经呼吸道吸收主要是由于吸入有毒气体或粉尘中的有害物质，比如火灾烟雾、一氧化碳、氨气、甲烷、乙烷、乙烯、氯气、氰化物、喷洒农药等都会导致中毒。

3. 经皮肤接触吸收

经皮肤接触吸收主要是由于一些毒物通过皮肤接触被吸收或通过眼睛接触导致中毒。很多有毒物质接触皮肤，都会出现中毒反应，比如强酸、强碱这些腐蚀性物品以及有机磷农药这类脂溶性毒物。毒物通过黏膜快速吸收，常与呼吸道中毒同时发生。

4. 经静脉和肌肉注射吸收

某些药物经静脉或肌肉注射进入人体，导致中毒。

资讯二 急性中毒的预防

急性中毒具有迅速和突发的特点，一旦发生急性中毒，由于毒物的复杂性，处理起来相当困难。因此，预防急性中毒至关重要。为了有效地预防急性中毒，我们需要采取一系列措施，包括但不限于增强自我防范意识、加强宣传教育、妥善保管危险物品、加强个人防护、注意饮食安全等。

1. 增强自我防范意识

急性中毒往往是由于防护意识不足，接触毒物而导致。我们要了解急性中毒的危害，意识到防护的重要性，远离有毒物质。同时，还要提高对食入不洁或有毒食物的严重危害性及可能性的认识。

2. 加强宣传，普及植物、药物等相关防毒知识

可能引发急性中毒的物质有很多，防范急性中毒，了解有毒物质很重要。要向公众普及和宣传防毒知识，让公众了解有毒的植物、药物和工业产品，鼓励公众主动地学习相关知识。

3. 避开或妥善保管对人体有伤害的化学物品、工业物品和农药

很多化学物品对人体有毒性，例如，氰化物很容易致死；强酸、强碱一旦接触皮肤，会迅速破坏皮肤黏膜。对于这些危险品，要由专人专库保管并做好标记，其他人员不可接近。

4. 加强个人防护

在可能接触到有毒物质的场所，工作人员应佩戴防护用品，如手套、口罩、眼镜等。此外，应定期对工作环境进行监测，确保空气中有毒物质的浓度在安全的范围内。

5. 注意饮食安全

（1）选购新鲜食品，消除食品加工过程中的环境污染。不食变质腐烂食物，如剩米饭、霉烂红薯、变味菜肴等。

（2）正确加工、食用食物，不吃发芽的土豆。豆浆、扁豆应煮熟，鱼、虾等水产品不应生吃。

（4）有些蔬菜水果受农药、化肥污染严重，所以，在食用前，应用（食用型）消毒水浸泡一段时间后冲洗干净，食用水果最好去皮。

（5）警惕毒蘑菇中毒。不了解野生蘑菇如何区分有毒无毒的，不要采食；最好到正规商场购买蘑菇，必须煮熟食用。

（6）注意饮水卫生，喝开水，不喝生水（河水、沟塘水、井水、自来水）；不喝过期变质饮料。

（7）饮酒要适量，防止酒精中毒。

（8）服用药物前应仔细阅读药品说明书，按照药品说明书正确服用。

资讯三 急性中毒的应急处理

引起中毒的物质繁多，情况复杂多样，因此，急性中毒应急处理的关键在于快速应对。一旦发生中毒，首要任务是尽快脱离有毒物质或有毒环境，以减少毒物继续侵入体内。随后，应立即寻求专业急救人员的帮助，确保得到专业的医疗救治。对于不同的毒物，急救方法也存在差异。因此，迅速确定中毒物质、时间及吸入量至关重要。这有助于准确地判断病情，采取有针对性的急救措施，提高救治的成功率。

（一）做好自我防护，保证环境安全

1. 自我防护

对中毒者进行急救时，先要保证急救员的安全，应避免与毒气、毒液或任何其他可能含有有毒物质的物体直接接触。做好自我防护，如穿防护服、戴护目镜、戴橡胶手套、穿防护靴等。

2. 脱离中毒环境

快速观察现场环境，判断环境是否存在危险，迅速地将中毒者脱离中毒环境，气体中毒时，要向上风方向移动。确保现场环境安全后再进行救护。

（二）评估病情

1. 中毒物评估

确定引起中毒的物质是什么、何时吸入、吸入量是多少。

2. 生命体征评估

迅速评估患者的生命体征，判断患者是否有意识、呼吸、循环。

3. 病情评估

根据急性中毒的症状和吸收途径，评估急性中毒的类型和严重程度，采取适当的方式进行施救。

（三）呼救（必要时）

寻求周围的人帮助并且拨打120。同时在120接线人员的指导下采取进一步的急救措施。

（四）应急处理

1. 经消化道吸收急性中毒

> **顺口溜**
>
> 急性中毒很严重，
> 脱离毒源快点送。
> 呼救催吐须及时，
> 医院洗胃才轻松。

（1）保持呼吸通畅，若中毒者无呼吸，要立即心肺复苏。注意：氰化物、硫化氢、氯气、腐蚀性物质或有机磷农药中毒时，应避免口对口人工呼吸（如图 3.8.1）。条件许可的情况下，可以戴呼吸面罩。

▲ 图 3.8.1　避免口对口人工呼吸

（2）若口服中毒者神志清醒，可以在医生的指导下催吐或灌肠。

（3）让中毒者呈左侧卧位。

（4）对食物中毒者，应将剩余的食物、呕吐物、排泄物收集后送医院，帮助医生确定中毒物质的性质，进行针对性的治疗。

学习提示

催吐的方法有哪些？

① 利用手指或者筷子按压舌根部，从而刺激咽喉，产生呕吐反应，达到催吐的目的。

② 对于摄入腐蚀性物质的患者，不建议急救员给患者服稀释剂。但在偏远交通不便的地区，可在 120 接线人员或者毒物控制中心的指导下，给患者适当地服用牛奶或水。

---

2. 经呼吸系统吸收急性中毒

（1）在保证自身安全的情况下开窗通风，将中毒者转移到安全环境中。禁止现场点火、打电话、开灯，一氧化碳等气体遇火可能引发爆炸。

（2）让中毒者呈左侧卧位。

（3）等待医务人员到达或立即送医。

3. 经皮肤、眼睛等接触吸收中毒

皮肤、眼睛接触吸收中毒的应急处理如下表3.8.2所示。

表3.8.2　皮肤、眼睛接触吸收中毒的应急处理措施

皮　肤	眼　睛
① 脱去污染的衣服、鞋、帽,移开化学剂或粉末; ② 用大量自来水冲洗皮肤、毛发和指甲; ③ 立即送医或等待医务人员到达	① 移开化学剂或粉末; ② 被污染的眼睛朝下,用大量自来水冲洗眼睛,防止污染好眼; ③ 立即送医或等待医务人员到达

当面临急性中毒的情况时,由于中毒种类复杂,正确的处理方式至关重要。如果没有把握正确处理急性中毒,最安全的做法是立即拨打120。遵循专业急救人员的指示进行操作,以确保患者得到及时、专业的救治。通过与急救人员的沟通,了解中毒的种类、程度以及急救措施,可以更好地应对急性中毒的情况,保障患者的生命安全。

急性中毒应急处理的关键在于快速脱离有毒环境、寻求专业救治,以及准确地判断毒物信息。通过增强防范意识和掌握基础急救知识,我们可以更好地应对急性中毒事件,保护自己和他人的生命安全。三类中毒的应急处理可总结为图3.8.2。

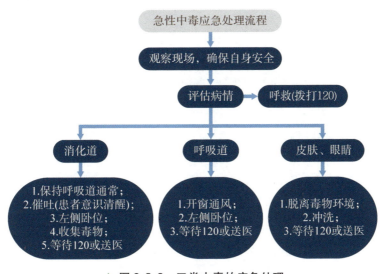

▲ 图3.8.2　三类中毒的应急处理

任务实施

任务目的:让学习者熟练地掌握急性中毒的应急处理流程。

任务准备:冷水或自来水、盆、筷子、模拟人等。

任务情境:小刘爸爸爬山的时候,捡了一些白蘑菇,拿回家做了一盘白蘑菇炒鸡蛋供全家食用,小刘和爸爸、妈妈三人食用后,相继出现了中毒症状。

任务处理:邻居老张发现这一情况,先确定现场环境安全,经过初步评估,小刘一家人出现了急性中毒症状,小刘和爸爸有意识、呼吸,出现了幻觉,妈妈已经失去意识和呼吸。老张立即拨打120,并让家里两个儿子小兵、小南帮助老刘一家做初步处理。

任务要求:5—6人一组,自选角色,按照上面任务处理中的安排模拟操作急性中毒的应急处理,剩余人按照《急性中毒应急处理任务实施评价表》进行评分(见表3.8.3)。完成后小组讨论应急处理中的得失。

表3.8.3 急性中毒应急处理任务实施评价表

评分项目	评分标准或要求	分值	评价方式			得分
			自评	互评	师评	
1. 观察环境,并做好自我防护	观察并报告现场环境安全	5				
	戴手套或口述已做好自我防护	5				
2. 评估伤情	评估中毒物(吸入毒物、时间和吸入量)	5				
	评估生命体征(意识、呼吸、循环)	5				
	评估急性中毒类别、症状、程度	5				
3. 呼救	拨打120	5				
4. 应急处理	用正确的方式脱离毒物	10				
	能根据评估结果采用合适的处理方式	10				
	步骤正确	10				
	操作动作规范	10				
	口述:耐心等待医务人员到达,随时关注患者情况	5				

续表

评分项目	评分标准或要求	分值	评价方式			得分
			自评	互评	师评	
5. 团队合作	小组分工明确,应对过程配合密切	5				
6. 有效沟通	关心和安慰患者	5				
	语言简洁流畅	5				
7. 人文关怀	态度和蔼,动作轻柔,关爱患者	5				
8. 应对效率	熟悉救护流程,速度快,效率高	5				
	总分	100				

点评及建议:

知识拓展

哪些食物不能同时吃,可能会导致急性中毒?

以下是一些常见的不能同时食用,可能会导致急性中毒的食物组合:

(1) 羊肉与西瓜、鸡肉与芹菜:同食会伤元气。

(2) 狗肉与绿豆、鲤鱼与甘草、红糖与皮蛋:同食可能会中毒。

(3) 糖精(片)和鸡蛋:同食会中毒,严重会导致死亡。

(4) 洋葱和蜂蜜:同食会伤眼睛,引起眼睛不适,严重者会失明。

(5) 萝卜与橘子:同食易患甲状腺肿。

(6) 土豆与香蕉:同食可能导致面部生斑。

(7) 猪肉与豆类:同食容易形成腹胀、气壅、气滞。

(8) 猪肉与鸭梨:同食会伤肾。

(9) 白酒与柿子:同食会胸闷。

(10) 红薯与柿子:同食可能会得结石。

(11) 菠菜与豆腐:菠菜中的草酸与豆腐中的钙形成草酸钙,使人体的钙无法吸收。

(12) 白酒与核桃：同食易致血热，轻者燥咳，严重时会出鼻血。

(13) 鹅肉与柿子：同食严重时会导致死亡。

(14) 猪肉和菱角：同食可能会导致肚子痛。

(15) 牛肉和栗子：同食可能会引起呕吐。

(16) 兔肉和芹菜：同食可能会引起脱发。

(17) 海鲜和啤酒：同食可能引发痛风。

(18) 西红柿和黄瓜：同食可能导致腹痛和腹泻。

(19) 花生和黄瓜：同食易导致腹泻。

(20) 兔肉与鸡蛋：同食易产生刺激肠道的物质而引起腹泻。

(21) 兔肉与小白菜：同食容易引起腹泻和呕吐。

(22) 螃蟹和茶水或啤酒：同食可能产生腹泻症状。

(23) 螃蟹与柿子：同食会引起腹泻，严重者甚至会死亡。

(24) 韭菜和白酒：一起食用容易引起胃炎、消化道溃疡等疾病。

(25) 南瓜和虾：同食可能引发胃肠不适。

课后练习

1. 选择题

(1) 下列场所不产生一氧化碳的是（　　）。

　　A. 枯井、储菜窖、谷仓、地下坑道、密闭船舱

　　B. 火灾现场、含碳物质不完全燃烧的场所

　　C. 内燃机工作又通风不良的场所

　　D. 高炉煤气泄漏的场所

(2) （　　）是指人体接触剧毒物质或短时间内接触大量毒物，迅速表现出中毒症状的现象。

　　A. 慢性中毒　　B. 呼吸道中毒　　C. 化学烧伤　　D. 急性中毒

(3) 急性中毒患者一般采用（　　）。

　　A. 俯卧位　　B. 仰卧位　　C. 侧卧位　　D. 心肺复苏体位

(4) 下列急性中毒情况中，失去呼吸后不能直接用口对口人工呼吸的是（　　）。

A. 氰化物中毒 B. 一氧化碳中毒
C. 酒精中毒 D. 食物中毒

(5) 下面情况中可以用催吐方式的是（　　）。

A. 意识清醒的食物中毒 B. 误服强酸，意识清醒
C. 食物中毒后昏迷 D. 惊厥

(6) 一般认为，不同途径接触化学毒物的吸收速度和毒性大小顺序为（　　）。

A. 静脉注射＞肌肉注射≥腹腔注射＞经口＞经皮
B. 静脉注射＞肌肉注射＞经口≥腹腔注射＞经皮
C. 静脉注射＞腹腔注射≥肌肉注射＞经口＞经皮
D. 静脉注射＞腹腔注射＞经口≥肌肉注射＞经皮

(7) 抢救经呼吸道吸入的急性中毒，首要采取的措施是（　　）。

A. 清除尚未吸收的毒物 B. 排出已吸收的毒物
C. 使用解毒剂 D. 立即脱离现场及急救

(8) 小虎不小心将农药敌百虫倒在了皮肤上，下列处理措施中不正确的是（　　）。

A. 立即用常温自来水彻底冲洗污染的皮肤
B. 用肥皂水彻底冲洗污染的皮肤
C. 用温水加肥皂水彻底冲洗污染的皮肤
D. 及时除去污染衣物的毒物

(9) 下列描述不正确的是（　　）。

A. 对突然出现发绀、呕吐、昏迷、惊厥、呼吸困难、休克等原因不明的患者，要想到急性中毒的可能
B. 对原因不明的贫血、白细胞减少、血小板减少、周围神经麻痹、肝损害患者，要考虑中毒的可能
C. 对同一时间、地点发生的类同综合征以及不能用常见病发病规律解释的疾病，均要想到中毒的可能
D. 毒蘑菇不会损伤神经系统

(10) 下列急性食物中毒事件中样本的选择与采集的表述中，错误的是（　　）。

A. 可疑食品的剩余部分、半成品和原料
B. 患者的呕吐物及腹泻患者的大便

C. 对发热患者和可疑化学性食物中毒患者应注意采取血液和尿液

D. 无剩余可不用采集

2. 判断题

（1）在急性中毒发生后，应尽快地将其带离有毒环境或远离有毒物质。（　　）

（2）及时脱离有毒物质并寻求专业急救人员的帮助是儿童急性中毒应急处理的关键。（　　）

（3）发生一氧化碳中毒，可以先开灯，将中毒者转移出来。（　　）

（4）任何直接接触的气体、液体或任何其他的材料，都可能包含毒性，应避免直接接触。（　　）

（5）一般来说，第一步是通过阻止毒物的扩散来终止或限制进一步接触毒物。（　　）

项目 4 特殊事件的应急救护

任务 4.1　科学避孕

情境导入

19岁的小玲与男友正值热恋期。在一次亲热后发现,男友将避孕套弄破了,小玲担心不已,怕自己怀孕,就让男友去买紧急避孕药,男友觉得去药店买药太难为情,不想去,于是在网上搜索如何避孕,搜到有人说可乐可以杀精。男友有了一个大胆的想法,他将家里的一大瓶可乐灌入小玲的体内,以为这样就可以达到避孕的目的。然而,过了几天后,小玲感觉浑身不舒服,下身非常难受,她这才发现自己已经有了感染发炎的症状。那么,网传的"可乐杀精"的方法能不能够达到避孕的效果呢?

学习目标

知识目标	能力目标	素养目标
1. 知道科学避孕的定义及原因; 2. 知道避孕失败的危害。	掌握科学避孕的方法。	1. 增强避孕意识和生殖健康意识; 2. 培养自尊自爱的良好品格。

课前预习

1. 课前活动:填写下列表格,与同学们分享结果。

我所知道的避孕方法	避孕效果			预防性传染疾病效果			哪方使用		
	好	不好	不清楚	有	没有	不清楚	男	女	不清楚

2. 扫描下面的二维码，学习微课（科学避孕的方法）。根据微课的内容，制作"科学避孕方法思维导图"，比较各种避孕方法的优缺点。

学习通扫码直接学习

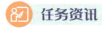

资讯一　避孕的基本认知

（一）避孕的定义

生殖健康是人类健康的重要内容之一，它不仅关系到人们的性健康和生育健康，也与后代的健康密切相关。我国是青少年人口最多的国家，随着社会和经济的快速发展，青少年在性观念和性行为方面发生了巨大的变化：性成熟提前、结婚年龄推迟、婚前性行为增加。但青少年缺乏避孕知识、自我保护意识薄弱，使其成为人工流产、重复流产的高危人群，青少年面临着意外妊娠后重复人流、不安全人流及人流后并发症及性传播疾病增加的情况。所以，如何避免青少年非意愿妊娠人工流产，保护青少年的生殖健康，增强青少年科学避孕的意识，成为亟须重视和干预的问题。

避孕是指采取科学手段使女性暂时不受孕。常见的避孕方式有两种：一是通过调节性激素水平达到避孕的效果；二是通过阻止精子和卵子的结合达到避孕的效果。

(二) 避孕的原因

1. 青少年的生理特点

青少年期属于青春期的年龄范畴。女性青春期是指从月经来潮到生殖器官由儿童逐渐发育成熟到成年人的过渡阶段。世界卫生组织定义的青春期年龄为 10—19 岁,大致从小学毕业到高中阶段,包括少年期(11—14 岁,初中)和青年早期(15—18 岁,高中)。此阶段女性的发育受遗传因素的影响,大致在 8—10 岁开始由大脑中枢调控,引发卵巢(如图 4.1.1)的激素水平发生变化,促使生殖器官从幼稚型发展为成人型,第二性征逐渐发育,身体快速生长,心理状况也发生较大的变化。此时已经具备初步生育能力,但尚未具备整个生殖系统的功能。女性开始爱打扮,喜欢与异性交往,容易冲动,情绪激动,有丰富的想象力,但认知能力和自我保护能力还要经历一个逐步完善的过程。

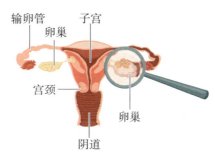

▲ 图 4.1.1 卵巢的结构

2. 人工流产有风险

在中国,15—24 岁青少年占总人口数量的 17.1%,接近 2.3 亿人。近 20 年来的数据显示,青少年初次性行为的年龄提前,而结婚、生育的年龄则后移,青少年因不懂避孕或避孕失败导致的意外妊娠逐渐增多。《中国卫生健康统计年鉴(2020)》的数据显示,我国人工流产率自 2017 年来逐渐升高,平均约为 950 万例/年,且低龄、未婚未育女性占比不断升高,未婚比例高达 49.7%。《中国计划生育协会 2022 年工作要点》中也指出,生殖健康服务需从已婚向未婚人群延伸,提高未婚育龄人群生殖健康水平,重点解决未婚人群意外怀孕、人工流产的问题。青少年一旦发生非意愿妊娠,大多以人工流产甚至重复流产为结局,而流产特别是重复流产,往往给女性的身体和心理造成极大的伤害。

一次人工流产对身体造成的损伤比正常分娩还要严重,多次人工流产(特别是 1 年内的重复流产)会使机体免疫力下降,甚至会继发盆腔炎、宫腔粘连、子宫内膜异位症、月经不调、不孕等,并且对再次妊娠造成许多隐患,如早产、晚期流产、产时产后出血、胎盘粘连(植入)、子宫破裂等均会导致子宫切除风险增加。未婚先孕人工流产会增加青少年的思想和精神压力，严重影响青少年的身心、身体健康，是引发焦虑和抑郁的主要因素之一，重复流产会导致青少年产生周期性的焦虑、抑郁。

因此，为了保护青少年生殖健康与心理健康，应该引导未成年人不要发生性行为，一旦发生也要注意自我保护。

资讯二 科学避孕的方法

为了减少意外妊娠的发生，青少年的避孕选择就显得十分重要。

（一）不可靠的避孕方法

1. "安全期"无保护措施进行性行为

▲ 图 4.1.2　安全期

月经前的第 14 天、月经后的第 4 天和第 5 天是排卵期，其他时间是安全期（如图 4.1.2）。但每个人的体质不同，比如有的人在经期也存在排卵现象。生理周期可能会因为作息、压力等因素产生变化，女性预测排卵的方法并不是完全准确可靠的，所以，用此方法进行避孕具有较高的失败率。

2. 体外射精

体外射精主要是指在性交过程中男性即将要射精时，迅速地把阴茎抽离阴道，把精液射在女性身体外面，使精子不与卵细胞相遇，进而达到避孕的目的。体外射精避孕法的有效率大概是 60％ 左右，也就是有 40％ 左右会导致避孕失败。因为性交达到高峰时会有一小部分精液随输精管的收缩进入阴道内，虽然精液数量少，但精子的数量多，尽管只有一滴精液，其中也包含 5 万—6 万颗精子，足以导致女性受孕。

3. 服用紧急避孕药

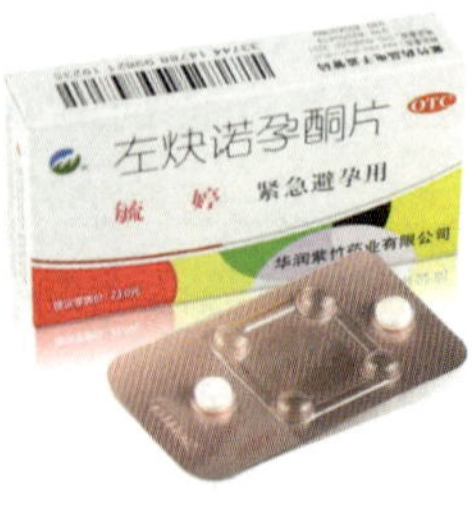

紧急避孕药（如图 4.1.3）是由雌激素和孕激素组成的激素类药物，服用紧急避孕药是在没有采取避孕措施的情况下而进行的补救办法，一般在同房后 72 个小时内服用。很多女性认为平时没有必要做避孕措施，只要

▲ 图 4.1.3　紧急避孕药

吃紧急避孕药就可以了,这种想法是错误的。服用紧急避孕药对身体的伤害大,容易造成内分泌失调、月经紊乱、肥胖、不孕甚至致癌等,并且即使服用了紧急避孕药,也存在避孕失败的可能。

（二）科学避孕的方法

1. 使用避孕套(如图 4.1.4)

（1）成功率:98%(正确使用的前提下)。

（2）原理:使用避孕套属于物理阻隔法,避免让精子接触卵子。

（3）使用方法:①选择合适的尺寸;②小心拆除,以免不慎破坏避孕套,可以向避孕套内吹气,如果漏气,就说明这个避孕套破损,不能使用;③戴上之前捏住储精囊(如图 4.1.5),排空前端的空气,避免膨胀时发生破裂;④使用后打结丢弃,丢弃前观察是否发生破裂,如破裂,应及时采取补救措施。

（4）优点:只要避孕套不破口,精液不外溢,可预防意外妊娠和 HIV 等性传播疾病的感染。

▲ 图 4.1.4　避孕套

▲ 图 4.1.5　避孕套储精囊

2. 男性结扎

（1）成功率:99%(结扎后可复通)。

（2）原理:切断从睾丸往阴茎运送精子的输精管,使精子无法进入精液(如图 4.1.6)。

1.将输精管定位出来

2.轻轻切开阴囊表皮,找出输精管

3.切断一小段输精管,两端分别绑紧

4.阴囊切口缝合

▲ 图 4.1.6　男性结扎手术

(3)优点:创口浅,出血少,恢复快,基本无副作用;不会影响荷尔蒙水平、性欲或干扰性行为;比女性绝育更简单、安全。

(4)缺点:极小的概率会患附睾精液淤积症、附睾膨胀坠痛等并发症;需要在手术后继续使用避孕套,直到测试显示精液中不含精子。

3. 女性口服短效避孕药(如图4.1.7)

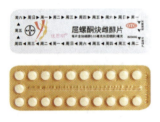

▲图4.1.7 女性口服短效避孕药

(1)成功率:99.7%(按时按量服用的情况下)。

(2)原理:短效口服避孕药通常含有雌激素和孕激素,会调节荷尔蒙分泌并抑制排卵(短效口服避孕药与紧急避孕药不是同一种药物。)

(3)使用方法:女性口服短效避孕药一般分为28天避孕药和21天避孕药。①28天避孕药:一天一片,28天为一个周期,月经期间也不停药。大多数品牌的避孕药含有21天的激素药片和7天的无激素药片,具体服用时间谨遵医嘱。②21天避孕药:一天一片,21天为一个周期,连续服用21天需要停止服用7天。停药的7天也可以进行性生活,不必担心怀孕的可能,不过需要自己设置提醒在一周后恢复新一轮的服用。

(4)优点:服用女性口服短效避孕药可以调节月经、缓解痛经;停药后能马上恢复生育能力;有些短效口服避孕药还可以改善痤疮,但要在医生指导下使用。

(5)缺点:须计算时间并按时服用;有些女性服用时会有不良反应,如乳房胀痛、情绪波动、点滴出血等。

4. 皮下埋植避孕(如图4.1.8)

(1)成功率:99%(按时使用的情况下)。

(2)原理:皮下埋植避孕是把一个能释放孕激素的小软管埋植在上臂皮肤表面之下的方法。软管内的孕激素以微小的剂量在体内缓慢释放,在3—5年的时间内有效,之后需遵循医嘱更换。孕激素可以提高宫颈液的黏稠度,防止精子进入子宫颈。不仅如此,它还可以抑制子宫内膜生长,让受精卵因缺乏营养而无法正常生长。同时,孕激素也会抑制排卵。

▲图4.1.8 皮下埋植避孕

(3) 优点：适合雌激素不耐受的女性；适合长期有避孕需求的女性；不会对子宫造成不可逆转的伤害，取出就可以恢复生育能力；有效期长达 5 年。

(4) 缺点：使用初期可能会有经期不准、经期延长等不规律现象；有些女性使用时会有不良反应，如腰疼、眩晕、情绪波动、点滴出血等；取出小软管时可能会有些不适。

5. 长效避孕针

(1) 成功率：99%（按时注射的情况下）。

(2) 原理：长效避孕针通过荷尔蒙的调节（注射孕激素）来抑制排卵，同时，它能增加宫颈液的黏度，使得精子进入子宫更加困难。长效避孕针可提供 3 个月的避孕效果，因此，每隔 3 个月需注射一次。

(3) 优点：方便，不用担心忘记按时服药；有的针剂只含孕激素，适合不耐受雌激素的女生。

(4) 缺点：使用长效避孕针不能超过 2 年，否则，成功率会降低，并且会造成身体缺钙的现象，从而造成骨质疏松；可能出现不良反应，包括头晕、头痛等；可能要在停止注射针剂的一年后才能恢复生育能力。

6. 女性结扎

(1) 成功率：99%（结扎后可复通）。

(2) 原理：通过将输卵管通道封闭，使卵子无法与精子相遇。一般分手术结扎和药物结扎两种方法。

(3) 优点：避孕效果极好；不会影响荷尔蒙水平。

(4) 缺点：由于结扎部位的原因，可能会伤到卵巢部位的血管，进而造成激素分泌失衡，内分泌紊乱，可能会发生出血、感染的现象，还可能发生盆腔粘连、腹痛等后遗症；如果在手术后怀孕，则宫外孕的风险会增加。

虽然采取了避孕方法，但仍不能排除避孕失败的风险，一旦避孕失败，采取紧急避孕法仍然存在妊娠的可能，这个时候需要到医疗机构进行专业的意外妊娠咨询，选择合适的时机进行药物或人工流产。此外，还要做好流产后咨询，并再次落实避孕选择，减少下一次意外妊娠的风险。

顺口溜

安全期也非安全，体外射精不保险。
预防性病莫忽视，避孕套来是首选。
结扎皮埋避孕药，用时要防副反应。

任务实施

通过本任务的学习,知道避孕失败的危害,能够描述科学避孕的措施。请你认真阅读以下案例,并对材料进行分析。

案例分析表

案例	19岁的女孩小玲,与男友正值热恋期。在一次亲热后,男友将避孕套弄破了,小玲担心不已,怕自己怀孕,就让男友去买紧急避孕药,男友觉得去药店买药太难为情,不想去,于是在网上搜索如何避孕,搜到有人说可乐可以杀精。男友有了一个大胆的想法,他将家里的一大瓶可乐灌入小玲的体内,以为这样就可以达到避孕的目的。然而,过了几天后,小玲感觉浑身不舒服,下身非常难受,她这才发现自己已经有了感染发炎的症状。
案例中小玲行为的不妥之处	
小玲应该采取的应急措施	
补充建议	

 课后练习

1. 选择题

(1) 下列不是短效口服避孕药不良反应的是( )。

  A. 月经周期紊乱   B. 不规则阴道出血

  C. 体重增加   D. 抑郁

(2) 服用紧急避孕药物的有效时限应是在无保护性生活（　　）。

　　A. 120—240 小时以内　　　　B. 5—7 天以内

　　C. 72—120 小时以内　　　　D. 72 小时以内

(3) （　　）不宜用于常规避孕。

　　A. 避孕套　　　　　　　　　B. 长效避孕药

　　C. 紧急避孕药　　　　　　　D. 皮下埋植剂

(4) 下列避孕方法中不可靠的是（　　）。

　　A. 安全期避孕　B. 长效避孕针　C. 短效避孕药　D. 避孕套

(5) 下列选项中不属于避孕方法的是（　　）。

　　A. 紧急避孕　　　　　　　　B. 口服短效避孕药

　　C. 人工流产　　　　　　　　D. 结扎

(6) 以下避孕方法中能起到预防性传播疾病的作用的是（　　）。

　　A. 口服避孕药　B. 安全套　C. 输卵管结扎　D. 安全期避孕

(7) 以下关于避孕描述错误的是（　　）。

　　A. 是用科学的方法来阻止和破坏正常受孕过程中的某些环节

　　B. 可以通过抑制精子的正常发育实现

　　C. 避孕就是绝育

　　D. 可以通过阻止精子和卵子结合实现

2. 判断题

(1) 紧急避孕能够替代常规避孕，多次使用不影响效果。（　　）

(2) 采用安全期避孕法是安全的，既可避孕，又可以预防性传播疾病。（　　）

(3) 女性下次月经来潮前的第 14 天为排卵期，排卵期的前 5 天至后 4 天内即为危险期，除此之外为安全期。安全期内性生活就不会怀孕。（　　）

任务 4.2　性侵害的应急处理

情境导入

周末,刘某独自一人在家无聊,便邀请邻居家的哥哥李某来家中玩电脑游戏,一直玩到深夜十一点,李某提出借住一宿,刘某默许。熄灯后,李某窜至刘某床前,强行脱拽刘某内衣。刘某不从,遭李某拳脚相加。事后,李某威胁刘某不准将此事告诉父母。等到李某走后,刘某想拿起手机报警,又怕名声受损,不知道怎么办才好。你认为刘某该不该马上报警?

学习目标

知识目标	能力目标	素养目标
知晓性侵害的原因及预防措施。	能够按照性侵害的应急处理程序实施应急处理。	1. 增强自我防范意识、法律意识,做到知法、用法; 2. 培养坚强的意志品质; 3. 培养细心观察、应变处置的能力,识别是非曲直,不要被花言巧语所蒙蔽。

课前预习

1. 扫描下面的二维码,学习微课(性侵害的应急处理)。

学习通扫码直接学习

2. 观看视频,试着写出性侵害应急处理的要点。

任务资讯

资讯一　认识性侵害

(一) 性侵害的定义

性侵害是指加害者以权威、暴力、金钱或甜言蜜语,引诱胁迫他人与其发生性关系,并在性方面造成对受害人的性侵害的行为,包括一系列违反本人意愿的性接触、性骚扰、性暴力,并给本人带来身心不良后果的所有行为的总称。

性侵害包括猥亵、乱伦、强暴、媒介卖淫等类型,表现为言语骚扰、文字骚扰、图像骚扰、诱惑型性侵害、暴力型性侵害、胁迫型性侵害、社交型性侵害、滋扰型性侵害等形式。受害者不仅仅是女孩,也包括男孩。

诱惑型性侵害是指利用受害人追求享乐、贪图钱财的心理,诱惑受害人而使其受到的性侵害(如图4.2.1)。

暴力型性侵害是指犯罪分子使用暴力和野蛮的手段,如携带凶器威胁、劫持他人,或以暴力威胁加之言语恐吓,从而实施强奸、轮奸或调戏、猥亵等(如图4.2.2)。

胁迫型性侵害是指利用自己的权势、地位、职务之便,对有求于自己的受害人加以利诱或威胁,从而强迫受害人与其发生非暴力型的性行为。

社交型性侵害是指在自己的生活圈子里发生的性侵害,与受害人约会的大多是熟人、同学、同乡甚至是男朋友。社交型性侵害又被称"熟人强奸""社交性强奸""沉默强奸""酒后强奸"等。

滋扰型性侵害有三种类型:一是利用靠近女生的机会,有意识地接触女生的躯体,在公共汽车、商店等公共场所有意识地挤碰女生等;二是暴露生殖器等变态式性滋扰;三是向女生寻衅滋事,无理纠缠,用污言秽语进行挑逗,或者做出下流举动对女生进行调戏、侮辱(如图4.2.3)。

▲ 图4.2.1　诱惑型性侵害

▲ 图4.2.2　暴力型性侵害

▲ 图4.2.3　滋扰型性侵害

（二）性侵害带来身心双重伤害

性侵带给未成年人最直接的伤害就是身体伤害。未成年人正处于身体的发育时期，各项身体机能还没有发育成熟，一旦遭受性侵，可能会导致未成年人感染妇科病、艾滋病甚至出现早孕，对未成年人产生终身的伤害。加上我国一直以来对性教育的缺失，未成年对性知识了解不够，由于无知、害怕、羞愧等原因可能导致治疗延误，产生严重的后遗症。

▲ 图 4.2.4 性侵害的危害

相对于身体伤害，心理伤害更是无法磨灭的。许多被侵害的未成年人往往会因为性侵事件而感到自卑、羞耻。面对周围人的指指点点，给受害者带来巨大的心理压力，甚至可能引发抑郁症，产生自杀的念头。有的受害者会患上不同程度的创伤后应激症，常常处于惊恐、怯懦、不安全的状态，如果不加以疏解，可能会造成精神疾病，甚至可能出现扭曲心理和报复社会的念头（如图 4.2.4）。

（三）性侵害的原因

1. 家长监护不到位留下防范漏洞

在未成年人性侵害事件中，多数是由于家长对孩子缺少监督和照顾，或者缺少防范意识而让犯罪分子有机可乘。留守儿童和父母离异的未成年人与父母的情感交流和互动较少，内心的需求、压力得不到满足和宣泄。犯罪分子往往利用未成年人孤独、猎奇等心理特点，利用游戏、物质奖励等方式获取其信任后实施侵害行为。家长往往缺乏警惕意识，对性侵害存在认知偏差和重大误解，认为熟人不会实施侵害，幼儿或男孩不会遭受侵害，导致防范不到位，给犯罪分子留下可乘之机（如图 4.2.5）。

▲ 图 4.2.5 男孩也要说"不"

2. 性教育缺失导致防护意识薄弱

性教育一直以来都是我国家庭、学校、社会所忽视的领域，使得学生缺少必要的性知识，更缺少预防性侵害的能力。中国少年儿童文化艺术基金会女童保护专项基金发布的《2021 年性侵儿童案例统计及儿童防性侵教育调查报告》显示,对学生、家长和教师进行防性侵教育调查收到的 8 288 份有效问卷反馈中,有 36.68% 的受访者表示没有接触过儿童防性侵相关教育。规范化教程、教材、电视专栏、网站寥寥可数,通俗易懂、喜闻乐见的性教育方式相当欠缺。

3. 社会文化的影响

性羞耻文化导致受害人及其家属考虑报案对受害人声誉的影响,往往选择隐忍、与犯罪人私下和解或者错过最佳取证时间再报案。

受害者有罪论导致群众、网民夸大受害人被侵害的因素,媒体为博取热点过度炒作、披露细节,暴露未成年人的隐私,造成二次伤害,也导致部分受害人遭受侵害后不敢或不愿向外界求助。

互联网、大数据时代,网络环境日益复杂,未成年人在各类网络社交平台聚集、交友、注册个人信息,隐私意识不强,导致未成年人更容易暴露在网络环境中,更便于犯罪者寻找作案目标,传统侦查手段、诉讼程序很难应对新型网络犯罪形式。

4. 未成年人个体因素

未成年人的身体发育不成熟。在暴力型性侵害案件中,未成年人(特别是幼儿),在遭受体形比自身强大的犯罪人侵害时,无法反抗、脱逃。再者,青春期大脑前额叶皮质发育不成熟,自控能力较弱。此时,第二性征开始发育,未成年人对性充满好奇和冲动,在不良文化和环境的影响下,容易产生心理躁动,极易模仿和尝试。

未成年人的认知水平较低,社会阅历少,抵抗诱惑的能力较弱,容易被诱骗;在遭受侵害后不知道如何处理,出于恐惧或羞愧心理,不报告监护人或者学校,导致侵害逐步升级或长期持续。

部分家庭教育和学校教育过于强调为人师长的权威性,导致未成年人面对代表权威的老师、兄长时心存畏惧。案发时,考虑到犯罪人的威严感和权威性,受害人不敢反抗,也不知应该如何反抗。受害人也容易轻信老师、兄长的哄骗,未能及时地认识到性侵害的严重性,选择盲从犯罪人的言论。案发后,大多数受害者不敢或未意识到要报告监护人以及学校。

资讯二 如何预防性侵害

性侵害给受害人造成的伤害,将会影响他们的一生,甚至危及整个家庭和社会的和谐稳定。所以,要加强防范,避免性侵害事件的发生。

1. 提高辨别能力,防止熟人作案(如图 4.2.6)

有近七成的性侵害案件发生在认识的人之间,也就是熟人作案。这些熟人通常是受害者最熟悉、最信任、最尊重、最亲近和最依赖的人,包括亲人、邻居、老师、父母的朋友等。

2. 增强自我防范意识

第一,隐私部位不能碰(如图 4.2.7)。每个人都有保护自己身体的权利,衣服背心、裤衩遮盖的部位不许别人看,不许别人触摸。

第二,结伴而行不落单。尽量和朋友、同学结伴而行,警惕和网友线下见面(如图 4.2.8),不独自走夜路或者进入偏僻场所,不去过街天桥、隧道、娱乐场所周边等危险事件多发地带。

第三,小恩小惠不能要(如图 4.2.9)。天下没有免费的午餐,不能贪图便宜接受他人的食物、饮料或者财物,防止掉入坏人设下的圈套。

第四,不良信息不去看。要养成良好的上网习惯,不去看淫秽色情的网站,平时也不要出入 KTV、酒吧、夜总会等场所,抵制不良信息。

▲ 图 4.2.6 谨防熟人作案

▲ 图 4.2.7 认识隐私部位

▲ 图 4.2.8 警惕网友见面

▲ 图 4.2.9 小恩小惠不能要

咨询三　性侵害的应急处理

大部分未成年人在遭受性侵害后,都会陷入极度的恐惧、负罪感,以及羞耻感中,焦虑不安,并产生自卑感,对如何处理此类事情无所适从。长此以往,受害者会患上心理疾病,甚至过分敏感,害怕与异性交往,还可能不断地伤害自己。

受害者往往不愿公开揭露自己受到的伤害,害怕在缺乏证据的情况下遭到打击报复。这种情况下,很可能会丢失关键证据。如果不幸遭遇到性侵害,我们应该学会保护自己,可以按照以下流程处理：

（一）自救

1. 调整心态,保留物证(如图 4.2.10)

千万不要觉得是自己的错,也不要看不起自己。在保证安全的前提下,可以通过所在学校、父母或其他监护人向公安机关或政府有关部门报告,也可以自己向上述机关报告,且尽可能地留下证据。最好录音,作为起诉时有力的证据。同时要记住,不要着急收拾自己,如洗澡、梳头、漱口、大小便或者是换洗衣服等,也不要抽烟和喝水。保存好物证,如避孕套、内裤、擦拭过的纸巾或毛巾等,以便交给警方。

▲ 图 4.2.10　保存物证

▲ 图 4.2.11　尽快报警

2. 尽快报警,保留"强迫"方面的证据(如图 4.2.11)

如指甲里的皮肤毛屑、抓伤、血迹、撕扯脱落的毛发等。在等待警察到来的过程中,把自己身上的反抗痕迹和现场状况拍下来。

3. 报警采证后的紧急医学处理

（1）避免怀孕。在 72 小时之内吃下紧急避孕药,时间越早越好,尽可能地把伤害降到最小。

（2）避免感染性传播疾病。尽快去医院进行性病筛查,并服用艾滋病阻断药。值得注意的是,梅毒和艾滋病具有窗口期,从感染到能检测出来需要一段时间,三个月内须多次复查。

（3）寻求心理援助(如图 4.2.12)。遭遇性侵后的心理伤害往往是深刻的、长期的,因此,在遭遇性侵以后,及时寻求心理援助也是至关重要的。可以向朋友、家长、老师倾诉,也可以选择向学校心理老师或医院专业心理咨询师寻求帮助。

▲ 图 4.2.12　给予心理援助

(二) 救助他人

当周围人不幸遭受性侵害后,我们可以采取以下救助措施:

1. 确保自己与受害人处在一个舒适安全的环境之中,不会泄露个人隐私

2. 信息收集与事件评估

（1）耐心倾听受害人的叙述,不带评判地接受其说的任何事情,鼓励其积极表达自己。

（2）细心观察、评估受害人身体是否受伤,尽可能地保存相关物证。

3. 事件应急处理

（1）上报班主任或者联系受害人的家长,协助当事人报警。

（2）陪伴受害人,表达对其的关心,劝慰受害人不要对发生的事感到羞耻。要通过自己热情的态度和温暖的言语使有心理负担的人感到被关怀与支持,减轻其孤独感和无助感。避免问"为什么",例如"为什么你在那个时间出现在那里""你为什么不反抗"等问题,以免增加受害人的心理压力和痛苦。

（3）尊重受害人的隐私,不能以任何形式、任何理由,向任何人透露有关当事人的隐私信息。

顺口溜

遇到坏人别怕羞,立即报警和呼救。
僻静小路电话亭,环境危险不停留。
法律知识要牢记,该出手时就出手。
一旦不幸被侵害,证据之下别想溜。

（4）给予心理援助(如图 4.2.12)。关注受害人的心理状态,理解和接纳受害人可能出现的情绪表现和异常行为。帮助受害人联系学校心理咨询室或者校外专业心理咨询机构。

 任务实施

通过本任务的学习,学习者知道预防性侵害措施,能够描述性侵害的应急处理流程。请你认真阅读以下案例,并对材料进行分析。

案例分析表

案例	周末,刘某独自一人在家无聊,便邀请邻居家的哥哥李某来家中玩电脑游戏,一直玩到深夜十一点,李某提出借住一宿,刘某默许。熄灯后,李某窜至刘某床前,强行脱拽刘某内衣。刘某不从,遭李某拳脚相加。事后,李某威胁刘某不准将此事告诉父母。等到李某走后,刘某想拿起手机报警,又怕名声受损,不知道怎么办才好。
案例中刘某行为的不妥之处	
刘某应该采取的应急措施	
补充建议	

 知识拓展

性侵害相关法律分析

性侵害是属于犯罪的行为,以暴力、胁迫或者其他手段强奸妇女的,处三年以上十年以下有期徒刑。

奸淫不满十四周岁的幼女的,以强奸论,从重处罚。

强奸妇女、奸淫幼女,有下列情形之一的,处十年以上有期徒刑、无期徒刑

或者死刑:(1)强奸妇女、奸淫幼女情节恶劣的;(2)强奸妇女、奸淫幼女多人的;(3)在公共场所当众强奸妇女的;(4)二人以上轮奸的;(5)致使被害人重伤、死亡或者造成其他严重后果的。

1. 单选题

(1) 为了有效地防范性侵害,应该避免(　　)。

　　A. 洁身自好,远离社会上闲散人员

　　B. 不随意透露自己的身份及通讯方式

　　C. 与陌生网友线下会面

　　D. 上学或放学路上由家长接送或与同学结伴同行

(2) 当不幸遭受性侵害,以下行为中错误的是(　　)。

　　A. 及时向警方报案

　　B. 保留通信内容,不要删除,并且保存好手机,不被对方破坏或骗取

　　C. 在未经医生检查取证的情况下马上洗涤身体

　　D. 保留避孕套,保留有可能沾有精斑、血迹或其他分泌物的衣服、床单、内衣裤

(3) 下列关于性侵犯最正确的说法是(　　)。

　　A. 性侵犯只可能针对女性

　　B. 喝醉酒之后发生的性关系不算侵犯

　　C. 同性之间不会发生性侵犯

　　D. 性侵案可能在任何时间和地点发生,要保持警惕

2. 多选题

(1) 性侵害的行为包括(　　)。

　　A. 性骚扰　　B. 猥亵　　C. 强奸　　D. 性幻想

(2) 如果受到性侵害后,应该(　　)。

　　A. 不要报案,以免影响自己的声誉

　　B. 及时主动报案,提交证据

　　C. 及时消除不良后果

　　D. 防止再次受到性侵害

(3) 性骚扰、性侵害的主要形式有（　　）。

　　A. 暴力型　　　B. 强迫型　　　C. 社交型　　　D. 网恋型

(4) 下列行为属于性侵害的是（　　）。

　　A. 非意愿性的并带有威胁性的各种攻击性行为

　　B. 强奸

　　C. 猥亵

　　D. 性骚扰，如戏弄、触摸或辱骂

(5) 常见的性侵害形式主要包括（　　）。

　　A. 暴力型性侵害

　　B. 胁迫型性侵

　　C. 社交型性侵害

　　D. 诱惑型性侵

　　E. 滋扰型性侵害

(6) 青少年在与异性交往时，要把握好一个"度"字。对这个"度"理解正确的是（　　）。

　　A. 掌握分寸

　　B. 高度警惕

　　C. 互不接触

　　D. 单独相处

(7) 以下行为中不是性侵害的是（　　）。

　　A. 家长帮幼儿洗澡，为了清洁而触碰到幼儿的生殖器

　　B. 家长在场并知晓医疗程序的情况下，医生因诊治的需要用仪器触碰幼女的乳房

　　C. 公交车上，乘客以拥挤为由故意用手触碰男童的生殖器

　　D. 强行把他人的衣物全部脱掉，拍摄他人的裸照

任务 4.3　危机事件的心理干预

情境导入

高二(3)班的小新是个活泼爱笑的男生,是班级里的开心果。但是,一件事情完全改变了这种状况。

一个月前,小新在等着过马路的时候,一场车祸出现了,一架货车把一辆小轿车撞飞了,小轿车里的一位女性躺在血泊中,小轿车严重变形损毁,玻璃和碎片散落一地,小新上前去看了好一会才离开。

回家后,小新突然不爱说话了,上学不像以往那样和同学们有说有笑,而是呆呆地一个人坐着。接着出现了睡眠障碍,很难入睡,一晚上会醒来很多次,醒来后很久都无法入睡。对曾经感兴趣的东西都提不起精神,如他心爱的游戏、喜欢的科目等。

小新的同桌媛媛察觉到小新的变之后非常苦恼,怎样才能帮助小新变回以前的"开心果"呢?

学习目标

知识目标	能力目标	素养目标
1. 知道引发心理干预的原因; 2. 知道遭受心理危机的外在表现。	1. 能够根据异常表现识别出是否可能遭受心理创伤; 2. 能够按照应急处理程序正确地实施心理干预。	1. 培养分析观察、应变处置的能力; 2. 树立应急处理过程中的人文关怀意识。

课前预习

1. 扫描下面的二维码,学习微课(心理危机的识别与应急处理)。

学习通扫码直接学习

2. 观看视频后,试着写出出现心理危机的特征。

任务资讯

资讯一 认识心理危机干预

(一)心理危机的定义

心理危机是指心理状态的严重失调、心理矛盾激烈冲突难以解决,也可以指精神面临崩溃或精神失常,还可以指发生心理障碍。心理危机是突然遭受一些危机事件(如亲人亡故、突发威胁生命的疾病、灾难、重要考试失败等)的重大影响或精神压力,使生活状况、身体及情绪状态发生明显的变化,个体既不能回避,又无法用现有的生活条件和经验来解决问题时所出现的心理失衡状态,以致使当事人陷于痛苦、恐慌不安状态,常伴有绝望、麻木、焦虑,以及植物神经症状和行为障碍等(如图 4.3.1)。

▲ 图 4.3.1 心理危机

(二)心理危机干预的定义

心理危机干预是指对处于困境或遭受挫折即处于心理危机状态下的个体给予关怀、支持,使用一定的心理咨询与治疗方法予以援助,缓解危机事件对个体带来的冲击,降低个体的心理应激水平,使其情绪、认知、行为重新回到心理危机前的水平或高于心理危机前的水平。心理危机干预的主要目的有两个:一是避免自伤或伤及他人;二是恢复心理平衡与动力(如图 4.3.2)。

▲ 图 4.3.2 心理危机干预

心理危机干预的最佳时间是遭遇创伤性事件后的 24 小时到 72 小时。24 小时内一般不进行危机干预；若是 72 小时后才进行危机干预，则效果有所下降；若在 4 周后才进行危机干预，则干预的效果明显降低。

（三）心理危机的危害

任何正常人在面对危机事件时，经历生理上的伤害、财产的损失，目睹人为或自然灾害等，都会给当事人造成极大的心理冲击。当事人往往面临很大的压力，引发种种强烈的情绪反应和心理创伤，如激动、惊慌、抑郁、焦虑甚至麻木等。这些心理创伤或压力反应如果得不到及时的心理干预（心理支持），甚至会影响到当事人的心理健康，转化为心理疾病（如创伤后应激障碍），并进而影响他们的生存意志（如自杀、自残），甚至造成其他恶性社会事件。

（四）引发心理危机的原因

如果一个人以前处理问题的形式和方法不能够处理当前的困难，这个人就会产生暂时的心理困扰，引发心理危机。依据心理危机理论，刺激的来源有以下 6 种。

（1）重大的自然灾害和意外事故。如地震、水灾、台风、空难、车祸、火灾、性侵害等。

（2）疾病。特别是突发威胁生命的重大疾病或者是长期的慢性病困扰。

（3）丧失因素。涉及人员、财产、职业、躯体、爱情、地位、尊严的丧失。

（4）人际关系紧张。严重或持续的人际纠纷，极易使人陷入心理危机。

（5）适应问题。指面对新环境或者新状态的适应性心理应激。包括新生入学、退休、动迁新居、初为人父等。

（6）矛盾冲突。受各种矛盾冲突困扰，导致长期的心理压力。例如，现实的趋势与价值观的激烈冲突等，均可导致心理危机（如图 4.3.3）。

▲ 图 4.3.3 心理危机的原因

资讯二 危机事件中心理危机的识别

（一）心理危机的识别

当一个人出现心理危机时，当事人可能及时察觉，也有可能"不知不觉"。当个体面对危机时会产生一系列的身心反应，一般危机反应会维持 6—8 周。

危机反应主要表现在生理上、情绪上、认知上和行为上。具体的心理特征和表现如下：

（1）情绪反应。当事人表现高度的焦虑、紧张、丧失感、空虚感，且可伴随恐惧、愤怒、罪恶、烦恼、羞惭等（如图 4.3.4）。

▲ 图 4.3.4　情绪反应

（2）认知方面。身心沉浸于悲痛中，导致记忆和知觉改变。难以区分事物的异同，体验到的事物间关系含糊不清，作决定和解决问题的能力受影响，有时害怕自己发狂，一旦危机解决，可迅速恢复知觉。

（3）躯体方面。有食欲不振、胃部不适等症状。

（4）人际关系方面。不愿与人交谈或见面，人际关系恶劣，经常责怪他人或孤立自己，与人沟通时无法集中注意力。

（5）行为改变。不能专心学习、工作或劳动；回避他人或以特殊方式使自己不孤单，令人生厌或产生黏着性；发生对自己或周围的破坏性行为；拒绝帮助，认为接受帮助是软弱无力的表现；行为和思维情感不一致；出现过去没有的非典型行为。

资讯三　心理危机干预的应急处理

（一）心理危机干预的原则

1. 心理危机通常是正常人在危机事件中的正常反应

正常人在经历危机事件后，大部分人都会产生心理危机，这是正常反应，并且这种反应经常是短暂的，而非一种严重的心理困扰或心理疾病。心理干预不是治病，而是对当事人的一种心与心的帮助与陪伴。

2. 心理危机干预需要主动并"润物细无声"地开展

危机事件会强烈地影响当事人的心理状态，从而让大部分人变得更加敏感，很多当事人可能对需要心理干预感到羞耻，把心理危机看作"精神有问题"，因此在经历危机事件后，大部分人不会去寻求心理方面的援助。

3. 心理干预中的重要方面是帮助当事人取得资源、恢复正常生活秩序

大部分当事人在遭受心理冲击的同时，生活秩序也受到极大的摧残，需要快速恢复生活秩序，如得到生活必需品、具有稳定的生活空间、找到信赖的亲人

或朋友、建立稳定的人际关系等。因此，在心理干预的同时，需要尽可能地为当事人提供各种可利用资源的信息，包括求助班主任、学校、当地相关机构等。少部分人可能会产生严重的心理反应，如抑郁、麻木等。当出现这些状况时，需要做专业的心理咨询，需要协助他们寻找适合的治疗资源。

（二）心理危机干预的流程

面对突发的危机事件，每个人会出现不同的身心反应，特别是青少年群体，有可能因为生长发育不成熟、心理调适能力不稳定，加剧心理危机的出现。如果周围人出现心理危机，可以按照以下流程进行应急处理：

第一步：观察评估。

根据上文"心理危机的识别"中的内容进行观察评估，确定当事人是否需要心理危机干预。

第二步：确保安全。

注意自己、当事人和其他在场人员的安全。有自杀、自残倾向的人可能有伤害自己的准备，如在身上藏有尖锐的物品。

第三步：提供心理支持。

1. 心理危机干预的态度

（1）同理心。

设身处地地理解当事人的处境与情绪，明白他们在危机事件中所受到的创伤和心理需要。通过适当的语言与行为，向当事人表达你愿意理解他们的处境与感受，让当事人感到自己并非孤独地面对困境，而是有人真诚地在陪伴自己。

（2）真诚。

真心关怀、热心助人的态度，会让当事人感受到支持和安慰。

2. 心理危机干预的技巧

（1）靠近。

陪伴在旁。根据每个人需要保持的身体距离不同、性别不同、年龄不同，选择轻拍肩膀或者双手。

（2）积极聆听。

用心去听，包括当事人的言语和非言语行为（如神情、语气、动作等），努力对当事人有一个全面的了解。专心倾听，保持眼神接触（但要避免让当事人感到压力），努力体验和了解当事人的感受和思想。适当地给予简单的反馈（如点头、回应"嗯""原来是这样呀"等），使当事人感受到你在关心他们的处境，并鼓励当事人积极表达自己、分享感受。避免过多中断当事人的谈话，不要插入太多自己的意见和个人经验分享。

（3）让当事人适当地抒发情绪。

尝试理解并试图反映他们的情绪感受，如"难怪你这样激动""那的确十分恐怖""让人十分震惊"等。不必着急让当事人停止哭泣，给予他们表达情绪的空间。聆听当事人的叙述，但不要追问他们经历的详细内容，避免他们在叙述过程中重复受到创伤。

（4）提供基本照顾，给予安全感和安慰。

① 身体需要：如一个安静的环境、一张舒服的椅子、一杯热水等。

② 实际需要：协助通知班主任或亲友、收拾个人物品、协助入院接受治疗等。

③ 心理需要：陪伴、支持、安慰。

第四步：联系资源。

尽自己所能地为当事人提供各种可利用资源的信息，包括求助班主任、学校、当地相关机构等。在当事人产生严重的心理反应时，需要立即上报班主任、学校，转介至医院。

顺口溜

危机来，莫惊慌，
倾听支持都用上。
评估干预要科学，
专业指导保安康。

任务实施

任务目的：让学习者熟练地掌握心理干预的整个流程。

任务准备：模拟人、座椅、水杯等。

任务情景：小新的同桌媛媛察觉到小新由一个活泼的男孩儿突然变得沉默寡言了。不像以往那样和同学们有说有笑，而是呆呆地一个人坐着。对曾经感兴趣的东西，都提不起劲，如他心爱的游戏、喜欢的科目等。

任务处理：媛媛察觉到小新的变化后主动引导小新谈话，在谈话中了解到小新前段时间目睹了一场车祸现场的惨状，不久之后出现了睡眠障碍，一个晚上会醒来很多次，且醒来后就很久都无法入睡。媛媛了解情况后确定小新出现了心理危机，于是对小新展开了心理干预。之后，媛媛把小新的情况报告给班主任，也积极联系了学校心理咨询老师,在课余时间陪伴小新去心理咨询室做咨询。

任务要求:2—3 人一组,自选角色,按照上面任务处理中的安排模拟操作心理危机干预的应急处理,剩余人按照《心理危机干预应急处理任务实施评价表》进行评分(见表 4.3.1)。完成后小组讨论应急处理中的得失。

表 4.3.1 心理危机干预应急处理任务实施评价表

评分项目	评分标准或要求	分值	评价方式			得分
			自评	互评	师评	
1. 评估当事人	口述:观察并评估是否需要进行心理危机干预	5				
2. 评估环境	口述:观察环境是否安全	5				
3. 应急处理	口述:怀有同理心与真诚的态度	5				
	陪伴当事人,轻拍肩膀或者双手	5				
	积极聆听当事人的倾诉,保持眼神接触,给予适当的反馈	10				
	让当事人适当地抒发情绪	10				
	提供基本照顾,给予安全感和安慰	10				
	口述:为当事人提供各种可利用资源的信息	10				
	口述:在当事人产生严重的心理反应时,立即上报	10				
4. 团队合作	小组分工明确,应对过程配合密切	10				
5. 有效沟通	关心和安慰患者,语言简洁流畅	5				
6. 人文关怀	态度和蔼,动作轻柔,关爱患者	5				
7. 应对效率	熟悉流程,速度快,效率高	10				
	总分	100				

点评及建议:

课后练习

1. 单选题

(1) 心理危机干预首先应该做的工作是(　　)。

　　A. 组成若干干预小组

　　B. 迅速地、普遍地开展心理咨询

　　C. 评估目标人群的心理健康状况

　　D. 把学生先集中起来做心理辅导

(2) 发现周围有同学处于心理危机状态,下列做法不正确的是(　　)。

　　A. 保持冷静

　　B. 确保当事人安全

　　C. 稳定当事人的情绪

　　D. 尝试自己单独去处理

(3) 心理危机的生理影响有(　　)。

　　A. 认知改变　　B. 神经内分泌　　C. 情绪改变　　D. 逃避

(4) 心理危机是一种(　　)。

　　A. 心理失衡状态　　　　　　B. 紧急状态

　　C. 危险状态　　　　　　　　D. 转变状态

(5) 以下不属于心理危机的表现的是(　　)。

　　A. 易激惹,过分依赖,持续不断的悲伤或焦虑,常常流泪

　　B. 行为紊乱或古怪

　　C. 直接表露自己处于痛苦、抑郁、无望或无价值中

　　D. 注意力集中、成绩提高

(6) 以下不属于心理危机界定标准的是(　　)。

　　A. 经历同样的危机事件,不同的人的心理感受一致

　　B. 存在具有重大心理影响的危机事件

　　C. 引起急性情绪混乱或认知、行为、躯体方面的改变

　　D. 当事人用平常解决问题的方法暂应对不了或应对无效

2. 多选题

(1) 开展心理危机干预是为了(　　)。

A. 帮助突发危机事件的涉及人员尽快恢复心理平衡

B. 减缓突发危机事件的心理社会危害

C. 促进危机后的心理健康重建

D. 保障公众心理健康,维护社会稳定

(2) 从个体微观角度来看,可以从(　　)来识别心理危机。

A. 个体是否存在持续的不良情绪,如焦虑、抑郁等

B. 是否存在学习兴趣下降

C. 是否流露出轻生的想法

D. 个体是否存在明显的行为改变,如饮食、睡眠反常等

(3) 常见的心理危机包括(　　)。

A. 失恋导致的心理危机

B. 躯体疾病导致的心理危机

C. 重要考试失败导致的心理危机

D. 亲人死亡导致的哀伤反应

(4) 下面关于"如何帮助处在心理危机中的人"说法中,正确的是(　　)。

A. 耐心倾听

B. 理解共情

C. 告诉对方要冷静,哭泣是解决不了问题的

D. 劝解对方放弃错误的想法

项目 5 重大突发事件的应急救护

任务 5.1 交通事故的应急处理

情境导入

你和学校 6 名学生相约一起外出郊游,沿途嬉笑打闹,互相追逐。途中,马某加速骑车超越前方骑车的同学。由于行驶不当,在超车过程中自行车后轮刮住了被超自行车的左侧脚架。自行车当即失去平衡,发生摇晃,偏向路中。此时,恰巧一辆汽车迎面驶来,自行车前轮与汽车前端碰撞。马某被撞倒,遭汽车左前轮碾压,当场死亡。你和其他同学亲眼目睹现场。

你应该如何处理?

学习目标

知识目标	能力目标	素养目标
1. 知道交通事故的特点、危害; 2. 掌握交通事故的预防。	1. 能够对交通事故进行正确的应急处理; 2. 能够预防交通事故。	1. 培养学生的主体意识和勇敢、果断、克服困难的意志品质; 2. 培养学生面对突发事件敢于施救的品质。

课前预习

1. 扫描下面的二维码,学习微课《交通事故的应急处理》。

学习通扫码直接学习

2. 观看视频后,写出其他交通事故的应急处理要点。

 任务资讯

资讯一 认识交通事故

(一) 交通事故的定义及特点

交通事故各种各样,按照交通方式的不同,可以分为道路交通事故、铁路及城市轨道交通事故、航空事故和水运交通事故等。通常所说的交通事故,是指道路交通事故。道路交通事故是指道路交通参与者(驾车人、乘车人、行人等)因违反相关交通法规和规章,过失造成人身伤亡和财产损失的事故,俗称车祸。交通事故分为冲击型和碰撞型两类。前者是指机动车与行人、非机动车冲撞而造成的车辆损坏和人员伤亡;后者是指机动车之间的碰撞或机动车发生翻车、坠落等造成车辆破坏和人员伤亡。发生重大交通事故时,人员伤亡严重,需要政府、公安、医疗多部门联合处治,实施现代化大救援。

道路交通事故损伤具有损伤严重、死亡率高、多发伤和复合伤较普遍的特点,伤员损伤的主要部位有头部,胸部,腹部的肝、脾,盆腔,四肢,死亡的主要原因是颅脑外伤、严重的复合伤和碾压伤。

资讯二 交通事故的危害

交通事故造成的严重危害主要表现在以下 4 个方面:

(1) 每年给国家造成巨大的经济损失,同时,给受害者所在单位造成人力和财物的损失。

(2) 每年给数以十万计的个人和家庭造成不幸,使他们蒙受不同程度的损害,严重违背了人道主义的原则。

(3) 交通事故具有社会性。交通事故使人们产生不安全感,是社会治安的不稳定因素。

（4）交通事故还具有国际性，除了涉外事故外，事故率的高低还反映一个国家的交通管理水平，直接影响到国家的形象。

据新华网报道，统计数据表明，我国的道路交通安全形势非常严峻。每5分钟就有一人丧生车轮下，每1分钟都会有一人因为交通事故而伤残，每年因交通事故所造成的经济损失达数百亿元。近年来，全国的交通安全形势日益严峻，交通事故频繁发生，人员伤亡和财产损失惨重，交通事故造成的死亡人数占各种事故的90%以上，对人类的危害已远远超过了地震、洪水、火灾这些可怕的灾难。

资讯三　交通事故的应急处理

（1）紧急呼救报警台，目前，我国不少城市已经将治安报警台110、火警报警台119、医疗急救报警台120和交通事故报警台122联网了。只需拨打一个报警台，接线员会根据报警的内容分给指定的报警台。但在报警台还未联网的城市，发现道路交通事故应立即拨打急救电话120、122、110，高速路上拨打122，起火时还应拨打119。

（2）评估环境是否安全，做好自我保护。

（3）切勿立即移动伤员，除非处境十分危险，如事故车辆着火、有爆炸可能等。

（4）呼救的同时，关闭事故车辆引擎、打开危险报警闪光灯，拉紧手刹或用石块固定车辆，防止其滑动。摆放三角形警示牌（普通公路放在事故车辆来车方50米外，高速公路150米外），避免二次事故的发生。

（5）交通事故的特点是多发伤。即同一时间、同一致伤因素导致两个及以上部位组织脏器损伤严重，其中有一处是严重危及生命的损伤。交通事故伤易漏诊，死亡率高。因此，抢救过程中要实行"先救命、后治伤"的原则，争分夺秒，抢救危重伤员。根据伤员的伤情进行就地抢救。例如，大出血者，应立即包扎止血；四肢骨折者，应现场固定；怀疑脊柱损伤者，应尽量保持其原位不动，不能拖、拽、抱，避免脊柱受损或损伤加重而导致截瘫，高位脊柱骨折者还可立即致命。

（6）在救护的过程中，要保护事故现场，做好原始现场的拍照记录，以便给事故责任划分提供可靠证据。

(7) 发生重大交通事故时,要对伤员进行检伤分类。在现场抢险指挥部的统一指挥下,有计划、有组织地抢救。

(8) 伤员转运。应尽最大努力寻求周围人的协助,进行交通疏导,为急救车辆的进入创造条件。伤员经应急救护后,应尽快送往医院救治。护送前及护送途中要注意防止休克。搬运时动作要轻柔、平稳,尽量减少伤员的痛苦。

资讯四 交通事故的预防

1. 提高交通安全意识

不管是校内还是校外,发生交通事故最主要的原因是思想麻痹、安全意识淡薄。作为一名在校学生,应提高交通安全意识。

2. 自觉遵守交通法规

除提高交通安全意识、掌握基本的交通安全常识外,还必须自觉遵守交通法规,才能保证交通安全。以下三点措施是学生必须掌握并在日常生活中严格遵守的。

(1) 在道路上行走,应走人行道,无人行道时靠右边行走;走路时要集中精力,"眼观六路,耳听八方";不与机动车抢道,不突然横穿马路、翻越护栏,过街走人行横道,不闯红灯,不进入标有"禁止行人通行""危险"等标志的地方。

(2) 在两个校区之间通行,可走固定小道或者天桥,为保证安全,不宜横穿马路。

(3) 乘坐市内公共交通工具时,等车停稳后依次上车,不挤不抢,车辆行驶中不得把身体伸出窗外;乘坐长途客车、中巴车时,不能贪图便宜乘坐车况不好的车,更不要乘坐"黑巴""摩的"等没有安全保障的车辆;乘坐火车、轮船、飞机时,必须遵守车站、码头和机场的各项安全管理规定。

顺口溜

横过马路要小心,红灯停,绿灯行。

过街天桥地下道,人行横道要看清。

随意跨越隔离带,非常危险丧性命。

更有甚者胆子大,马路上面滑旱冰。

事故来临躲不及,伤害自己和他人。

学龄前、智障者,出门应有人带领。

人人遵守交通法,交通事故难发生。

任务实施

通过本任务的学习,学习者知道了交通事故的特点、危害,能正确地对发生交通事故时进行应急处理和预防。

任务形式:

以小组的形式(4—5人一组)自行设计交通事故的情景,讨论出应急处理办法,并完成《交通事故应急演练任务实施评价表》(见表5.1.1)。

任务要求:

(1)建议小组分工协作,采用头脑风暴法。

(2)梳理办法,并请一位同学解说。

表5.1.1 交通事故应急演练任务实施评价表

评分项目	评分标准或要求	分值	评价方式			得分
			自评	互评	师评	
1. 交通事故的应急处理	紧急呼救,正确拨打急救电话	5				
	评估环境是否安全	10				
	做好自我防护	10				
	固定车辆	10				
	正确摆放三角形警示牌	10				
	判断伤员的伤情	10				
	会止血包扎、骨折固定	10				
	保留可靠证据	10				
2. 交通事故的预防	提高交通安全意识	10				
	自觉遵守交通法规	5				
3. 团队合作	小组分工明确,方法选择科学合理	5				
4. 有效沟通	语言简洁流畅	5				
	总分	100				

续　表

点评及建议：

填空题

（1）拨打急救电话_____，高速路上拨打_____，有起火时还应拨打_____。

（2）三角形警示牌摆放距离，普通公路放在事故车辆来车方_____外，高速公路_____外。

（3）在道路上行走，应走_____，无人行道时靠_____行走。

任务 5.2 踩踏事故的应急处理

情境导入

2022年10月29日,韩国首尔梨泰院发生踩踏事件,造成重大人员伤亡,4名中国公民在踩踏事件中遇难。有研究显示,全世界平均每年发生4.2起人群踩踏致死事件,导致386人死亡。朝圣地、演唱会、足球场和节日庆典现场是踩踏事故的频发地点。

踩踏事故一旦发生,往往是群体性伤亡,危害极大,影响极大,所以,我们应充分认识踩踏事故,从而避免事故的发生。

学习目标

知识目标	能力目标	素养目标
1. 知道踩踏的定义、特点、原因、危害; 2. 知道踩踏的预防。	1. 能够在踩踏发生后利用正确的现场救护方式逃生与自救; 2. 能够运用人体麦克法。	1. 增强安全有序出行的意识,预防踩踏事件的发生; 2. 提高自己的安全意识,保护好自己的同时,也能保护好别人。

课前预习

扫描下面的二维码,学习微课《踩踏事故的安全应对》。

学习通扫码直接学习

2. 结合视频内容,查阅相关资料,造成踩踏事故当天现场安保力量严重不足,并且无交通管制措施,你认为正确吗?请简要分析。

3. 结合自身的实际情况,分析学校里是否存在踩踏事故的安全隐患。

资讯一　踩踏的定义、特点、原因、危害

(一) 踩踏的定义

踩踏是指在人群密集的场所,由于各种原因(如恐慌、拥挤等)在某一事件或某个活动过程中,因聚集人群过度拥挤,人们惊慌失措地从狭小的通道出逃,倒下的人难以站立,反复被人群踩踏,伤势严重,甚至无生还的可能性。

(二) 踩踏的特点

损伤人数多、多发伤多、伤情重,现场处理较复杂。

(三) 踩踏的原因

(1) 人们的安全意识不足,排队不整齐、拥挤和混乱。

(2) 场地设计不合理,地面不平整、通道狭窄,安全出口少,容易拥堵。

(3) 组织管理不当,未能及时疏导惊慌失措的人群。

(四) 踩踏的危害

踩踏的危害主要包括以下3点:

(1) 人员伤亡。踩踏事件往往导致人员伤亡,特别是老年人、儿童、残障人士等易受伤害人群更容易遭受伤害。

(2) 社会影响。踩踏事件会引起社会的广泛关注和谴责,对场地管理方和组织者的信誉和声誉造成负面影响。

(3) 经济影响。踩踏事件会导致财产损失和经济影响,特别是对于旅游景点、大型活动等场所,影响更加显著。

因此,应该加强场馆安全管理,提高人们的安全意识,避免踩踏事件的发生。同时,在场馆周围设置足够的安全出口和疏散通道,以便及时疏散人群。

资讯二　踩踏的现场救护——自救与互救

(一) 紧急避险——自救

踩踏致死的原因除了被踩之外,还有一个重要的因素就是因为人员极端拥挤,人贴人的情况下无法呼吸,导致窒息而死。

有实验表明,人倒地之后,身上压了两个人呼吸便会困难,压了3个人就很难爬起来,更不能呼吸。所以,防止窒息最好的办法是将肘关节顶住前面人的肩胛骨,使自己的肩关节处于固定状态,这样可以给自己留出呼吸空间。

常见的错误有两个:一是一手握拳另一只手抓住握拳之手,弯腰前行。这是非常危险的,重心向前本身可导致摔倒致踩踏发生;二是双手抱在胸前,肩关节变成可活动的关节,更易挤住胸部而无法呼吸,窒息死亡。

1. 身处踩踏现场的自救措施

第一,要镇定。不随意乱跑,保护好自己是第一位。

第二,别靠近。不要好奇,以免被裹挟在人群中。

第三,别绊倒。拥挤的时候一定不要有倒地、弯腰等姿势以及捡东西、提鞋子等动作。

第四,靠墙壁。墙壁是坚固的依靠物,当大量人群涌向自己时,应在墙角双手抱头蹲下,或者抓住栏杆等支撑物保护自己(如图5.2.1)。

▲ 图 5.2.1　踩踏现场的自救措施

第五,缩成球。一旦摔倒,不要绝望,要倒地自救。双手十指相扣,护住后颈部;夹紧双肘,保护头部;肘膝合拢,缩成球状;侧躺于地并设法挪近墙壁。此种姿势不仅能保护人体脏器,还能在胸前留足空间,利于呼吸。

2. 逃生要点

(1) 行进方向要统一,听从指挥不拥挤。超赶逆行是禁忌,鱼贯而出有秩序。

(2) 弯腰提鞋最危险,重心向前位置低。增加踩踏的机会,伤亡难免要警惕。

(3) 逃生方法有技巧,身处现场要牢记。重心向后手抱颈,避免摔倒防窒息。

(4) 一旦倒地别慌张,保护心脑

顺口溜

踩踏事故一发生,规避伤亡时间紧。
人挤人、人摞人,导致窒息夺性命。
迅速逃离不停留,顺向行走不逆行。
保证呼吸有空间,肘部顶住前人肩。
倒地十指来相扣,保护头部缩成球。

蜷身体。时刻冷静细观察，择路逃生是上计（如图5.2.2）。

▲ 图5.2.2　缩成球

（二）紧急避险——学会互救

（1）紧急呼救。当有人摔倒，要大声呼救，让后面的人不要靠近，跌倒的人才有时间迅速爬起来，防止突发事件发生。

（2）启动人体麦克效应。当惊恐的人群盲目涌来时，个人呼救声音小，无法被人听到。就要采用人体麦克效应。人体麦克效应就是利用麦克风的原理，由中心的人发出指令，把里面的信息像声波一样一圈一圈地往外传播。最中心的人先把内侧的人发动起来，大喊："一二，后退……"然后带动第二圈、第三圈……声音越传越大、越传越远，直至最外围的人停止脚步，并往后撤时，跌倒的人才有时间爬起来，才能实施现场救护（如图5.2.3）。

▲ 图5.2.3　人体麦克效应

（三）紧急避险——现场救护

在专业的人员赶来之前，我们应帮助救援，以减少伤亡。

1. 识别现场

一般救护现场大致有两种情况：第一种是受伤人数较少，一目了然，马上就可以进行相应的创伤救护、心肺复苏等救护；第二种是群死群伤。要立即对现场伤亡人员进行检伤分类，遵循"先救命后治伤"的原则，对呼吸心跳骤停者迅速实施心肺复苏,对伤员进行止血包扎等救护。

2. 救护注意事项

在救护过程中,需要注意以下几点:第一,"人墙"不能散,继续用"人体麦克效应"保持现场应急救护的空间;第二,选定一名现场救护者为临时负责人,负责调度安排,拨打"120";第三,确定人员负责环境安全,指导人流有秩序地从旁疏散,不集聚、不围观;第四,表明身份,立即进行检伤分类,科学施救;第五,做好隐私保护,不拍照,不上传;第六,确保伤病员安全或专业急救员到达后,抓紧撤离现场。

资讯三 踩踏的预防

踩踏的预防措施包括以下 5 点:

(1) 合理规划场馆,确保通道宽敞。逃生路线及出入口标识明确,并保证在事件发生断电时有照明装置。加强监管力度,确保安全设施的完好性。

(2) 加强安全管理,提高工作人员的安全意识,进行安全演练。

(3) 做好安全宣传,增强游客的安全意识,提高自我保护能力。

(4) 在可能发生踩踏的地点安排专人疏导人流,避免人群拥堵和过度挤压。

(5) 向楼下逃生时,必须靠右走,留出救援人员上楼的空间。一旦有人摔倒,其他人可利用留出的空间逃生,或者将摔倒人员扶起。

任务实施

模拟踩踏应急演练

执行疏散演习时的具体操作程序和要求:

一、事故发生

课间操结束带回时发生学生跌倒现象,操场入口台阶发生学生跌倒踩踏现象。

二、发号施令

立即报告广播室,广播室发出警报,下达命令:"全体师生注意,现在发生操场入口台阶跌倒现象,防踩踏应急疏散演练现在开始。"吹响紧急哨。

三、演练开始

听到演习信号后,各班同学迅速做好准备,投入应急演练中。各班迅速有序地排成2路纵队,按规定逃生路线撤离,班长在前,班主任最后撤离。

四、启动人体麦克法

同学们听到警报后,路过的同学立即停下来。安排在路口的领导、教师要组织学生有序撤离,2人一排安静、快速地撤离,不要急跑,绝对不要打闹、惊叫和推搡。最中心的学生立即拉起已经跌倒的同学,并大喊:"1、2,后退……"第二层、第三层学生大喊:"1、2,后退……"直至最外层学生停止脚步。最后,根据《踩踏应急演练任务实施评价表》进行评分(见表5.2.1)。

表5.2.1 踩踏应急演练任务实施评价表

评分项目	评分标准或要求	分值	评价方式			得分
			自评	互评	师评	
1. 演练启动（自救）	环顾四周,观察环境并报告环境安全	2				
	做好自我防护	3				
	十指相扣,护后颈	5				
	夹紧双肘,保护头部	5				
	肘膝合拢,缩成球状;侧躺于地并设法挪近墙壁	5				
2. 演练执行（人体麦克法）	有人摔倒,大声呼救,迅速爬起	5				
	呼救失败,采用人体麦克法	10				
	最中心的学生大喊:"1、2,后退……"	10				
	第二层、第三层学生大喊:"1、2,后退……"	10				
	第四层、第五层学生大喊:"1、2,后退……"	10				
	直至最外层学生停止脚步	10				
	扶起最先跌倒的人,实施现场救护	10				

续 表

评分项目	评分标准或要求	分值	评价方式			得分
			自评	互评	师评	
3. 演练结束（采用常用的救护手段,帮助他人）	团队合作,各班分工明确,应对过程配合密切	5				
	有效沟通、语言简洁流畅	5				
	应对速度快,效率高	5				
总分		100				

点评及建议：

 课后练习

选择题

（1）踩踏是指（　　）。

　　A. 在人群密集场所,由于各种原因导致人群失控,人们相互挤压、踩踏,导致伤亡事件

　　B. 在人群稀疏场所,由于各种原因导致人群失控,人们相互挤压、踩踏,导致伤亡事件

　　C. 在人群密集场所,由于各种原因导致人群失控,人们相互逃离,导致伤亡事件

（2）踩踏的特点主要包括（　　）。

　　A. 人群密集、空间狭小、行动受限等

　　B. 人群稀疏、空间宽敞、行动自由等

　　C. 人群密集、空间宽敞、行动受限等

（3）踩踏的原因主要包括（　　）。

　　A. 人们的安全意识不足、场地设计不当、突发事件引发恐慌、组织管理不

    当等
  B. 人们的安全意识不足、场地设计合理、突发事件引发恐慌、组织管理不当等
  C. 人们的安全意识充足、场地设计不当、突发事件引发恐慌、组织管理不当等

（4）踩踏的危害主要包括(　　)。
  A. 人员伤亡、社会影响、经济影响等
  B. 人员伤亡、社会影响、环境影响等
  C. 人员伤亡、社会影响、道德影响等

任务 5.3　火灾的应急处理

情境导入

2022年9月28日中午，吉林省长春市宏禹小油饼百姓餐厅发生重大火灾事故，造成17人死亡、3人受伤；2022年11月21日，河南省安阳市凯信达商贸有限公司发生火灾，事故共造成38人死亡……

火使用是人类文明的一大进步。但是火灾事故的发生给人们带来的灾难也是沉重的，所以，我们要深入地、系统地了解火的正确使用，杜绝火灾的发生。

学习目标

知识目标	能力目标	素养目标
1. 知道火灾的定义、特点、危害、预防； 2. 知道各类火灾的扑灭方式。	1. 能够在火灾发生后正确地逃生与自救； 2. 知道灭火器的使用方法。	在火灾的现场救护过程中，增强消防意识，学会安全用电，杜绝火灾的发生。

课前预习

1. 扫描下面的二维码，学习微课（火灾的安全应对）。

学习通扫码直接学习

2. 结合视频内容，查阅相关资料，分析当火灾发生时是否可以跳楼逃生？

3. 结合自身的实际情况，分析在寝室里是否有易引发火灾的违规现象？

资讯一 火灾的定义、特点、危害

(一) 火灾的定义

火灾是指在控制范围外发生的不受控制的火焰燃烧现象。火灾一旦发生，一般分为四个阶段：初期、中期、旺盛期（发生火灾）、衰退期。旺盛期烟气的蔓延速度是：水平蔓延速度为 0.5—3 米/秒；竖直蔓延速度为 3—5 米/秒。

(二) 火灾的特点

火灾通常由火源、可燃物和氧气三要素同时存在引发，这三个要素被称为"火灾三角"。当火源点燃可燃物并且有足够的氧气供应时，火焰会迅速蔓延，并且可以通过传导、对流和辐射等方式扩散。

(三) 火灾的危害

火灾的严重程度可以根据火势、火源类型、可燃物的性质，以及周围环境条件来评估。它通常涉及可燃物质的燃烧，严重时会引发爆炸，从而造成严重的人员伤亡、财产损失和环境破坏。

资讯二 火灾的分类及灭火方式

(一) 常见火灾的分类

A类火灾：指固体物质火灾。这种物质往往具有有机物性质，一般在燃烧时能产生灼热的余烬。如木材、棉、毛、麻、纸张火灾等。

B类火灾：指液体火灾和可熔化的固体火灾。如汽油、煤油、原油、甲醇、乙醇、沥青、石蜡火灾等。

C类火灾：指气体火灾。如煤气、天然气、甲烷、乙烷、丙烷、氢气火灾等。

D类火灾：指金属火灾。如钾、钠、镁、钛、锆、锂、铝镁合金火灾等。

E类火灾：指带电物体燃烧的火灾。

(二) 不同种类的火灾选用不同的灭火器

扑救A类火灾：应选用水型、泡沫、磷酸铵盐干粉、卤代烷型灭火器。

扑救B类火灾：应选用干粉、泡沫、卤代烷、二氧化碳型灭火器。

扑救C类火灾：应选用干粉、卤代烷、二氧化碳型灭火器。

扑救 D 类火灾：应由设计部门与当地消防监督部门协商解决。

扑救带电火灾：应选用卤代烷、二氧化碳、干粉型灭火器。

（三）常见火灾的灭火方法

（1）电器起火。家用电器或线路着火，要先切断电源，再用干粉或气体灭火器灭火，不可直接泼水灭火，以防触电或电器爆炸伤人。电视机万一起火，绝不可用水浇，可以在切断电源后，用棉被将其盖灭。灭火时，只能从侧面靠近电视机，以防显像管爆炸伤人。若使用灭火器灭火，不应直接射向电视屏幕，以免其受热后突然遇冷而爆炸。

（2）家具、被褥等起火。一般用水灭火。用身边可盛水的物品如脸盆等向火焰上泼水，也可把水管接到水龙头上喷水灭火；同时，把燃烧点附近的可燃物泼湿降温。油类、电器着火时，不能用水灭火。

（3）油锅起火。油锅起火时，应迅速关闭炉灶燃气阀门，直接盖上锅盖或用湿抹布覆盖，还可向锅内放入切好的蔬菜冷却灭火，将锅平稳端离炉火，冷却后才能打开锅盖，切勿向油锅倒水灭火。禁止向着火的油锅撒面粉，以免引起爆炸。

（4）燃气罐着火。要用浸湿的被褥、衣物等捂盖火，并迅速关闭阀门。

资讯三　火灾的现场救护——逃生与自救

（一）火灾逃生与自救原则

在火灾中，应急救护非常重要，以下是基本的应对步骤。

1. 报警

火灾发生时，首先要保持冷静，避免恐慌。其次，立即警告其他人，尽快到远离火源且空旷的地方，拨打当地的火警报警台119，报告火灾的地点和程度。最后，尽快通过安全的逃生通道疏散，避免使用电梯。

2. 灭火

在学校或家里遇到火灾初始可控阶段时，可以根据不同的火灾类型选择灭火方式进行及时扑灭，如干粉灭火器、泡沫灭火器、二氧化碳灭火器及灭火毯等。

3. 逃生

火灾导致人员死亡的原因主要是窒息（浓烟、热辐射导致）死亡、烧死、跳楼摔死,逃生时,应避开这些因素。

（1）如果有烟雾,可以用拧干了的、叠成8层的湿布捂住口鼻以减少烟雾吸入。因热气和烟雾向上升,故应伏地爬行逃离火灾现场(离地面2厘米处有新鲜氧气)。

（2）若必须开门逃生时,先用手背触摸门,如果热说明外面的火势凶猛,此时打开房门,火会立即进入房间或发生闪燃。如果不热,用脚抵住房门缓慢打开。如果烟雾过浓,应立即关闭,寻找其他出路。

（3）如果被火围困,可以用湿毛巾堵住门缝,避免烟雾进入。立即向窗户外求救,告诉消防员你的位置。

顺口溜

身陷火场要牢记,立即报警别迟疑。
小火使用灭火器,火大难灭快逃离。
匍匐蒙鼻来探路,简易防护冲出去。
安全通道是首选,千万不要进电梯。
烟大火猛难逃逸,自创避所可躲避。
一切行动听指挥,不贪钱财入险地。
救生绳、缓降器,跳楼有术求生机。

（4）如果衣物着火,不要奔跑,应就地打滚,尽可能地将火扑灭。

（5）如果无法逃离,打开烟雾较少一面的窗户,摇动明亮的物体或布料求救,或采取抛掷衣服等方法,尽可能地让自己被发现。

（6）如果在火灾中有人受伤,应尽快进行必要的急救(见烫伤篇),并在条件允许的情况下尽快地将伤者送往医院。

资讯四　火灾的预防

为了预防火灾和减少火灾带来的损失,人们采取了各种防火措施,包括建立消防设施、进行火灾演习、提高火灾安全意识等。

（1）定期检查电线和电器,确保它们没有损坏或过热。

（2）定期清洁烟道和排气管道。

（3）安装火灾报警器并定期测试。

（4）确保教室和实验室的消防设备完好,掌握正确使用灭火器的基本方法。

（5）教育学生和教职工关于火灾预防和逃生的基本知识。

（6）确保学校内不存放易燃物品或杂物。

资讯五　正确使用灭火器的基本步骤

1. 正确使用手持式干粉灭火器

(1) 看。

① 灭火器的压力指示区域在绿、黄区内,表示压力正常,可以放心使用;降到红区,表示压力不足,已经失效。

② 不灭火时,禁止晃动,以防压力过高,造成爆炸事故。专业人员检查确定过期或结块时,可以轻轻晃动。

(2) 摇。使用前要将瓶体颠倒几次,使筒内干粉松动。

(3) 拔。拔去保险销。

(4) 瞄。将喷嘴对准火源。

(5) 压。压下鸭嘴阀。

(6) 灭。对准火源根部灭火。

2. 正确使用二氧化碳灭火器

使用二氧化碳灭火器,要站在上风向,防止吸入二氧化碳瞬间窒息。

3. 其他

熟悉其他灭火器的适用范围,熟记操作程序(如图 5.3.1)。

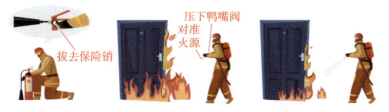

▲ 图 5.3.1　灭火器的操作程序

请注意,在使用灭火器之前,应该先向学校消防队求助或者确保自己有能力使用灭火器。如果火势过大,无法控制,请立即撤离并通知消防队。

火灾逃生应急演练

火灾逃生应急演练可以提高在校学生的火灾逃生技能和应对能力,保护生命财产安全。以下是火灾逃生应急演练的步骤：

1. 制定逃生路线

在火灾发生前，要了解逃生路线、紧急出口和疏散通道，以免在火灾发生时迷失方向，所以，学校要提前规划好路线，并让每个班级的学生熟悉他们的路线，避免慌乱。

2. 演练逃生技能

在演练中，模拟火灾场景，让参与者学习如何正确地使用灭火器、灭火毯、火警报警器等消防设备，以及如何正确地疏散和逃生。

3. 组织疏散演练

在火灾演练中，组织参与者按照逃生路线和疏散通道进行疏散。

（1）做好防护，包括掩捂口鼻、低行逃生等。

（2）在楼梯拐角处安排指导疏散的人员，确保安全逃生。

（3）下楼时靠右逃生（因为消防员是靠右侧上楼灭火的，下楼靠右可以避免冲突）。

（4）楼梯逃生时，并排下行必须留出一定的空间，防止踩踏。

4. 评估演练效果

演练后，组织参与者进行反馈和总结，根据《火灾逃生应急演练任务实施评价表》进行评分（见表5.3.1），评估演练效果，发现问题并加以改进，提高火灾逃生能力。

表5.3.1　火灾逃生应急演练任务实施评价表

评分项目	评分标准或要求	分值	评价方式			得分
			自评	互评	师评	
1. 演练启动	环顾四周，观察环境并报告环境安全	2				
	做好自我防护	3				
	知晓安全疏散路线	5				
	明白此次演练的目的、流程	5				
	老师检查灭火器等设备、器材是否完好	2				

续表

评分项目	评分标准或要求	分值	评价方式			得分
			自评	互评	师评	
2. 演练执行	警报响起、听从指令	3				
	迅速起立	10				
	按照既定的路线逃生	10				
	冷静镇定	10				
	动作迅速、不喧哗	10				
	正确地使用灭火器灭火	20				
3. 演练结束	团队合作,各班分工明确,应对过程配合密切	10				
	逃生过程有效沟通、语言简洁流畅	5				
	应对高效,熟悉应急演练的流程,速度快,效率高	5				
	总分	100				

点评及建议:

5. 持续演练

学校应定期开展演练,持续演练可以帮助参与者加深对应急情况的认识和理解,提高应对能力,以便在真正的火灾事故中能够正确、迅速地逃生。

 课后练习

选择题

(1) 火灾报警器的作用是( )。

  A. 通报火灾信息   B. 扑灭火灾

  C. 防止火灾发生   D. 逃生

(2) 当发现油烟机着火时,应该( )。

  A. 使用水扑灭   B. 使用灭火器扑灭

C. 立即关闭电源　　　　　　　D. 用盖子或湿毛巾盖住火源

(3) 以下关于灭火器的颜色和标志的描述中,正确的是(　　)。

A. 红色,表示二氧化碳灭火器　　B. 黄色,表示干粉灭火器

C. 绿色,表示泡沫灭火器　　　　D. 蓝色,表示水灭火器

(4) 在火灾中,正确的逃生方式是(　　)。

A. 从楼梯逃生　　　　　　　　B. 从电梯逃生

C. 从窗户逃生　　　　　　　　D. 从安全出口逃生

任务 5.4　洪涝灾害的应急处理

情境导入

2023年7月3日，重庆市万州区遭受暴雨袭击，导致万州区五桥、长岭、白羊等36个镇（乡、街道）受灾。假设你是五桥镇河道两岸的居民，如何应急处理即将发生的洪涝灾害？

学习目标

知识目标	能力目标	素养目标
1. 知道洪涝的定义、特点、原因； 2. 了解洪涝灾害的应急处理。	1. 能正确地处理洪涝灾害； 2. 能预防洪涝灾害。	提高自己的安全意识，保护好自己的同时，也能保护好别人。

课前预习

1. 通过网络搜索洪涝灾害，了解洪涝灾害应急处理。
2. 扫描下面的二维码，学习微课（洪涝灾害的安全应对）。

学习通扫码直接学习

任务资讯

资讯一　认识洪涝灾害

洪涝灾害包括洪水灾害和雨涝灾害两类。其中，由于强降水、冰雪融化、冰凌堤坝溃决、风暴潮等原因引起江河湖泊及沿海水量增加、水位上涨而泛滥，以及洪水暴发所造成的灾害称为洪水灾害；因大雨、暴雨或长期降水量过于集中而产生大量的积水和径流，排水不及时，致使土地、房屋等渍水、受淹而造成的灾害称为雨涝灾害。由于洪水灾害和雨涝灾害往往同时发生或连续发生在同一地区，有时难以准确地界定，因此常统称为洪涝灾害。洪涝灾害按照成因可分为河流洪水、湖泊洪水和风暴洪水等。影响最大、最常见的洪涝灾害是河流洪水，尤其是流域内长时间暴雨造成河流水位居高不下而引发堤坝决口。洪涝灾害的特点是范围广、发生频繁、突发性强、社会经济损失大等。

资讯二　洪涝灾害的危害

洪涝灾害的危害性可以概括为以下 4 点。

1. 洪涝灾害会造成环境的破坏，洪水淹没会打破原有的生态平衡，引起生物群落的紊乱。

2. 洪涝灾害会造成巨大的经济损失：

（1）农作物减产甚至绝收；

（2）工厂及通讯设备严重损坏；

（3）交通和其他工程设施损坏；

（4）房屋被淹没，灾区居民被迫大规模迁徙等。

3. 洪涝灾害会造成供水设施和污水排放条件的破坏，诸如厕所、垃圾堆、动物圈养棚等被淹，污水横流，造成井水和自来水水源被污染；同时，大量动物和微生物尸体腐烂，造成水体的污染。如此一来，饮用水的安全性降低，容易造成肠道传染病的扩散。

4. 蚊虫、苍蝇、鼠类滋生，造成传染病的流行。

资讯三　洪涝灾害的应急处理

我国的洪水大多发生在 7、8、9 三个月，洪涝水灾主要集中在中、东部地区，多发生在我国七大江河及其支流的中下游地区。严重的洪涝灾害不但直接引起人员伤亡和财产损失，还会诱发山崩、滑坡、泥石流等次生灾害，在突发公共事件中属于重大、频发、面广的自然灾害。

1. 启动应急预案,积极营救落水者。通过绳子、竹竿、木棍等打捞器材营救落水者。

2. 救上岸的淹溺者,采取侧卧位,清理口鼻异物,保持呼吸道通畅。对呼吸心跳停止的伤员实施心肺复苏;对有外伤的伤员给予止血、包扎、骨折固定等,最大限度地减少人员伤亡。

3. 发现患有传染病的人员时,应及时报告和处理。

4. 注意事项:

(1) 不要因为给淹溺者控水延误抢救时间;

(2) 对呼吸、心跳停止的淹溺者,不要轻易放弃抢救;

(3) 注意给救上岸的淹溺者保暖。

资讯四　洪涝灾害的预防

1. 关注天气预报,注意洪灾预警。

2. 暴雨季节加固房屋,低洼房屋应加高门槛,防止水进房屋内。

3. 将家中的贵重物品置于高处,防止被水浸泡。

4. 疏通排水系统,避免局部积水。

5. 固定好道路上的下水道井盖,避免冲走。人若掉入被冲走井盖的下水道内,将难以生存。

资讯五　避险逃生要点

1. 关注天气预报,注意预警。

2. 突降暴雨时,保持高度警惕,有可能形成灾害时,迅速、有序地转移到地势高、地基牢固的地方避险。

(1) 撤离时,要关闭煤气阀门和电源开关,防止次生灾害发生;

(2) 住宅被淹时,要向坚固的屋顶、大树转移,禁止爬到土坯房顶;

(3) 不可攀爬带电的电线杆、铁塔,发现高压线铁塔倾斜或者电线断头下垂时,一定要远离,以免触电。

3. 遭遇山洪,要果断躲避。溪、河洪水迅速上涨时,不要沿着河谷跑,应向河谷两岸高处跑。泥石流发生时,不要沿泥石流沟跑,应向河沟两侧山坡跑。山体滑坡时,不要沿滑坡体的滑动方向跑,应向滑坡体两侧跑。

顺口溜

遭遇洪水要冷静,迅速逃生别迟疑。
沿着横向山坡跑,逃往高处来躲避。
顺坡下行最危险,瞬间冲走难逃离。
避开滑坡和滚石,远离电线和悬壁。

4. 被洪水包围时,尽快与当地的防汛部门取得联系,积极寻求救援。

5. 落水者要尽可能地保存体力,利用门板、桌椅、木床、竹木等漂浮物转移到较安全地带。

6. 不要贪恋财物,以免丧失逃生机会。

 任务实施

通过本任务的学习,学习者知道了洪涝灾害的特点、危害,在发生洪涝时能正确地进行应急处理,并能预防洪涝灾害。

任务形式:

以小组的形式(4—5人一组),针对在应急处理和预防洪涝灾害时应该如何正确处理,完成《洪涝灾害的应急演练任务实施评价表》(见表5.4.1)。

表5.4.1 洪涝灾害的应急演练任务实施评价表

评分项目	评分标准或要求	分值	评价方式			得分
			自评	互评	师评	
1. 洪涝灾害的应急处理	启动应急预案	5				
	通过绳子、竹竿、木棍等打捞器材营救落水者	5				
	对救上岸的淹溺者,采取侧卧位,清理口鼻异物,保持呼吸道通畅	10				
	对呼吸、心跳停止的淹溺者,不要轻易放弃抢救	10				
	给救上岸的淹溺者保暖	5				
2. 洪涝灾害的预防	关注天气预报,注意洪灾预警	5				
	降暴雨时,要高度警惕,时刻观察房屋周围的溪、河水位,随时做好安全转移的准备	5				

续表

评分项目	评分标准或要求	分值	评价方式			得分
			自评	互评	师评	
	溪、河洪水迅速上涨时,不要沿着河谷跑,应向河谷两岸高处跑	10				
	泥石流发生时,不要沿泥石流沟跑,应向河沟两侧山坡跑	10				
	山体滑坡时,不要沿滑坡体的滑动方向跑,应向滑坡体两侧跑	10				
	住宅被淹时,要向屋顶、大树转移,可用绳子将身体与固定物相连,以防被洪水卷走,并发出呼救信号,积极寻求救援	10				
	落水者要尽可能地保存体力,利用门板、桌椅、木床、竹木等漂浮物转移到较安全地带	10				
3. 团队合作	小组分工明确,方法选择科学合理	5				
	总分	100				

点评及建议:

任务要求:

(1) 建议小组分工协作,采用头脑风暴法;

(2) 梳理应急处理洪涝灾害的方法,并请一位同学解说。

课后练习

填空题

(1) 营救落水者时通过_____等打捞器材营救落水者。

(2) 救护淹溺者,采取_____,清理_____异物,保持呼吸道通畅。

(3) 注意给救上岸的淹溺者_____。

任务 5.5　地震的应急处理

情境导入

某天上午10时,一所中学正在正常上课,突然发生地震,在一间教室里,小明同学站起来大声喊"地震了,赶快逃跑",而上语文课的张老师却喊"先不逃跑,保护头,快躲在课桌下",同学们立即躲在桌子下面抓住桌子腿,固定住桌子不动。随即学校广播响起快速疏散的通知,张老师第一时间带领学生有序地向空旷地带撤离。

小明同学与张老师的做法,谁的正确?

学习目标

知识目标	能力目标	素养目标
1. 知道地震的定义、特点、原因; 2. 知道地震的危害; 3. 熟悉地震发生时的应急处理方法。	1. 能在地震发生时正确自救与互救; 2. 能在不同的场所正确避震。	1. 培养学生的主体意识和勇敢、果断、克服困难的意志品质; 2. 培养学生面对突发事件敢于施救的品质。

课前预习

1. 扫描下面的二维码,学习微课(地震发生时,在教室如何应急处理)。

学习通扫码直接学习

2. 观看视频后,写出在其他场所遇到地震时应急处理的要点。

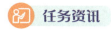

资讯一　认识地震

（一）地震的定义及特点

地震是一种很难预测的自然现象。地球内部积累了很大的能量，它们会对地壳产生巨大的压力。当这种力量超过岩层所能承受的极限时，岩层便会突然发生断裂或错位，使积累的能量急剧地释放出来，并以地震波的形式向四周传播。地震在自然灾害中属于受灾面积广、破坏性强、死伤人数多的地质灾害，往往会在瞬间给人类和社会造成巨大的损失。我国位于环太平洋地震带和欧亚地震带之间，地震活动频率高、强度大、震波浅、分布广，是地震灾害严重的国家之一。

资讯二　地震的危害

地震是地球上主要的自然灾害之一。地球上每天都在发生地震，其中，大多数震级较小或发生在海底等偏远地区，不为人们所感觉到。但是，发生在人类活动区的强烈地震往往会给人类造成巨大的财产损失和人员伤亡。通常来讲，里氏3级以下的地震释放的能量很小，对建筑物不会造成明显的损害；人们对于里氏4级以上的地震具有明显的震感；在防震性能比较差且人口相对集中的区域，里氏5级以上的地震就有可能造成人员伤亡。

（一）地震所造成的直接灾害

（1）建筑物与构筑物的破坏。如房屋倒塌、桥梁断裂、水坝开裂、铁轨变形等。

（2）地面破坏。如地面裂缝、塌陷，喷水冒砂等。

（3）山体等自然物体的破坏。如山崩、滑坡等。

（4）海啸、海底地震引起的巨大海浪冲上海岸，造成沿海地区的破坏。

（5）在有些大地震中，还有烧伤人畜的现象。

（二）地震所造成的次生灾害

地震的直接灾害发生后，会引发出次生灾害。有时，次生灾害所造成的伤亡和损失比直接灾害还大。

（1）火灾。这是最频繁发生的地震次生灾害。烈火不仅会烧毁住宅和各种建筑物，还会烧死、烧伤人。在强烈地震时，尤其是发生在现代化的大城市地区的地震，其火灾往往比地震本身还可怕。1932年，日本关东地区发生大地震，直接因地震倒塌的房屋有1万幢，而地震时失火却烧毁了房屋70万幢。

（2）海啸。海啸主要发生在沿海地区，是地震的主要次生灾害。我国大陆沿海一般不会发生这种灾害。

（3）流行性疾病。1556年华县地震时，流行性疾病曾夺去数以十万计未被地震压塌而死的灾民的性命，可见流行性疾病这种次生灾害是极为可怕的。流行性疾病的产生完全是由地震压塌的人、畜、禽的尸体腐烂、细菌蔓延引起的。一场强烈地震后，要赶快清除和深埋人、畜、家禽的尸体，采取有效的消毒灭菌措施，防止流行性疾病的滋生和蔓延。

（4）滑坡和崩塌。这类地震的次生灾害主要发生在山区和高原区。由于地震的强烈震动，使得原已处于不稳定状态的山崖或原坡发生崩塌或滑坡。这类次生灾害虽然是局部的，但往往是毁灭性的，会使整村、整户的人和财物全被埋没。

（5）水灾。地震如使水库的坝体开裂倒毁或使大河的堤坝决裂，都会造成水灾。

此外，地裂、泥石流、喷水冒砂、地面塌陷、有毒液体和气体的外溢泄漏、地面变形等都是地震的次生灾害，它们都可能致人死伤、破坏建筑物、破坏交通运输、毁坏耕地农田等。因此，对地震引起的次生灾害不可等闲视之，而应积极地防御。

资讯三　地震的应急处理

（一）地震的应急处理原则

（1）快速救人、先近后远。

（2）先救容易救的人。

（3）先挖后救，挖救结合。

（4）先救命，后治伤。

（5）心理援助。

（二）地震的应急处理方法

1. 自救方法

（1）要树立生存信念，相信有人来救你，千方百计地保护自己。

（2）判断所处位置，改善周围环境，扩大生存空间，寻找和开辟脱险通道。

（3）保证呼吸畅通，闻到异味或尘土较多时，用湿衣服捂住口鼻。

（4）不要大喊大叫，尽量保存体力；听到动静时，用砖头、铁器等物敲击铁管和墙壁或吹响口哨，发出求救信息。

（5）尽量寻找和节约食物、饮用水，设法延长生命，等待救援。

（6）如有外伤出血，用衣服进行包扎，如有骨折，就地取材进行固定。

2. 救助方法

（1）对埋在瓦砾中的幸存者，要先建立通风孔道，以防窒息。

（2）挖出后应立即清除口鼻异物；蒙上双眼，避免强光的刺激。

（3）在救助怀疑脊柱骨折的伤病员时，应注意保持脊柱轴向搬运，防止伤及脊髓。

（4）救出伤病员后，立即判断其意识、呼吸、循环体征。

（5）先重伤，后轻伤。外伤出血给予包扎、止血；骨折予以固定，要正确搬运。

（6）要避免伤员情绪过于激动，给予必要的心理援助。

（7）特别关注有基础病（高血压病、冠心病、糖尿病）的患者，防止遭受地震后急症发作，甚至发生猝死。

3. 危重伤员的应急处理方法

（1）对呼吸、心跳停止的伤员，在现场环境安全的情况下立即实施心肺复苏术。

（2）对昏迷的伤员，只要不是怀疑脊柱骨折、胸部骨折、髋部骨折的伤病员，可摆放至稳定侧卧位，及时清理口腔的分泌物，防止呼吸道堵塞。

（3）对于颈、胸、腰部疼痛的伤员，要先固定，使用脊柱板或木板搬运。移动伤员时，确保身体轴线位，以免造成脊髓损伤。

（4）休克的伤员请摆成中凹位，即抬高病人头部约20°，抬高下肢约30°。伴有颅脑、胸腹外伤者，要迅速转至医疗单位。

(5) 对严重的开放性伤口,要用无菌敷料或其他干净物覆盖包扎。送医院处理,现场做到不冲洗、不上药、包扎好、送医院。

(6) 人体四肢或躯干等肌肉丰富的部位遭受重物(如石块、土方等)长时间(一小时以上)的挤压,在挤压解除后出现身体一系列的病理生理改变被称为挤压综合征。临床上主要表现为以肢体肿胀、肌红蛋白尿、高血钾为特点的急性肾功能衰竭。

为避免出现挤压综合征,在移开重物前就要为伤者滴注生理盐水和含钠离子的碱性药物进行有效代谢,把血液中的这些东西排出后(排尿后)再移开重物,否则,死亡的概率很高。对一些病情严重的伤员,则需要当机立断截去病肢。如果现场无法输液,请将伤员情况立即报告给医生,由专业人员处理。

资讯四 地震的避震方法

破坏性地震发生时,从有震感到发生房屋坍塌只有十几秒的时间,地震时就近躲避、震后迅速撤离到安全地方是较好的方法。

(一) 室内避震方法

(1) 迅速躲在低矮、坚固的家具旁或内承重墙墙角等易形成避震空间的地方。

(2) 躲进开间小、有支撑物的房间,如卫生间、储藏室等。

(3) 千万不要跳楼,也不要滞留在床上。

(4) 不要到外墙边、窗边或阳台上避震。

(5) 不要躲在楼梯处和电梯里。如果震时在电梯里,应尽快离开;若门打不开要抱头蹲下,抓牢扶手。

(二) 学校避震方法

顺口溜

遇地震,莫惊慌,保镇静,少伤亡。
抱头闭眼戴头盔,快速躲到课桌旁。
操场蹲下手护头,防止飞来物砸伤。
住楼房,别跳窗,小开间,暂躲藏。
厨房厕所较安全,备水有食渡难关。

(1) 上课时发生地震,要在老师的指挥下迅速抱头、闭眼,或戴上防砸头套,躲在各自的课桌旁边。震后,迅速有序地撤离。地震防砸头套具有防火功能,侧面有学生的基本信息,一旦孩子不幸死亡或在地震后引发火灾,这个头套不会被烧毁,学生的基本资料得以保存。

（2）在操场或室外时，可原地蹲下，双手保护头部，注意避开高大建筑物或危险物。

（3）不要跳窗、跳楼或在楼梯处停留。

（三）公共场所避震方法

（1）震时，就近在牢固物旁蹲伏；震后，有序撤离，避免拥挤。不要乘坐电梯，不要在楼梯处停留。

（2）在体育场馆、影剧院内，就地蹲下或趴在排椅旁，注意避开悬挂物，用书包等物保护头部。

（3）在商场、展览馆、饭店等处，要选择内墙角、柱子旁、结实的柜台、商品（如低矮家具等）旁，迅速蹲下。避开玻璃柜台、门窗和橱窗；避开高大不稳和摆放重物、易碎品的货架；避开广告牌、吊灯等高耸物或悬挂物，同时保护好头部。

（4）在公交车上，要抓牢扶手，降低重心，躲在座位附近。

（四）户外避震方法

（1）就地选择开阔地蹲下或趴下，不要立即返回室内。

（2）避开高大建筑物，特别要避开有玻璃幕墙的建筑、过街桥、立交桥、高大的烟囱、水塔等。

（3）避开危险物，如变压器、电线杆、路灯、广告牌等。

（4）避开其他危险场所，如生产危险品的工厂、储藏易燃易爆品的仓库等。

（5）如果在野外，不要在山脚下、悬崖边停留。遇到山崩、滑坡，要向垂直于滚石前进的方向跑。

（6）要避开河边、湖边、海边，以防河堤坍塌、溃坝、洪水或出现海啸。

（7）避开桥面或桥下，以防桥梁坍塌。

任务实施

通过本任务的学习，学习者知道地震的特点、危害，能正确地在发生地震时进行应急处理，并能掌握不同场所的避震方法。

任务形式：

以小组的形式（4—5人一组），针对在教室、家里、商场、户外等场景发生地震时应该如何正确避震,讨论出避震办法,并完成《地震的避震任务实施评价表》(见表5.5.1)。

表5.5.1 地震的避震任务实施评价表

评分项目	评分标准或要求	分值	自评	互评	师评	得分
1. 识判地震	建筑物、地面摆动,窗户响声,感觉晕等,并大声喊出"地震了"	5				
2. 教室避震	双手抱住脑袋,保护头部	10				
	身体向下弯曲,躲进课桌下	10				
	待老师发出疏散通知后,立即有序疏散到操场或安全位置	5				
3. 家中避震	迅速抱头躲在低矮、坚固的家具旁,内承重墙墙角,开间小、有支撑物的房间,如卫生间、储藏室等	10				
	不要跳楼,不要滞留在床上;不要到外墙边、窗边或阳台上避震;不要躲在楼梯处和电梯里	5				
	确保安全后尽快疏散到安全地带	5				
4. 商场避震	选择内墙角、柱子旁、结实的柜台、商品(如低矮家具等)旁,迅速蹲下,保护头部	10				
	避开玻璃柜台、门窗和橱窗;避开高大不稳和摆放重物、易碎品的货架;避开广告牌、吊灯等高耸物或悬挂物	5				
5. 户外避震	就地选择开阔地蹲下或趴下,不要立即返回室内	10				
	避开高大建筑物,特别要避开有玻璃幕墙的建筑、过街桥、立交桥、高大的烟囱、水塔等;避开危险物,如变压器、电线杆、路灯、广告牌等;避开其他危险场所,如生产危险品的工厂、储藏易燃易爆品的仓库等	10				

续表

评分项目	评分标准或要求	分值	评价方式 自评	评价方式 互评	评价方式 师评	得分
	如果在野外,不要在山脚下、悬崖边停留;遇到山崩、滑坡,要向垂直于滚石前进的方向跑;要避开河边、湖边、海边,以防河堤坍塌、溃坝、洪水或出现海啸;避开桥面或桥下,以防桥梁坍塌	5				
6. 团队合作	小组分工明确,方法选择科学合理	5				
7. 有效沟通	语言简洁流畅	5				
	总分	100				

点评及建议:

任务要求:

(1) 建议小组分工协作,采用头脑风暴法。

(2) 梳理避震方法,并请一位同学解说。

课后练习

填空题

(1) 学校避震中,如在上课时应怎样处理?_____。

(2) 室内避震中应该如何处理?_____。

(3) 地震后救护时如遇呼吸心跳停止的伤员,在现场立即实施_____。

(4) 地震后救护原则是_____。

任务 5.6 爆炸事故的应急处理

情境导入

2019年12月4日7时32分,浏阳市碧溪烟花制造有限公司13号工房发生重大爆炸事故,造成13人死亡,13人受伤(另有4人轻微伤,未住院治疗),直接经济损失1944.6万元。

爆炸一旦发生,将会给社会造成巨大的伤害,作为学生,我们该怎样从身边的小事预防爆炸呢?如果当灾难来临,我们又该如何自救和互救呢?

学习目标

知识目标	能力目标	素养目标
1. 知道爆炸的定义、特点、原因、危害; 2. 知道在生活和学习中识别爆炸风险,并采取科学的预防措施。	1. 能够在爆炸发生后正确逃生; 2. 能够在爆炸发生后利用正确的现场救护方式自救与互救。	1. 树立安全意识,保护好自己的同时,也能保护好别人; 2. 培养学生在面对灾难前勇于助人的精神。

课前预习

1. 扫描下面的二维码,学习微课(爆炸事故的安全应对)。

学习通扫码直接学习

2. 结合视频内容,查阅相关资料,简要分析讨论事故发生的原因是否是不正确使用煤气设备造成的。

3. 结合视频中的现象,讨论身边是否存在的爆炸隐患。

 任务资讯

资讯一 爆炸的定义、特点、原因、危害

(一) 爆炸的定义

爆炸是指在一定的条件下,因为化学反应、物理作用或其他原因,使物质的能量迅速释放出来,产生强烈的冲击波和高温高压的气体体积膨胀,向周围环境传递能量,造成损害和破坏的现象。

(二) 爆炸的特点

(1) 爆炸的能量极大,冲击波、噪音、光辐射、高温、高压等产生的效应强烈。

(2) 爆炸的速度极快,通常在数十微秒至数秒之间,瞬间释放大量的能量。

(3) 爆炸产生的危害范围广,会对周围建筑物、设施、人员等造成影响。

(三) 爆炸的原因

(1) 人为因素。如火灾、恐怖袭击、疏忽大意等。

(2) 自然因素。如雷击、地震等。

(3) 其他因素。如设备故障、化学反应等。

(四) 爆炸的危害

1. 爆炸会造成人员伤亡,给人类生活造成重大的困扰

爆炸的冲击波可以瞬间释放巨大的能量,形成超声速的高压波,其对人体的空腔脏器造成损伤,俗称爆震伤,死亡率极高。并且,爆炸发生后,离爆炸物越近,伤情就会越重(如图 5.6.1)。

冲击波　　　　　投射物和碎片

▲ 图 5.6.1　爆震伤

(1) 爆震伤的临床特点。

① 伤势外轻内重。表面观察不到伤情,内脏损伤严重。之后,立即出现呼

吸停止，呼吸恢复频率慢而浅（无效呼吸）。

② 伤情迅速恶化。伤后 6 小时内或 1—2 天内发展到高峰，一旦机体代偿功能失调，伤情就会急转直下，难以救治。常发生于多部位或多脏器损伤。创伤性脑损伤可使血脑屏障破坏，促进脑组织炎性反应，加重脑水肿和继发脑损伤（如图 5.6.2）。

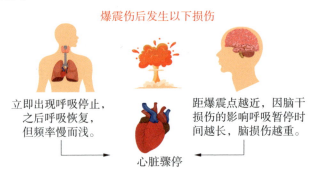

▲ 图 5.6.2　震伤后脑损伤

（2）爆震伤的应急救护原则。

① 立即组织幸存者自救、互救；

② 立即拨打报警电话 120、110、119；

③ 协同公安、消防、医疗急救等部门救援；

④ 保护现场，维持秩序。

2. 爆炸会影响周围环境，破坏生态平衡

爆炸一旦发生，会使发生地变为废墟，引发火灾，引发一系列可能造成环境污染的后果，破坏生态平衡。

3. 爆炸会对社会秩序和经济发展造成严重的影响

爆炸发生后，需要恢复当地的社会经济发展与群众生活的正常秩序，一定程度上延缓了当地的发展。

因此，应该加强安全管理，提高人们的安全意识，避免爆炸事故的发生。

资讯二　爆炸的应急救护

（一）正确逃生

爆炸事件发生后，如果爆炸情形无法控制，必要时可以选择迅速逃离现场来保证自身的安全,等待专业人士的救援。

逃生流程如图5.6.3所示。

▲ 图5.6.3　逃生流程图

(二) 应急互救

如果爆炸已经停止并且可控,应立即采取应急救护措施,在专业人员赶来之前,在确保自身安全的情况下,尽量帮助救援,以减少人员伤亡和财产损失。

1. 救护现场的把控

第一种是受伤人数较少。一目了然,马上就可以进行相应的创伤救护、心肺复苏等救护。

第二种是群死群伤。要立即对现场伤亡人员进行动态检伤分类,遵循"先救命,后治伤"的原则,对呼吸、心跳骤停者迅速实施心肺复苏,对伤员进行止血包扎等救护。

在救护过程中,需要注意以下5点:

第一,选定一名现场救护者为临时负责人,负责调度安排。

第二,确定人员负责环境安全,指导人流有秩序地从旁疏散,不集聚、不围观。

第三,表明身份,立即进行动态检伤分类,科学施救。

第四,做好隐私保护,不拍照,不上传。

第五,确保伤病员安全或专业急救员到达后,抓紧撤离现场。

2. 常见的爆炸应急救护措施

(1) 立即采取自我保护措施。迅速地向安全地带转移,躲避爆炸冲击波和碎片;戴上防毒面具或用拧干的湿毛巾捂住口鼻,弯腰行进,避免吸入有毒气体等(硫化氢气体比空气重,遇到硫化氢泄漏时,应站直逃生)。

(2) 寻找避难场所并及时通知他人。如果无法立即撤离,应寻找安全的避难场所,并及时通知他人一起前往。

(3) 根据伤情对伤者进行急救处理。包括止血、包扎伤口、处理烧伤和进行心肺复苏等。

(4) 呼叫急救车和消防车。及时向消防、医疗部门报警,并提供详细的事故情况和位置信息,以便他们能够快速响应。

(5) 疏散人员和防止二次事故的发生。对周围的人员进行疏散,并封锁事故区域,以防止二次事故的发生。

(6) 协助应急救援工作。配合应急救援部门的工作,提供必要的协助和支持,如提供物资、人力等。

(7) 安抚受伤者和家属。提供必要的心理支持和安抚,关注受伤者和家属的身体和心理状态。

顺口溜

遭遇爆炸别害怕,赶快趴在桌子下。
张口护头防冲击,警报解除快撤离。
听指挥、勿聚集,静观寻找安全地。
发现伤员要处理,严重伤员快求医。
不传播、莫拍照,稳定人心很重要。

总之,应急救护工作需要快速、科学、有序地进行,以保障人员的生命安全和财产安全。在任何情况下,应保证安全第一,预防为主。

资讯三 爆炸事件的预防

除恐怖袭击事件发生的爆炸之外,一般爆炸事件的发生是可控的,所以,我们应知晓并树立预防爆炸的措施。

(一) 加强安全管理,建立完善的安全制度和应急预案

在一般存储有爆炸品的单位,如化工厂、学校实验室、加油站等地,应建立严格的安全管理制度,加强对爆炸危险区域的监管和管理。

(二）定期检修设备，确保设备安全运行

对涉及易燃易爆物品的场所要定期进行安全检查和排查，及时修缮和消除安全隐患。定期检修和维护设备，及时发现和修复设备故障，减少设备故障引发的爆炸事故发生的概率。对于高危行业和场所，如石油化工、火药制造、煤矿等，应采取更加严格的安全措施，确保生产过程中不发生爆炸事故。

（三）对易燃易爆物品进行科学分类和储存，避免混存等危险操作

加强对易燃易爆物品的储存和运输管理，使用符合标准的包装材料和容器，确保储存和运输过程中不发生泄漏和溢出。

（四）强化安全教育，建立健全应急救援体系，提高应对突发事件的能力

加强对员工的安全教育和培训，提高员工的安全意识和自我保护能力。加强对爆炸事故的应急预案制定和演练，提高应急处置能力和效率。

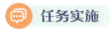
任务实施

校园爆炸应急模拟演练

操作要求：

爆炸应急演练是预防和应对爆炸事故的重要手段，其主要目的是提高应急响应能力和效率，减少人员伤亡和财产损失。通过爆炸应急演练，可以提高应急响应能力和效率，增强应急人员的技能和经验，确保在实际爆炸事故中能够快速、有效地应对。

1. 演练情境设置

一天，某学校化学实验室因为化学物品存储不当，发生了爆炸，学校立即启动应急预案，开始爆炸应急演练。

2. 制定演练方案

学校应提前制定演练方案，明确演练的目的、内容、方式和时间。确定演练的参与人员、任务和分工，以及演练的安全措施。

3. 模拟爆炸场景

根据实际情况，模拟可能发生的爆炸事故场景。包括爆炸发生的时间、地点、燃烧过程和影响范围等。

4. 指派任务

根据实际情况,指派具体的应急人员。任务和责任包括现场指挥、救援、医疗和安全保障等。

5. 组织演练

根据演练方案,组织应急人员进行演练。演练过程中,要模拟爆炸事故的全过程,包括爆炸前、爆炸时和爆炸后的应急处理。

6. 总结演练

演练结束后,要对演练进行总结和评估,并完成《爆炸应急演练任务实施评价表》(见表5.6.1)。

表5.6.1 爆炸应急演练任务实施评价表

评分项目	评分标准或要求	分值	评价方式			得分
			自评	互评	师评	
1. 演练启动	模拟可能发生的爆炸事故场景	2				
	做好自我防护、迅速向安全地带转移,躲避爆炸冲击波和碎片	3				
	寻找避难场所	5				
	呼叫急救车和消防车	5				
	应急救护人员观察现场情况,决定是否开展互救	5				
2. 演练执行	对伤者进行急救处理	5				
	疏散人员和防止二次事故的发生	20				
	协助应急救援工作	20				
	安抚受伤者和家属	20				
3. 演练结束	团队合作,各班分工明确,应对过程配合密切	5				
	救助过程有效沟通、语言简洁流畅	5				
	应对措施速度快,效率高	5				
总分		100				

续 表

点评及建议：

 课后练习

选择题

(1) 以下物质不属于易燃易爆物品的是(　　)。

　　A. 汽油　　　B. 煤气　　　C. 水　　　D. 硝化棉

(2) 以下爆炸不属于化学爆炸的是(　　)。

　　A. 烟花爆竹　B. 炸药爆炸　C. 天然气爆炸　D. 核爆炸

(3) 爆炸能量迅速释放，通常在几十微秒至数秒之间，这种爆炸特点是指(　　)。

　　A. 爆炸的能量极大

　　B. 爆炸的速度极快

　　C. 爆炸产生的危害范围广

　　D. 爆炸效应持续的时间长

(4) 以下预防措施能够有效地避免爆炸事故的是(　　)。

　　A. 增加易燃易爆物品的存放数量

　　B. 采用防爆材料

　　C. 忽视设备检修

　　D. 无视安全教育

任务 5.7　核生化的应急处理

> **情境导入**
>
> 你作为一名化工厂的安全技术人员,正在进行每日安全生产检查,当你检查到氯气生产段时,你先是看见远处阀门突然涌出淡黄色气体,随即气体便向四周蔓延,在附近发现一人昏迷。此时,你应该如何处理?

学习目标

知识目标	能力目标	素养目标
1. 知道核生化伤害的定义、特点、危害; 2. 熟悉核生化伤害的应急处理。	1. 能对核生化伤害进行应急处理; 2. 能对核生化伤害进行正确防护。	提高安全意识,保护好自己的同时,也能保护好别人。

课前预习

1. 扫描下面的二维码,学习微课(核生化的安全应对)。

学习通扫码直接学习

2. 观看视频后,分小组讨论核生化伤害的危害及如何应急处理。

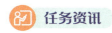

资讯一　核伤害的应急处理

(一) 核伤害的定义、特点、危害

核武器爆炸时会产生光(热)辐射、冲击波、早期核辐射三种瞬时杀伤因素，随后还产生放射性沾染。人员受单一杀伤因素的作用后可发生单一伤，如光辐射引致烧伤，冲击波引致爆震伤和早期核辐射或放射性沾染引致放射损伤。各种核伤害的主要特点及危害如下：

(1) 光辐射烧伤。光辐射的直接作用可造成暴露部位的烧伤(光辐射烧伤)；吸入炽热的气流与烟尘可导致呼吸道烧伤；通过其他物体燃烧可造成间接烧伤(火焰烧伤)；强光能引起闪光盲，如直视火球造成眼底烧伤。

(2) 冲击波爆震伤。冲击波的超压能造成空腔脏器和听觉器官的爆震伤；动压能将人体抛掷和撞击，造成实质脏器、四肢、脊柱等机械性损伤；吹起的砂石、碎玻璃片等投射以及引起的建筑物倒塌，可造成各种间接损伤。

(3) 核辐射射线伤。核辐射是核武器所特有的杀伤因素，对人类的危害最大。早期核辐射可引起全身射线伤(急性放射病)。

(4) 放射性沾染。放射性沾染可从三个方面对人造成危害：丙种射线对全身造成体外照射；皮肤受到落下的灰尘沾染后，严重时可发生局部皮肤乙种射线烧伤；食入、吸入或经伤口吸收进入体内，造成体内照射。

(5) 复合伤。受上述两种以上伤害因素共同作用时，能造成大量的复合伤。

(二) 核伤害的应急处理

(1) 有人受到核伤害后，应立即组织抢救。抢救队的数量及组织形式，可根据伤员人数、抢救范围、时间及地形条件等确定。

(2) 迅速地将伤病员从放射沾染区救出。

(3) 洗消皮肤暴露部位的沾染。

(4) 用水洗鼻孔及漱口，并戴上防护面罩。

(5) 催吐，并用力把痰咳出。

> ⚠ **注意事项**

（1）一旦发现核爆炸的闪光时，应立即在最短时间内利用就近的地形、地物，如掩体、战壕、沟渠、坑道、低洼地势等，采取正确的防护动作进行隐藏。

（2）救护人员要做好自我防护，正确地使用防护器材，没有专业防护器材时，要因地制宜。

（3）不在污染区内喝水、进食、吸烟。

（4）有沾染后，要立即、彻底地洗消。

（三）核伤害的防护

核伤害并非不可预防的，用一些简单的防护措施就可获得满意的防护效果。

（1）防护动作。一旦发现核爆炸的闪光时，应立即俯卧，脚朝爆炸方向，脸朝下，双眼紧闭，两手交叉放在胸前，额部枕在臂肘处，尽量不让皮肤裸露。这些措施能大大地减轻损伤的严重程度。

（2）使用防护器材。应及时使用个人防护器材，如防护面具、防护斗篷、防毒套靴和手套等。如果没有防护器材，可用毛巾、手帕、衣服（最好用湿的）等掩盖口鼻，迅速转入掩蔽工事等。

（3）沾染区的防护措施。在沾染区或到沾染区执行任务时，应切实做好防护措施。

① 必须穿戴个人防护装备。

② 不在沾染区饮水、进食或吸烟，避免扬起灰尘。

③ 尽可能缩短在沾染区停留的时间，离开沾染区后，应立即洗消。

顺口溜

现代战争威胁大，最大要数核生化。
地下掩体防空洞，警报响起快进入。
彻底洗消衣和物，污染食物莫进肚。
听从指挥不乱跑，警报解除安全保。

资讯二　生物武器伤害的应急处理

（一）生物武器伤害的定义、特点、危害

生物武器也叫细菌武器，包括致病微生物及其产生的毒素。施放装置有气溶胶发生器、喷洒箱、各种生物炸弹，以及装载生物战剂的容器等，由飞机、火炮、舰艇施放。通过人的呼吸进入呼吸道造成感染致病，如鼠疫、野兔热（土拉

菌病)等。一般情况下经口或经皮肤感染的毒素或虫媒病毒,如内毒素、黄热病病毒等也可经呼吸道感染。生物战剂危害的特点如下:

(1) 有致病或致死作用,有传染性,可造成流行,有的可造成持久危害。

(2) 污染范围广,在气象、地形适宜的条件下施放生物战剂溶胶,可造成较大范围的污染。

(3) 有潜伏期,生物战剂进入人体后要经过一定的潜伏期才能造成伤害。若在此潜伏期内采取有效措施,可能免除或减轻其危害程度。

(二) 生物战剂伤害的应急处理

(1) 对传染病患者的隔离,按通用的原则进行。留治和后送都要作相应的规定。

(2) 发热的患者和由生物战剂引起的传染病患者,必须卧床休息。

(3) 尽可能每天洗澡,以避免皮肤感染。

(4) 发热时,给予镇静剂或退热剂加小剂量的镇静剂。

(5) 饮食要易消化、富营养,多饮水。

> **⚠ 注意事项**
>
> 呼吸道防护最为重要。应戴防毒面具、口罩或简便的防疫口罩、毛巾口罩等。同时,也要在颈部、领口系上围巾或毛巾。扎紧袖口和裤脚管,戴好手套。

资讯三 化学毒剂伤害的应急处理

(一) 化学毒剂伤害的定义、特点、危害

化学毒剂伤害一般是指有毒有害化学品对人体的伤害。毒剂类型分为神经性毒剂、糜烂性毒剂、失能性毒剂、窒息性毒剂、刺激性毒剂、全身中毒性毒剂。应用于"化学恐怖"的有毒有害化学品,具有易生产、成本低、使用方便、时间可控、有效期长、难于监测等特点,它可以造成严重的后果。"化学恐怖"已成为国际安全的现实威胁。反化学毒剂伤害的整体防御可分预警、防范、检测、防护、除沾染、应急救护与后送、院内进一步救治、康复等方面。医务人员、救援人

员和民众,如事先了解和掌握化学中毒的特点和应对措施,将对防范化学毒剂伤害起到积极作用。化学毒剂伤害的特点及伤害如下:

(1) 突发性。化学毒剂作用迅速,危及范围大,它的发生往往是突发和难以预料的。

(2) 群体性。在较短的时间内可导致多人同时中毒,死亡率可高达50%左右。

(3) 隐匿性。不能立即确定病因,难以监测,事态不容易控制;中毒发生时,经常会被误诊。

(4) 快速性和高度致命性。除一氧化碳在极高浓度下可在数分钟内致人死亡外,氰化物气体、硫化氢、氮气、二氧化碳在较高浓度下均可在数秒钟内使人发生"电击样"死亡。

(二) 化学毒剂伤害的应急处理

(1) "一戴"。救护人员应先做好自身防护。立即佩戴好输氧、送风式防毒面具或简易防毒口罩,系好安全带或绳索,方可进入高浓度毒源区域施救。防毒口罩对毒气滤过有限,使用者不宜在毒源处停留时间过久,必要时可轮流或重复进入。毒源区外人员应严密观察、监护,并拉好安全带(或绳索)的另一端,一旦发现情况异常,应立即令其撤出或将其牵拉出。

(2) "二隔"。阻断伤病员继续吸入毒气。救护人员携带送风式防毒面具或防毒口罩,尽快戴在中毒者的口鼻上。紧急情况下,可用便携式供氧装置给其吸氧。如毒气来自进气阀门,应立即关闭。迅速通风或使用鼓风机向中毒者方向送风,也有明显的效果。

(3) "三救出"。抢救人员在"一戴""二隔"的基础上,争分夺秒地将伤员移离出毒源区,将其转移至上风向,不易受有毒有害气体、液体影响的安全区。

(4) 对染毒伤员进行洗消,污染衣物要妥善处理。

(5) 护送伤员。

> ⚠️ **注意事项**
>
> (1) 注意自身防护,正确使用防护用品。做好眼睛、皮肤、呼吸道、消化道防护。
>
> (2) 应急处理措施是"一戴、二隔、三救出"。

(三) 化学毒剂伤害的防护

(1) 专业防护用品有防毒面具、皮肤防护器材、隔绝式防毒衣、防毒围裙等。简易防护器材有防护眼镜、雨衣、塑料布、帆布、油布、毯子、棉大衣等。

(2) 利用防护工事或室内隐蔽。

(3) 眼睛防护,戴上游泳镜、太阳镜等保护眼睛,免受刺激。

(4) 呼吸道防护,戴口罩或用毛巾、纱布等。

(5) 皮肤防护,用专用或简易的防护用品。

(6) 消化道防护,不在现场喝水、吃东西及吸烟。

任务实施

通过本任务的学习,学习者知道了核生化伤害的特点、危害,能正确地对核生化伤害进行应急处理,并能掌握核生化伤害的防护方法。

任务形式:

以小组的形式(4—5人一组)创设三种核生化伤害(核伤害、生物武器伤害、化学毒剂伤害)的情景,并简述出每个情景的应急处理过程,完成《核生化伤害任务实施评价表》(见表5.7.1)。

任务要求:

(1) 建议小组分工协助。

(2) 请一位同学解说。

表5.7.1 核生化伤害任务实施评价表

评分项目	评分标准或要求	分值	评价方式			得分
			自评	互评	师评	
1. 情景创设	情景创设贴合实际	5				
2. 核伤害的应急处理及防护	迅速组织抢救,迅速地将伤病员从放射沾染区救出	5				
	用水洗鼻孔及漱口,并戴上防护面罩;催吐,并用力把痰咳出	10				
	一旦发现核爆炸的闪光时,应立即俯卧,脚朝爆炸方向,脸朝下,双眼紧闭,两手交叉放在胸前,额部枕在臂肘处,尽量不让皮肤裸露	10				

续 表

评分项目	评分标准或要求	分值	评价方式			得分
			自评	互评	师评	
3. 生物武器伤害的应急处理	正确佩戴防护面具、防护斗篷、防毒套靴和手套等；如果没有防护器材，可用毛巾、手帕、衣服（最好用湿的）等掩盖口鼻，迅速转入掩蔽工事等	10				
	正确地对传染病患者进行隔离	5				
	正确进行呼吸道防护，应戴防毒面具、口罩或简便的防疫口罩、毛巾口罩等；同时，在颈部、领口系上围巾或毛巾，扎紧袖口和裤脚管，戴好手套	10				
4. 化学毒剂伤害的应急处理及防护	会"一戴"	10				
	会"二隔"	10				
	会"三救出"	10				
	会使用专业防护用品，如防毒面具等；会进行眼睛防护、呼吸道防护、皮肤防护、消化道防护	10				
5. 团队合作	小组分工明确，方法选择科学合理	5				
	总分	100				

点评及建议：

课后练习

填空题

(1) 核武器爆炸时产生_____、_____和_____三种瞬时杀伤因素。

(2) 一旦发现核爆炸的闪光时，应立即_____，脚朝_____，脸_____，双眼紧闭，两手交叉放在胸前，额部枕在臂肘处，尽量不让皮肤裸露。

(3) 生物武器是通过人的_____进入_____造成感染致病。

（4）化学毒剂的类型包括_____、_____、_____、_____、_____、_____。

（5）化学毒剂伤害的特点包括_____、_____、_____、_____和_____。

（6）化学毒剂伤害救护措施是_____。

后 记

　　本教材由重庆市红十字会、西南大学、海南医科大学、重庆医药高等专科学校、重庆市医药卫生学校、重庆市酉阳职业教育中心有关人员联合编写。张艳琼、马桂林为主编,熊英、祁伟伟、陈秋竹为副主编,陈智羡、白丽、冯琴、杨元娟、秦红梅、张彬、张欣、王长福、李勤为编委。本教材各章的主要撰稿人是:项目 1 的任务 1.1 由陈智羡撰写,任务 1.2 由张艳琼撰写;项目 2 的任务 2.1、任务 2.4、任务 2.5 由白丽撰写,任务 2.2、任务 2.3、任务 2.10 由冯琴撰写,任务 2.7 由祁伟伟撰写,任务 2.8、任务 2.9 由张艳琼撰写;项目 3 的任务 3.1、任务 3.3、任务 3.4、任务 3.5 由熊英撰写,任务 3.2 由冯琴撰写,任务 3.6、任务 3.7 由张艳琼撰写,任务 3.8 由祁伟伟撰写;项目 4 的任务 4.1、任务 4.2、任务 4.3 由陈智羡撰写;项目 5 的任务 5.1、任务 5.4、任务 5.5、任务 5.7 由陈秋竹撰写,任务 5.2、任务 5.3、任务 5.6 由祁伟伟撰写。应急救护培训专家马桂林对全书进行了统稿。

　　本教材在撰写过程中,借鉴、参考了不少专家的观点和理念,恕不能一一列举,谨此说明,并致谢意。

编者
2025 年 1 月

本书配套数字资源的获取与使用

本教材配套数字资源已上线超星学习通数字教材,师生可通过学习通获取本书配套的 PPT 课件、微课视频、在线测验、拓展资料等。

图书在版编目(CIP)数据

校内外突发事件应急救护/张艳琼,马桂林主编;熊英,祁伟伟,陈秋竹副主编. -- 上海:复旦大学出版社,2025.3. -- ISBN 978-7-309-17520-2

Ⅰ.G474

中国国家版本馆 CIP 数据核字第 2024NK4993 号

校内外突发事件应急救护
张艳琼　马桂林　主　编
熊　英　祁伟伟　陈秋竹　副主编
责任编辑/宋启立

复旦大学出版社有限公司出版发行
上海市国权路 579 号　邮编:200433
网址:fupnet@fudanpress.com　http://www.fudanpress.com
门市零售:86-21-65102580　团体订购:86-21-65104505
出版部电话:86-21-65642845
上海丽佳制版印刷有限公司

开本 787 毫米×1092 毫米　1/16　印张 18.25　字数 289 千字
2025 年 3 月第 1 版第 1 次印刷

ISBN 978-7-309-17520-2/G・2605
定价:65.00 元

如有印装质量问题,请向复旦大学出版社有限公司出版部调换。
版权所有　侵权必究